信息化趋势影响下
农村空间组织研究

丁疆辉 著

科学出版社
北京

内容简介

本书基于信息通信技术会带来地理空间重构的共识，系统地探讨了新的信息通信技术影响下农村空间组织的演变问题。本书在分析国内外地理学对信息通信技术影响的相关研究的基础上，提出信息通信技术对农村空间组织影响的研究框架；通过对案例区的深入调研得出信息通信技术应用对农村经济空间和居民行为空间的作用结果；同时通过对案例区的补充调研得出2009～2013年信息通信技术影响下农村空间组织的演变特征。

本书可供地理学相关领域科研人员参考，也可作为高等院校地理学及相关专业高年级本科生和研究生的专业辅助读物。

图书在版编目(CIP)数据

信息化趋势影响下农村空间组织研究/丁疆辉著．—北京：科学出版社，2015.5

ISBN 978-7-03-043907-9

Ⅰ．信…　Ⅱ．丁…　Ⅲ．农村-信息化-发展-研究-中国　Ⅳ．F320.1

中国版本图书馆CIP数据核字（2015）第055312号

责任编辑：张　菊／责任校对：张凤琴

责任印制：徐晓晨／封面设计：铭轩堂

科学出版社出版

北京东黄城根北街16号

邮政编码：100717

http://www.sciencep.com

北京科印技术咨询服务公司 印刷

科学出版社发行　各地新华书店经销

*

2015年5月第　一　版　开本：720×1000　B5

2017年2月第三次印刷　印张：15

字数：303 000

定价：118.00元

国家自然科学基金项目（40571047，40901068）
河北省自然科学基金项目（D2012205077）　　　　联合资助
河北师范大学博士基金项目（L2010B15）

前　言

20 世纪 80 年代以来，信息通信技术（information and communication technologies，ICTs）的惊人进步及其广泛应用对社会经济发展产生了深刻的影响。同样 ICTs 的发展对传统地理学的许多理论和概念提出了挑战，ICTs 影响下的地理学逐渐成为热点议题。2001 年，Bakis 指出对地理网络空间（geocyberspace）的理解是未来 10 年地理学者和规划学者的重要任务。十几年间，因 ICTs 对人、物、信息、资本等要素流动的导引作用改变了地理学对空间与距离的认知，ICTs 的进步成为全球化的核心推动要素。再回顾 Bakis 之前的断言，不得不佩服其前瞻性。

ICTs 地理学研究开始于 20 世纪 80 年代末期，以电信技术（telematics；telecommunication），即通信与计算机技术的结合为主。到 90 年代中后期，随着互联网的发展与网络经济的迅速崛起，地理学者开始将互联网作为 ICTs 的载体进行研究，从中产生大量成果，奠定了地理学与 ICTs 研究的基础。地理学对 ICTs 的研究主要关注技术变革与区域发展的关系，尤其是 ICTs 下的空间组织与空间结构问题。相关研究指出，ICTs 的进步是区域发展及其空间结构变化的重要影响因素。很多文献强调了 ICTs 对城市空间重构的重要作用，大量中外学者一直持续着 ICTs 与城市空间演变的研究。ICTs 与企业空间组织重构的研究也是 ICTs 地理学的传统研究领域，研究者从企业 ICTs 应用水平到生产模式再到管理模式等不同视角证实着 ICTs 对企业的重要影响。此外，农村和边缘地区在信息技术的影响下出现的区域变化也引起部分研究者的关注。

移动通信与互联网技术的结合将人们带入了移动信息时代，而由此产生的行为地理问题成为当前西方地理学界的重要研究命题。移动通信技术为时空数据挖掘提供有利支撑，通过网络与手机的结合可以精确记录人们日常社会交往的时空结构。当前西方地理学关于 ICTs 的研究出现较明显的转向：研究对象转向特殊人群与特殊地区；互联网终端由电脑转向移动电话；研究主题有重新转向网络空间（cyberspace）的趋势。

国内地理学者对 ICTs 的研究开始于 20 世纪 90 年代，20 多年来研究范畴主要集中在以下几个方面：①信息产业的地理学研究。该方面的研究文献主要集中在 20 世纪末期，近年地理学家开始关注计算机产业、软件产业、邮电业及电子商务。②对“数字地球”、“数字城市”、“智慧城市”的探讨。“数字地球”、

"数字城市"更多地涉及技术科学，因此并未形成主流研究；"智慧城市"是基于移动通信技术和网络技术的发展而提出的城市建设新理念。③信息化发展及经济影响研究。主要针对国内信息化建设的区域特征和经济影响进行探讨。④以"互联网"为对象的地理学研究。将互联网作为研究对象，分析其区域发展格局、时空动态及空间影响。⑤ICTs 的空间影响研究。大量学术文献从不同空间层级及不同产业部分研究 ICTs 的空间影响，包括 ICTs 带来的区域空间重构、城市空间演化、农村空间组织改变及企业空间组织变化等问题。⑥ICTs 与居民行为研究。将 ICTs 的使用者作为研究对象，分析个人行为空间在信息时代的特征。⑦学科体系构建的相关研究。总体上，国内关于 ICTs 研究的地理技术性逐渐增强，研究领域逐步明晰，新的研究范畴初现端倪。

通过对相关研究背景的分析可知，地理学者就 ICTs 应用带来的空间影响展开了许多研究，但现有研究的核心多集中于 ICTs 与城市空间演变的探讨，而疏于对农村的关注。鉴于当前地理学对 ICTs 与农村空间问题的认识远落后于农村地区因 ICTs 应用而发生的转变，本书在分析国内外农村信息化相关研究进展与评价的基础上，从地理学的角度探讨了新的 ICTs 影响下农村空间组织问题。

本书提出从农村这一区域视角分析 ICTs 的空间重构作用。首先，从理论视角分析农村信息化空间影响研究的必要性；其次，在经济地理学、区域经济学等理论及研究方法的指导下，系统考察中国农村地区 ICTs 的供给与需求状况，以总结农村信息化发展的过程、现状水平及其影响因素；最后，在基础工作的支撑下，以典型案例区分析为依据，刻画农村 ICTs 应用的空间意义，同时通过间隔 5 年的两期问卷对比，分析 ICTs 对农村空间组织影响的时间演变特征。

研究表明，农村信息化理论上分为基础设施建设、涉农网站建设、信息化需求分析三个发展阶段，家用电脑、移动电话、固定电话和电视机的拥有水平是目前农村地区信息基础设施的基本构成。从时间发展看，农村信息化水平增速明显；从空间发展看，中国城乡信息化鸿沟依然明显。在农村地区内部，我国信息化水平依然是由东部、东北部、中部向西部地区依次递减，但是从信息化增长速度来看，西部地区最快。受农村家用电脑拥有量的限制，移动电话在农村信息化中的作用突出。

作为东部典型农区的河北无极县是新农村建设与统筹城乡发展的重点区域，其信息化发展水平具有较强的区域代表性。无极县农村信息化的推进与同时代信息基础设施的普及紧密联系，分别经历以电视机、电话到互联网为主要手段的信息化过程。该县城乡之间与农村内部各乡镇之间信息化的差距均比较明显。该县 ICTs 的使用特征表明，其农村成年居民网络应用水平普遍低于全国农村平均水平，而农村青少年群体在上网时间和网络具体应用方面与城市差异不大。同时，移动电话极大地替代了农村传统通信方式，成为人们日常联系的主要工具，移动电话成为农村居民接受信息化服务最有利的基础设施。

总的来看，ICTs 的应用对无极县农村经济空间与社会空间的影响主要有以下几点：第一，通过接入互联网消除信息获取的“空间障碍”在农村经济组织中的作用最大。ICTs 的“虚拟集聚”为农村企业突破区位限制、即时获取信息并与相关行业进行互动提供了“空间”。同时，ICTs 一方面可以增强人们对市场的选择能力，另一方面又可以通过网络的宣传拓展产品的销售范围，增加产品销售量。第二，ICTs 对区域经济的空间作用程度取决于各经济体的信息化发展水平。根据 ICTs 的使用特征，可大致归纳为三个阶段。第一阶段中，ICTs 的空间作用主要体现在信息获取的“无空间”化、市场拓展、经济组织间虚拟互动方面，对于各经济组织来说最直接的效果便是自身规模的扩大；到第二阶段时，ICTs 的作用主要体现在经济体内部运行效率的提升；而到第三阶段，ICTs 则推动经济体实现了规模扩充和效率的最大化，从而使其影响迅速扩散，并带动周边相关农户或企业参与。对于县域经济发展来说，ICTs 应用的最终效果将是推动区域经济实现专业化空间分工格局。第三，ICTs 不仅改变了农村居民的人际交往空间，还影响了农村居民的出行行为，从最终结果看信息化对弱化城乡隔离具有重要作用。通过新的 ICTs 应用，农村居民人际交往类型增多，空间范围增大，同时与邻里亲朋的联系频次增加。ICTs 使多样化的人际交往空间成为现实。例如，网络炒股是互联网催生的新的社会生活方式之一。依托互联网衍生的炒股行为的意义在于其潜在影响，如居民眼界开阔、知识增加等，这些潜在的认知或许对农村信息化推进的意义更重大。第四，ICTs 有效地促进了城乡之间各种生产要素的合理流动，提高了区域之间经济社会的一体化水平。移动电话在农村地区的迅速普及、家用电脑拥有水平的提高以及农村青少年网民的迅速增长成为农村地区弱化与消除城乡隔阂的重要方面。

本书书稿修改与完善过程中，河北师范大学研究生付伟、李冰洁、祖广哲做了大量工作；河北师范大学第十六期驻南宫、巨鹿、新河的 83 名顶岗支教实习学生帮助本人高质量地完成了所需问卷的调查工作，在此一并表示感谢！

ICTs 的快速进步会继续推动 ICTs 的地理学研究，同时也会出现越来越复杂的研究命题和结论。本书针对 ICTs 与农村空间重构的探索尚处于起步阶段，其研究方法、研究内容与研究结论均需不断深入，作者会继续前行。因作者水平有限，书中难免会存在疏漏之处，敬请读者批评指正！

作　者

2014 年 12 月

目　　录

第1章　绪　　论

空间或地点与人类带有地域特征的生活密不可分，但之前的研究较少清晰地思考新的信息通信技术如何在实际中和空间或地点发生联系。如果不对空间或地点中新信息通信技术如何与之联系并嵌入其中进行全面深入剖析，则对网络空间（cyberspace）及日趋“电子媒介化”的经济、社会、文化变迁的反思就会沦于过度简化、武断和乏味（Graham and Marrin，2001）。

信息化对社会经济发展的核心作用在于它促进了知识的扩散、应用和创新，在此过程中，区域的社会经济空间组织被重新塑造。信息化一方面可以影响区域经济的发展。研究表明，1995年以来美国生产率的增长中约2/3归功于信息通信技术的应用（杨春学，2001）。另一方面，信息化又可以很快地将某区域融入更宏观的社会文化氛围，从而对人们日常空间行为产生潜移默化的影响（刘卫东，2003）。虽然信息化对社会经济发展具有深远的空间意义，但还缺少系统的数据支撑和详细的分析。尤其是当前信息化区域影响的地理学研究主要集中在城市，而对农村信息化的系统研究较少。

农村地区发展问题是区域经济研究的重要领域，而信息化在行业领域的一个重要表现即是农业信息化问题（甘国辉，2003）。将农村地区空间问题与信息化建设结合起来，探讨二者之间的关系，求证信息化建设在农村空间组织演变过程中的作用，对促进农村地区发展具有重要意义。鉴于当前信息化建设对区域空间重构的巨大作用，本书选取河北省典型平原农区无极县为例，交叉运用地理学、经济学与社会学的理论与方法，系统地对信息化在农业大县的空间作用进行探讨。中国中部和东部平原地区是重要的农业精华区，也是全国农业发达的地区，农村信息化建设是推动本地区由传统农业向现代化农业及信息农业转变，实现社会主义新农村的重要发展过程。本书旨在通过剖析信息通信技术在农村社会经济发展中的作用，为典型地区农村信息化建设提供有益借鉴。同时，本书提出农村信息化与农村空间组织演变的研究框架，突出信息化空间重构作用的区域完整性，旨在丰富信息通信技术的经济地理学研究方法与理论。

1.1　信息化趋势与农村空间组织演变研究的由来与背景

全球化迅速改变了我们生活的世界，由此，出现了“全球村”的说法，隐藏于这一变化背后的一个重要发明就是基于互联网（Internet）的信息通信技术（information and communication technologies，ICTs），它打开了人们通向全球网络的入口（Dicken，2000）。20 世纪 60 年代以来，ICTs 的应用及其带来的影响成为非常重要的议题。大量文献证明了 ICTs 的广泛影响并论述了信息社会的出现（曼纽尔·卡斯特，2000）。同时人们发现 ICTs 不仅仅是城市现象，它对农村的影响似乎更大（Grimes，2000，2003；Malecki，2003）。本书基于以下背景进行了相关研究与探索。

1.1.1 信息通信技术应用成为促进区域发展的新因素

随着互联网的快速普及，全球正在进入一个数字化和信息化时代。信息化（informationalization）、全球化（globalization）与网络化（networked）的经济构成了20 世纪最后25 年的“新经济”。彼得·迪肯认为正在兴起的“新经济”，特别是20 世纪 90 年代美国“新经济”的繁荣，正是由信息通信技术的发展所驱动的。更广义地说，“知识”已经成为当代社会创造财富的重要源泉（彼得·迪肯，2007）。

以互联网为标志的信息通信技术应用带来了生产生活方式的变革。这一革命性变革的特点是快速便捷与低成本，反映在空间联系上，就是实现了时空压缩；反映在经济上，则是在提高经济效益的同时，传统的经济运行、产业结构、企业组织等将发生巨大的变化。所以，信息通信技术的应用成为先进生产力发展方向的代表，信息化程度已成为衡量一个国家（地区）国际竞争力、现代化程度、综合国力和经济成长能力的重要标志。

总之，众多研究已经证明信息通信技术与区域发展的正相关关系，并认同信息化作为一种新因素正在对区域发展产生着深刻的影响。有研究者提出信息通信技术的应用对区域空间结构产生了巨大的作用，造成国家—地区—城市（农村）—社区等不同空间层次经济、社会、文化等的空间重构。

尽管地理学家基本上认同信息通信技术对地区发展的深刻影响，但是对这一新因素的作用机制和具体影响并没有形成一致的看法（刘卫东，2003）。所以有必要从不同的视角探讨信息时代的地理学问题。

1.1.2 互联网及网络经济的迅速崛起

信息化是当今世界发展的主要趋势之一，信息时代的支配性功能与过程日益以网络形式组织起来（曼纽尔·卡斯特，2000），而互联网则是这种趋势的重要象征和载体。互联网是20世纪最后30年的创造和发展，是军事策略、大型科学组织、科技产业，以及反传统文化的创新所衍生的独特混合体（曼纽尔·卡斯特，2000）。

互联网应用开始于1968年的美国军事系统，到1984年，美国国家科学基金会开始计划建设超级网络中心和高速网，互联网一词应用逐渐增多；1993年美国政府的NII（National Information Infrastructure）计划在全球范围内掀起了信息高速公路热，同时也标志着互联网的发展进入了成熟与提高阶段。政府的支持、商业机构的加入带来了互联网发展史上的飞跃。

互联网的发展主要有三方面标志：上网人数急速增加；网上信息的供应数量飞速增长；电子商务出现并呈现快速发展状态。

1998年全球互联网上网用户数达到1.13亿人，2000年急速增长，达到3.04亿人，之后，全球上网人数持续攀升，截至2013年年底，全球互联网用户数达30.36亿人，互联网普及率为42.3%[①]。中国网民数同样增长迅速，CNNIC（中国互联网络信息中心）1997年11月第一次互联网报告中，中国网民数为62万人，截至2013年年底增长到6.18亿人，上网人数增加了近1 000倍；从2008年第一季度开始，中国互联网用户数已超越美国，成为全球规模最大的互联网市场。图1-1显示了历次CNNIC互联网发展报告中中国网民人数的变化；图1-2为2005～2013年中国城乡网民的变化。

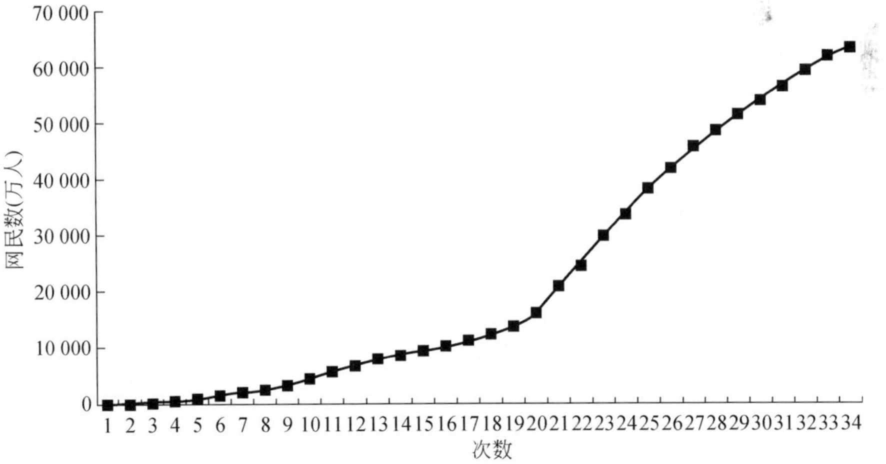

图1-1　中国互联网用户数变化图

资料来源：CNNIC，1997～2014

① 全球互联网用户数据来源于http：//www.internetworldstats.com/stats.htm。

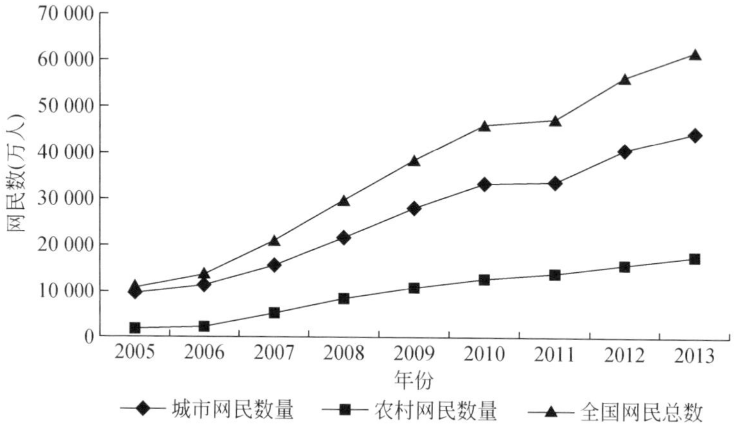

图 1-2 中国城乡网民数量变化

资料来源：CNNIC，1997～2014

互联网上可供人们利用的在线信息量也呈指数增长。根据因特通公司（INKTOMI）和日本电气股份有限公司（NEC）的一项调查表明：截至 1997 年 10 月，可供人们查询信息的网页仅为 1 亿页；截至 2001 年 1 月，互联网上网页超过 10 亿个。根据 CNNIC 调查报告显示，截至 2013 年年底，网页数量达到 1 500 亿个，年增长率超过 100%，突出了互联网上强大的信息供给功能。

随着上网人数与在线信息量的迅猛发展，电子商务这种新的商业形式出现并迅速发展起来。网上购物和网上销售是互联网作为商务平台工具的重要体现。从 1998 年 4 月美国商务部公布的美国政府第一部研究信息通信技术对经济影响的报告——《崛起的数字经济》和 2000 年美国商务部的第三个报告《数字经济》中可以看出，截至 1997 年年底，美国和加拿大在线购物人数从半年前的 47 万人增加到 100 万人。截至 2012 年年底，美国网上购物的人数达到 1.7 亿人，占美国总人口数的 53.97%。

近年来，中国电子商务市场的整体增长也十分迅猛。从供应端看，网络作为便捷的营销平台，成为企业摆脱金融危机困境的捷径。2013 年企业进驻 C2C 或自建 B2C 平台的数量增加迅速，增加了网络购物市场的商品供应量。从用户端来看，网络购物以其价格低廉、简单快捷等优势迅速在网民中得到普及，网络购物已经逐渐成为网民生活消费的习惯。截至 2013 年 12 月，中国网民网络购物人数规模达到 3.02 亿人，网络购物使用率达到 48.9%。团购用户规模达 1.41 亿人，团购的使用率为 22.8%，相比 2012 年增长 8.0 个百分点，用户规模年增长 68.9%，是增长最快的商务类应用。网上销售与购买成为当今最新的商业运行模式，不仅影响了企业和个人，更会对区域发展产生重要影响。

农村电子商务正逐步渗透到广大农村地区，截至 2013 年 12 月，农村网民网络购物使用率为 31.1%，比去年增加了 2.1 个百分点，用户规模为 5 485 万人，增加了 970 万人，年增长 21.5%。可以看到，网络购物正在加大对农村地区的渗透作用，这也说明了农村网民对网络购物存在需求，这种购物形式也将慢慢改变农村居民的消费习惯。据不完全统计，2013 年全国有 20 个“淘宝村”，共涵盖 1.5 万家淘宝店，按照农村淘宝店由单个家庭经营、每个农村家庭人口 4 人计算，“淘宝村”共实现 6 万人直接就业，并且通过带动物流、快递、包装等服务业的发展，新增大量间接就业。农村电子商务的发展，完全颠覆了之前研究者认为“网络发展与网络经济更多是城市行为”的观点。

互联网可能是 21 世纪的决定性技术（Malecki，2003），在互联网发展的短暂历史过程中，企业和政府在基础设施建设与升级中投入了巨大的资金，使互联网与网络经济的发展成为全球经济体系的新现象，并对区域经济的发展产生了深刻影响。

1.1.3　社会主义新农村建设成为农村信息化发展的良好契机

社会主义新农村是指以“生产发展、生活宽裕、乡风文明、村容整洁、管理民主”为目标的一种农村社会经济形态，它体现了农村物质文明与精神文明、政治文明、生态文明的有机统一。社会主义新农村建设是中央落实科学发展观实现统筹城乡协调发展、构建和谐社会宏伟目标的重大战略部署。新农村建设中把解决“三农”问题作为建设和谐社会的重要组成部分，而农村信息化建设又是解决“三农”问题的关键要素。在 2006 年 2 月 21 日下发的《中共中央国务院关于推进社会主义新农村建设的若干意见》和 2007 年 1 月 29 日下发的《中共中央国务院关于积极发展现代农业扎实推进社会主义新农村建设的若干意见》两个中央一号文件中，将农村信息化列入工作重点。“信息贫困”是当前中国社会主义新农村建设中的大问题，无论互联网普及率还是网民规模，在城乡之间和地区之间都存在很大差距，而农村信息化建设可以成为解决“信息贫困”的重要途径，见表 1-1。

表 1-1　城乡互联网普及率及网民规模对比

年份	城镇		农村	
	网民比例（%）	互联网普及率（%）	网民比例（%）	互联网普及率（%）
2005	82.60	16.90	17.40	2.60
2006	83.13	20.20	16.87	3.10
2007	74.94	27.30	25.06	7.10

续表

年份	城镇		农村	
	网民比例（%）	互联网普及率（%）	网民比例（%）	互联网普及率（%）
2008	71.61	35.20	28.39	11.70
2009	72.18	45.70	27.82	14.80
2010	72.70	53.50	27.30	17.55
2011	71.29	56.70	28.71	20.20
2012	72.40	59.10	27.60	23.75
2013	71.40	62.00	28.60	27.50

资料来源：CNNIC，2006～2014

农村信息化尤其是互联网的发展可以从纵横两个方向通过功能整合，改变农村“三农”问题的现状，实现区域社会主义新农村建设。图1-3说明网络既可以使农业生产实现不同地理空间的整合又能实现不同农业部门间的整合。可以说，社会主义新农村建设为农村信息化的发展提供了良好的契机。

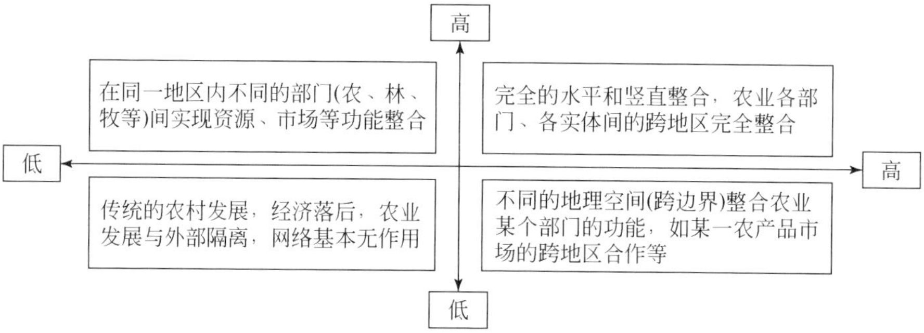

图1-3　网络连接作用下农业发展双向整合

横轴表示不同地区间的农业合作；纵轴表示不同农业部门间的合作

1.1.4　“数字鸿沟”成为信息时代农村经济社会发展的制约因素

信息通信技术对区域经济发展的推动作用已经得到大家认可，但信息通信技术区域发展的不平衡也日渐明显。曼纽尔·卡斯特认为虽然信息通信技术以闪电般的速度席卷了全球，并通过网络连接了整个世界，但是世界上有许多区段和相当部分的人群和这个新技术是脱离的。正如Jaffe等（1993）所说，“穷国与富国以及穷人与富人之间的差别不仅在于穷国与穷人获得的资本较少，更重要的在于他们能获得的知识与信息较少”。目前，全球收入最高国家中的1/5人口拥有全球生产总值的 86% 和国际互联网用户的 93%，而收入最低的 1/5 人口只拥有全球生产总值的 1% 和国际互联网用户的 0.2%（胡鞍钢和周绍杰，2002a）。人们普遍认为，基于互联网的 ICTs 具有促进发展的潜力，而“数字鸿沟”（digital divide）的存在有可能成为各个国家间以及国家内部不平衡发展的新根源。

“数字鸿沟”是指不同国家、不同地区、不同行业、不同人群在掌握和应用以互联网为代表的新信息通信技术以及发展和普及信息产业方面的差距，是信息富有者和信息贫困者之间的鸿沟，也称为“信息鸿沟”，最先由美国国家远程通信和信息管理局（NII）在名为《在网络中落伍：定义数字鸿沟》的报告中提出（黄少华和韩瑞猷，2004）。“数字鸿沟”形成的主要原因在于技术的扩散速度具有选择性。不同人群、国家与地区接触到技术力量的时间不同，是我们社会不平等的重要来源（曼纽尔·卡斯特，2000）。

信息基础设施的不均衡分布是很多关于“数字鸿沟”研究的立足点和出发点。Shon 等（2002）指出，信息通信技术的影响可以通过物质基础设施的分布和可获得性体现出来，而不仅仅是软件和应用本身。就互联网接入来说，曼纽尔·卡斯特指出，互联网里有重大的不均等现象。全球只有 2.4% 的人口能够使用互联网。在各国国内，互联网使用的社会、种族、性别、年龄和空间不均等也颇为明显。美国在控制收入变量下，都市居民接触互联网的机会是乡村居民的两倍以上。一项有关芝加哥区域信息基础设施的研究揭示出，缺乏完备的信息网络限制了一些地方的区位优势，因而可以观察到更为集中的分布格局（Shon et al.，2002）。此外，Yen 和 Mahmassani（1997）也指出，信息基础设施的不均衡分布会引起“分散的集中”。

信息通信技术的社会扩散在每一个空间层级上都是不均衡的，其中城乡差异最大。从中国城乡发展现状来看，农村恰好是“穷人”聚集地区，也就是知识与信息匮乏的地区，使得农村成为“数字化边缘”地区。“数字鸿沟”的发展将扩大城乡之间的发展差距，这极不利于农业现代化、农村产业结构调整以及农民收入的增加（胡鞍钢和周绍杰，2002b），即不利于新农村建设和农村“三农”问题的解决。

除城乡数字发展差异外，客观认识农村地区数字化发展的差异也非常关键。因为农村地区的“数字鸿沟”不仅仅指城乡之间，农村地区内部的差异也非常明显。图 1-4 为 2012 年年底，中国不同地区农村信息基础设施的拥有情况，由图可见家用计算机拥有率在地区间的差异最大。“数字鸿沟”被认为是当代农村经济社会发展的制约因素之一。客观认识中国农村地区的“数字鸿沟”问题是农村信息通信技术应用与影响研究的基础。

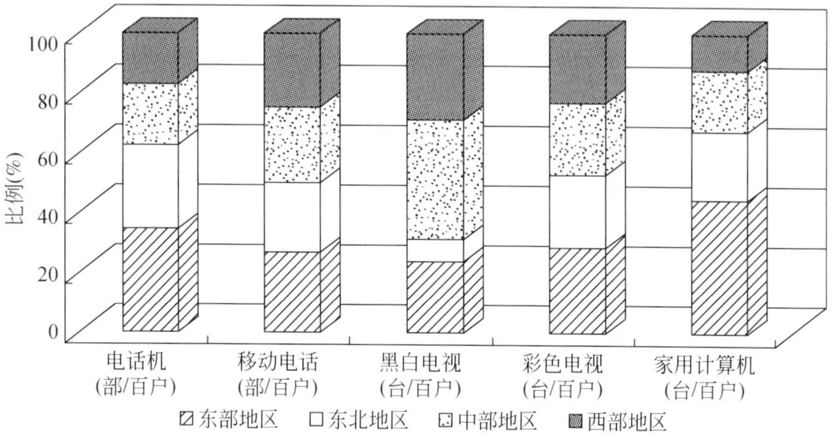

图 1-4　中国农村各类信息基础设施拥有量区域分布

资料来源：国家统计局，2013

1.1.5　科学理解信息通信技术下中国农村空间演变规律是城乡统筹的重要命题

统筹城乡社会经济发展是在城乡“二元结构”日益严峻的形势下提出的。其中“三农”问题的解决是实现统筹城乡和谐发展的重点，也是现代地理学研究的重要内容。“统筹城乡经济社会发展、建设现代农业、发展农村经济、增加农民收入是全面建设小康社会的重大任务。”这是党的十六大赋予新世纪新阶段“三农”问题的新内涵。所以，要实现城乡发展一体化，统筹是关键。其中，统筹包括统筹城乡资源、产业和收入。从目前来看，阻碍城乡统筹发展的最大障碍是农村信息不畅、距离中心市场遥远以及基础设施缺乏。

ICTs 通过即时的信息传递减弱了时间和空间距离因素在信息和服务提供方面对农村的限制，为长期经历经济衰退和人口迁出的农村地区提供了重新发展的机会。一方面，大量的活动现在可以布局在传统的生产中心之外，也就是说，农村也有可能成为吸引企业布局的新区位。另一方面，多种公共服务可以通过 ICTs 有效地传送到农村地区，如果人们能够及时地登录网络上的虚拟机构，获得与教育、医疗、农业建议等方面有关的信息，那么时空障碍将会被清除。

ICTs 已被证明是推动农村地区变革的有效方式，如它对农业产业化、农村城镇化的推动等（甘国辉，2003），它的应用可以说是实现城乡统筹发展的重要途径。那么 ICTs 在农村如何应用？农民对此新生事物的接受程度如何？ICTs 最终将如何通过空间重构影响农村发展？这些问题成为城乡统筹背景下的重要命题。

1.1.6 个案调查显示的结果是深入探讨的推动力

以上几点可以看做本书选题的理论背景。作者在对成都龙泉驿区农村信息化建设的访谈（2008 年 3 月 25 日）中证实，以互联网发展为代表的农村信息化的推进确实为农村发展带来了重要转变。其中，包括经济的发展、农村居民技术水平的提高、农民整体素质的提升、农村龙头企业经营方式和经营理念的改造等很多方面。成都龙泉驿区的个案调查显示出信息通信技术对农村空间的极大影响。作者以此作为选题的实证背景。

成都市龙泉驿区：面积为 558 平方千米，拥有 12 个街道（镇），85 个村，40 个社区，52 万人。2001 年开始全面推进农村信息化建设，到 2007 年年底，区财政累计投资农村信息化建设费用达千万元，2007 年投入资金 80 多万元，主要包括信息化硬件建设软件更新等。龙泉驿区从信息基础设施建设与组织机构信息化建设两个方面推进农村信息化建设。信息化建设产生了两方面的作用：一是推动了当地农村经济发展，以龙头企业信息化建设为主，产品生产规模扩大，市场领域开拓，新产品开发加速。二是推动了农村社会文化的进步，有利于维持农村稳定。网上的便民服务改变了村民的出行行为，通过网络联系极大地扩展了农村的对外交往空间（失地农民通过与日本、韩国等建立联系进行种子培育）。

由调研可见，龙泉驿区的农村信息化建设带来了当地农村经济与社会空间的变化，此发现成为推动本书研究的一个实证支撑。

1.2 信息化趋势下农村空间组织演变研究的意义

本书以统筹城乡经济社会发展、实现城乡经济社会一体化为背景，总结前人有关 ICTs 在理论和实证研究方面的经验，结合案例分析的方法，做了如下几方面的研究：①剖析了中国农村信息通信技术应用概况；②探讨了中国农村信息化发展的过程与现状；③深入分析了信息通信技术下农村空间组织的特征及其变化规律。研究力求为实现城乡统筹，建设社会主义新农村提供有益的指导。因此，本书具有重要的理论意义和现实意义。

信息化对农村空间影响的研究源于地理学对信息通信技术与城市空间结构变迁的探讨。农村与城市是社会经济系统的两种不同表现，从逻辑上说，信息化同样应该对农村地区产生重要影响，同样会重构农村空间结构与空间组织关系。本书对农村信息化空间影响的研究，具有以下几方面的重要意义。

1.2.1 丰富了地理学对农村问题的研究视角

区域信息化空间作用的研究，可以从理论上丰富影响区域发展的地学因素的探讨。地理学研究者对各种新的地学因素，如全球化、信息化等给予了各自的评价。例如，陆大道和刘卫东（2002）指出，全球化正在导致人文和社会经济资源的空间重构；信息通信技术的广泛应用使“人地关系”产生新的变化等。陆大道（2007）指出，信息化导致了经济和社会的空间重构。故如何客观认识新的信息通信技术对区域发展的影响方向、程度与机理，以及如何调控新技术与区域社会经济发展之间的关系，逐渐成为地理学中很关键的理论问题和实际问题。

乡村地理是人文地理学中一门较年轻的分支学科，有关影响农村发展的研究主要以传统因子分析为主，而对信息化、全球化趋势下农村发展问题的认识明显不足。本书试图将信息化作为农村发展的一个驱动因子，具体分析它在农村经济与社会发展中的作用，尤其是它对农村空间组织的影响。从经济上看，信息通信技术具有影响农村经济结构的转变与经济活动的空间布局的潜力；从社会发展看，信息通信技术具有使农村地区享有均等的社会服务的潜力，并同时扩大了人们的社会交往空间。无论是从经济发展还是社会发展的视角，信息通信技术都将使农村地区面临巨大的空间重构，所以基于信息通信技术的研究为解决农村发展问题提供了新的视角。

1.2.2 对信息化空间作用研究的有益补充

无论西方地理学界还是目前国内相关研究，多数人将信息通信技术的空间影响定格在城市地区，并认为信息通信技术是一种城市行为，并且还没有发现其空间的扩散趋势。虽然上述观点是错误的，但到目前还没有关于信息通信技术下农村空间组织的系统研究。

城市起源于农村（乡村），经过漫长的发展形成了与农村地区不同的经济、社会与文化景观。农村与城市是区域空间结构格局的两个基本景观，两者之间的联系是有机的、连续的。在城市–乡村这个连续体中很好地体现了演变过程与空间的有机结合（张小林，1999），无论城市还是农村，每个地域在转化过程中都有其丰富的空间内涵。所以只有把乡村空间系统融入区域空间整体之中才能客观把握区域发展及其空间组织演变的一般性规律。正如美国著名学者芒福德（Mumford）所说：“城与乡，不能截然分开；城与乡，同等重要；城与乡，应当有机结合在一起……”由于城市在各方面的优越条件，信息通信技术刚刚开始时的确对城市地区的影响要远远大于农村，但是随着信息通信技术的迅速扩散，农村信息化已经成为农村地区发展的重要途径。故系统地分析信息通信技术对农村空间组织的影响也是地理学尤其是经济地理学面临的重要任务。

通过对农村信息化空间作用的研究，本书尝试弥补信息通信技术与区域空间结构研究的不足。信息化空间重构作用不单纯是城市空间组织的变换，作为与城市不可分割的农村地区，信息化时代的空间变化同样值得探讨。所以，城乡结合可以从整体上形成对新技术下空间组织变化特征的系统把握，从而形成完整的信息时代区域空间结构理论体系。

1.2.3 有助于拓展区域发展影响因素的研究

研究地学因素对区域发展的影响方向、程度与机理，以及如何调控地学因素与区域社会经济发展之间的关系，是地理学非常重要的理论和实际问题。从目前来看，传统的地学要素如自然资源、交通等的影响正在下降，区域发展越来越受到信息化和全球化这些新要素的影响。事实证明，对区域发展态势的重大变化及部分产业布局的大尺度转移，信息化因素均起着重要的作用。

目前与地学要素相关的重要变化包括全球化正在导致人文和社会经济资源的空间重构，信息通信技术的广泛应用使“人地关系”产生新的变化等（陆大道和刘卫东，2002）。陆大道指出，信息已经成为越来越重要的生产因子和区位因子。信息化促进了知识的扩散、应用和创新。信息通信技术使时间成本越来越重要。信息化导致了经济和社会的空间重构（陆大道，2007）。可以说在过去十几年间，所有新出现的变化都没有信息通信技术带来的变革更引人注目。信息通信技术的应用是经济全球化的有力推动工具，因此正在成为影响区域发展的重要地学因素。

Bakis（2001）指出，电信是地理研究的重要组成部分，有关电信的地理学与农村、城市、产业、交通等分支一样是地理学不可分割的一部分。信息通信技术正在重塑我们这个时代的经济和社会景观（曼纽尔·卡斯特，2000），作为新的地学因素，它所造成的空间变革是一个复杂的过程，它的趋势可以从不同的部门不同的空间层级来观察（刘卫东等，2004）。故信息通信技术与区域空间组织之间关系的研究成为地理学者关注的主题。Dodge 和 Kitchin（2000）曾指出，地理学对新的信息通信技术研究的贡献之一是证明了它在城市区域重构中的作用。同时研究者也提出，因为信息通信技术具有弥合富人与穷人发达国家与发展中国家之间信息差距的能力，所以如果农村地区抓住了新技术创造的机会，那么就会产生惊人的作用，它可以使农村克服巨大的障碍来使用新的信息通信技术并从中获益。

作为推动农村经济社会变革的重要因素，研究信息通信技术与农村空间组织的关系，可以丰富地学要素与区域发展关系的理论。

1.2.4 是中国解决“三农”问题建设社会主义新农村的直接响应

2006 年通信服务与农村信息化应用大会上，信息产业部蒋耀平（2006）副部长在致辞中概括了通信和信息化建设对农村发展的六大促进。他表示，通信发展和信息化建设在发展现代农业、促进农民持续增收、加强农村基础建设、加快农村社会事业发展、提高农民整体素质、加强农村民主政治建设方面具有十分重要的作用。从国家宏观政策的角度看，加快农村通信发展和信息化建设也是缩小数字鸿沟、促进和谐社会建设的重要内容。

“三农”问题是困扰农村发展的三个根本，也是我国建设社会主义新农村最终要解决的问题；或者说解决中国“三农”问题是构建社会主义和谐社会的必由之路。而农村发展的一个很大障碍便是信息落后，从而导致中国城乡“二元”结构的加深。信息化发展的目标是保证它的潜力可以被所有地区、所有公民利用。因为农村信息化建设可以提高农业资源利用效率和经营管理水平、提高农村市场的流通效率等，所以信息化建设可以成为解决社会主义新农村建设中“信息贫困”的重要途径，是城乡统筹发展的必然选择。

1.2.5 有助于推动城乡社会经济统筹发展

城乡统筹是针对城乡分割提出的，城乡统筹也是世界多数国家特别是发展中国家发展到一定阶段（人均 GDP 达到 800～1 000 美元）要普遍遵循的规律。我国城乡二元结构由来已久，这种结构带来的最突出的社会问题是城乡差距拉大。它不仅制约了国民经济的良性循环和健康发展，而且危及社会稳定，成为复杂的、重大的政治问题、经济问题、社会问题。解决这些问题，必须靠统筹城乡经济社会发展。

信息通信技术已被证明是推动农村地区变革的有效方式，它的应用可以说是实现城乡统筹发展的重要途径。信息通信技术通过即时的信息传递减弱了时间和空间距离因素在信息和服务提供方面对农村的限制，为长期经历经济衰退和人口迁出的农村地区提供了重新发展的机会。合理推进农村信息化建设对推动城乡一体化，实现城乡社会经济统筹发展具有重要的指导意义。

1.3　本书写作总体思路与研究目标

信息化时代背景赋予农村地区巨大的发展机遇，同时也提出了许多值得研究的议题。尽管多数学者更倾向于城市与信息通信技术的研究，但信息通信技术在减弱时空阻碍方面似乎更有利于农村的发展，其有利的潜力究竟如何挖掘？信息通信技术向农村地区扩散的主要途径有哪些？农村居民对信息通信技术的接纳与应用程度如何？信息通信技术扩散与农村的空间组织间是否存在相互作用的逻辑关系？这些都是当前农村信息化建设中面临的实际问题，客观的分析与认识这些问题对解决城乡“数字鸿沟”、实现城乡统筹具有重要意义。

下面，基于这些研究问题来构建本书的研究思路。首先，从理论视角构建农村信息化空间影响研究的必要性；其次，在经济地理学、区域经济学等理论及研究方法的指导下，系统地考察中国农村地区信息通信技术的供给与需求状况，以总结农村信息化发展的过程、现状水平及其影响因素；最后，在基础工作的支撑下，以典型案例区分析为依据，刻画农村信息通信技术应用的空间意义。本书旨在为农村地区各经济实体和政府部门突破传统运作模式走向现代化市场与管理提供理论与决策依据，为农村经济与社会发展提供新的研究视角。同时，通过对农村信息化空间影响研究框架的确立，旨在完整地探讨信息化与区域空间重构之间的相互作用。

为实现本书的最终研究目标，可将本书核心命题分解为以下分命题（图 1-5）。

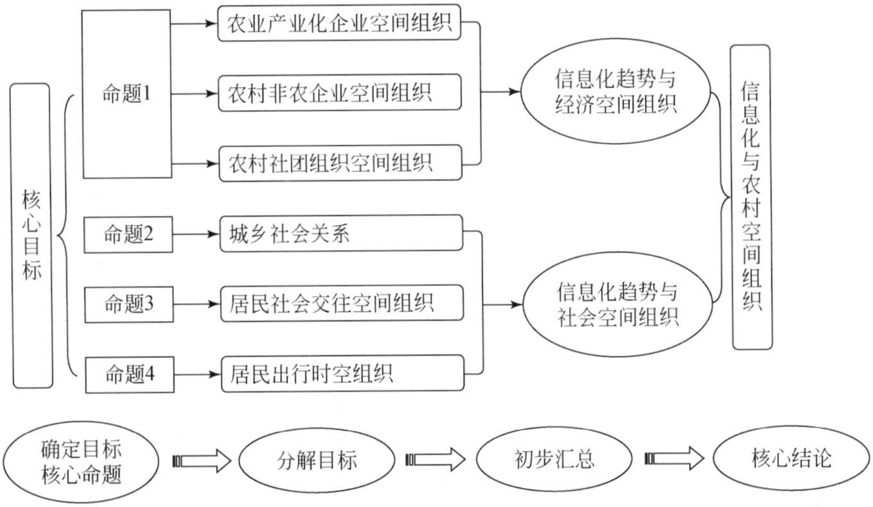

图 1-5　核心命题分解与实现过程

命题1：不同经济实体的信息化过程可以改变农村原有的经济空间组织模式。例如，信息化手段通过缩短农村企业的内外部响应时间促进企业的纵向一体化过程（改变企业生产、加工、销售地的空间联系），并同时改变（扩大）企业的供销空间。

命题2：农村信息化可以改变农村居民的社会交往空间的类型与范围，改变原有的邻里、亲戚、购物等社会交往的空间关系。

命题3：农村信息化可以改变原有的城乡关系，弱化城乡之间的社会隔离。例如，农村居民通过信息通信技术增强对城市的认同感，并减弱陌生感等。

命题4：农村信息化可以极大地改变农村居民出行的时空特征。

1.4 本书内容架构与研究方法

1.4.1 主体内容架构

基于上述研究思路与目标，本书具体研究内容包括以下几点。

1）梳理信息通信技术的空间影响理论。从国内外有关信息通信技术空间作用的研究中梳理理论框架，从而探讨农村空间组织与信息通信技术之间可能存在的相互关系。初步建立起信息通信技术下农村空间组织演变研究的基本框架。

2）剖析农村信息化的时空特征及其影响因素。以信息通信技术的空间作用理论梳理为基础，推动农村发展为目标，从技术（基础设施）和组织（政府部门和非政府组织）两个视角具体分析农村信息基础设施的供给状况；同时以企业、个人和公共服务部门为主体，通过信息通信技术的使用决策，分析信息通信技术的需求状况。通过供需分析总结农村信息化发展的时空特征及其现状水平。同时通过定量方法探讨农村信息化发展的影响因素。

3）探讨信息通信技术下的农村经济空间组织特征。根据信息通信技术的供需差异特征及农村信息化特点，进一步探讨信息通信技术对农村空间组织的影响。本书首先从农村经济空间的变化剖析信息通信技术的影响。在经济实体的选取上，本书以农村企业、社团组织等经济实体的信息化为主要研究对象，以期获得信息通信技术具有推动农村经济空间重构作用的实证依据。

4）探讨信息通信技术下的农村社会空间组织特征。信息化手段尤其是互联网技术为农村居民直接带来的可能是自身行为方式和意识形态的变化，这种变化甚至较之经济影响更为明显。所以除了信息化的经济意义外，本书试图构建信息化影响下农村居民社会空间的转变，尤其是探讨信息化影响下城乡关系及其农村居民个体行为的空间变化。

1.4.2 研究方法

研究议题的综合性、复杂性决定了本书研究方法的多样性。针对不同的研究侧面，选择不同的研究方法。主要包括以下几点。

1）实地调研、问卷调查与访谈法。实地调查、考察是地理学最传统的研究方法。在信息通信技术下农村空间组织的研究中，掌握尽可能丰富而翔实的资料是十分重要和必需的。实地调研、问卷调查与访谈，除了可以获得一些数据化、文本化的资料外，还可以收获一些不可见的隐形信息和数据（如政府意志、企业需求、居民思想开明程度等），这些对于研究同样必不可少。具体案例的研究中，调研能增强研究者对研究对象的理性认知，尤其是深度访谈作为一种定性分析（qualitative analysis）方法是一种非结构性的、受访者有更大自由的、可以引导谈话方向的访问方式。地理学对信息通信技术的空间影响还没有形成完整的评价模式与固定的理论框架，在很大程度上，对信息通信技术经济意义的答案还取决于使用者自身的定位和评价。所以设置开放性的访谈更加有利于使用者发表意见，谈出自身对信息通信技术的使用情况、目的、产生的作用及存在的问题。对研究者而言，这种近乎“漫谈”形式的访谈有利于搜集更多相关信息，达到帮助研究者全面而系统地研究该问题的目的。

2）定性分析与定量研究相结合。定性分析能够把握住问题的质，而定量研究能够确定出问题的量。在信息通信技术影响下农村空间组织的研究中，将定性分析和量化研究结合起来，使定性判断建筑在量化结果的基础上，而定量研究则以定性分析为指导，两者相辅相成，互为补充。以农村信息通信技术供需研究为例，既要从质上构建供需的理论框架，又要把各因素落实到量的计量统计。

3）系统分析和比较研究相结合。信息通信技术下的空间组织重构是一个复杂过程，其中涉及的问题除了与经济地理学、区域经济学、行为地理学有直接关联外，还涉及社会学、政治经济学等多学科的参与，属于多学科、多部门、多领域的研究议题，因而在研究中需要采用系统分析的方法，以确保研究结论合理而不偏颇。

4）地理信息系统（GIS）研究手段的充分利用。现代地理信息系统具有强大的可视化表达功能，同时还具有强大的空间分析功能。以 ArcGIS 作为技术支撑，将获得的信息数字化，建立起空间数据库，继而利用其内嵌的分析工具箱（ToolBox）等功能实现各种各样的空间分析目的。

1.5 研究技术路线

本书研究的技术路线由研究综述、研究方法、研究内容三部分按照系统研究的逻辑关系构成（图1-6）。

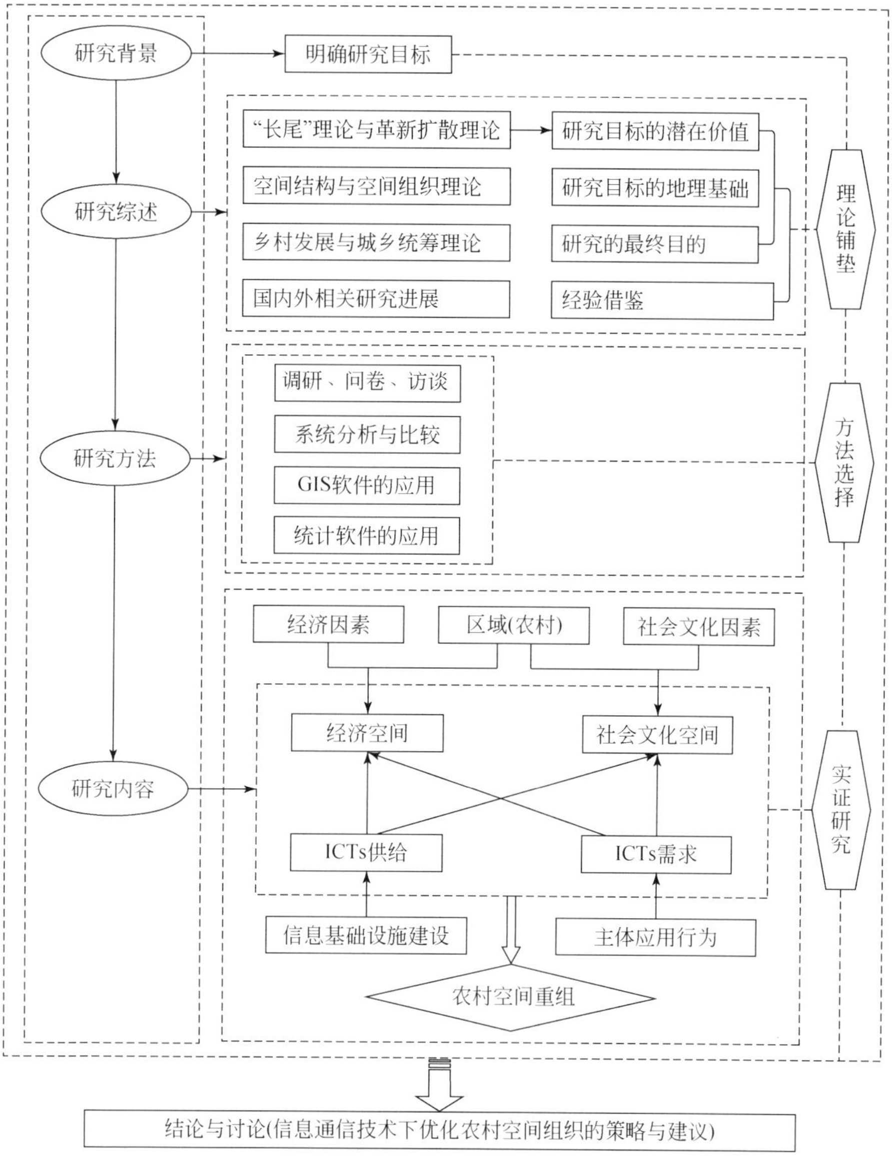

图1-6　信息化趋势下农村空间组织演变研究技术路线图

1）研究综述：包括对信息通信技术的地理学研究内容回顾、国内农村空间组织研究，以及信息通信技术与农村发展的研究进展。意图通过对相关研究进展的回顾，归纳出信息时代符合中国农村发展背景的理论框架。

2）研究方法：主要运用文献调查法、实地调查法、问卷与访谈法、规范分析与实证分析相结合、定性分析与定量分析相结合的方法，同时充分利用 GIS 作为空间分析的工具。各种方法的综合运用，成为本书研究的有力辅助工具。

3）研究内容：基于经济学、地理学和社会学的交叉视角，分析农村空间组织的构成。通过农村信息化供需状况分析中国农村信息化发展时空特征及其现状水平。通过对农村经济空间与社会空间的解析，深入分析信息通信技术下农村空间组织变化的特征，并提出新技术模式下优化农村空间结构的建议。

第 2 章　概念辨析与理论基础

信息化与农村空间组织的地理学研究涉及信息化的地理学研究与农村地理空间研究两个领域。本书将地理学传统研究领域（农村地理）与新的研究视角（区域信息化）综合起来，形成具有复杂性、综合性的区域发展问题。准确把握农村信息化与农村地区空间组织转变之间的关系，需要累积地理学中有关信息化和农村空间组织研究的基本理论和主要研究领域以及最新的研究进展，从而为进一步的研究奠定理论与实践基础。

2.1　概念辨析与研究区域界定

因本书中会多次涉及信息通信技术、信息化、农村、空间组织等概念，为了在清晰的概念框架下进行相关研究，故首先对相关概念进行解释。

2.1.1　相关概念辨析

(1) 信息通信技术与信息化

近现代通信技术与计算机技术的结合改变了世界经济、文化与社会的发展格局。人们把这两种技术的结合称为新的信息通信技术（ICTs）。曼纽尔·卡斯特（2000）认为信息通信技术是包括微电子、电脑（硬件与软件）、电信、广播以及光电（opto-electronics）等集合而成的整套技术，同时把遗传工程及其日益扩大的相关发展与应用也包括在信息通信技术里面。

根据世界信息通信技术与服务联盟（WITSA）的定义，新的信息通信技术包括计算机硬件、软件与服务、通信设施与服务、办公设备以及其他公共和私人机构在信息与通信技术上的消费（Torr and Moxon，2001）。在最近对信息通信技术的地理学研究中，学者们使用了大致相同的定义，但通常比较强调信息基础设施（物质的）的重要性。例如，Shon 等（2002）指出了新的信息通信技术的两个重要方面，即最新技术的集合及其物质侧面，并将其定义为通信和计算机技术的合成。Davenport 和 Short（1990）总结了信息通信技术的优势与能力（表 2-1）。

表 2-1　信息通信技术的能力与优势

能力	优势	举例
处理/网络通信	ICTs 能够把未组织的程序转化为常规交易	人工智能、专门软件、群件计数、多媒体
地理学	ICTs 可以简单快速地将信息传递很远的距离，使此过程独立于地理距离之外	EDI、internet（intranet/extranet）、录像会议、网络
自动化	ICTs 能够减少人力劳动	人工智能、CAD/CAM、CNC、EDI、PLC、搜索引擎
分析	ICTs 能够把复杂的分析方法通过程序解决	专业化软件、工作站
信息/多媒体	ICTs 可以通过多种方式来处理和传递大量信息：文本，图表，声音，录像	CAD/CAM、数据库、录像会议、语音会议、搜索引擎
顺序	ICTs 可以改变一个程序中任务的顺序，可以使多个任务同时工作	群件技术、共享数据库、internet
知识管理	ICTs 允许获取和传播知识与专门技术	人工智能、群件分享数据库、数据采掘、群件、语音会议、聊天系统
跟踪	ICTs 提供任务状态详细跟踪，如投入和产出	人工智能、CAI、CAM、PLC、感应器、基于网络的应用
非中介化/交互性	ICTs 能够用于接触，不管是同步还是异步，双方都可以交流	CAD/CAM、EDI、internet（intranet/extranet）

资料来源：Davenport and Short，1990

1959 年马尔萨克的《信息经济学评论》、1961 年施蒂格勒的《信息经济学》和 1962 年马克卢布的《美国的知识生产和分配》这三本著作均提出了信息化与经济发展的关系，为信息化的进一步发展提供了理论积淀。1963 年日本学者的《信息产业论》一书首次提出了信息化的概念，指出信息化是能够造福人类社会的新型生产力。信息化（informationalization）的定义多种多样，根据曼纽尔·卡斯特（2000）的描述，信息化是社会组织之特殊形式及其属性；在这种组织结构中信息的生产、处理与传递成为生产力与权利的基本来源。这里信息被理解为知识的传播：一个单位或作用者（agents）（不论是公司、区域或国家）的生产力与竞争力基本上是根据它们能否有效生产、处理及应用以知识为基础的信息而定，同时其生产力与竞争力又代表了一个地区的信息化程度。

而刘卫东和甄峰（2004）认为，“信息化”在国外文献中出现较少，多以

"新的信息通信技术"代替。刘卫东认为从地理学的角度将信息化定义为计算机与新通信技术（特别是互联网）的应用普及导致的信息传递时空阻碍性的大幅度减低。即在信息基础设施到达的地方，信息可获得性趋同，"空间距离摩擦定律"（law of distance friction）失去作用。

我国学术界和政府内部对信息化做过较长时间的研讨。一种理解是，信息化就是计算机、通信和网络技术的现代化；另一种理解是，信息化是从工业社会向信息社会演进的过程；还有学者认为信息化就是物质生产占主导地位的社会向信息产业占主导地位的社会转变的发展过程等；1997 年，全国首届信息化工作会议把信息化和国家信息化定义为"信息化就是培育、发展以智能化工具为代表的新的生产力并使之造福于社会的历史过程。国家信息化是在国家统一规划和组织下，在农业、工业、科学技术、国际级社会生活各个方面应用现代信息通信技术，深入开发广泛利用信息资源，建设国家信息网络，推进信息通信技术应用，发展信息通信技术和培育信息人才，制定和完善信息化政策，加速国家现代化进程"（李道亮，2007）。

信息化的两大特征表现为信息网络的日益普及和信息产业的迅速发展，不仅带来了整个产业链条的转变，更使得空间组织关系也发生了相应的变化（甄峰等，2004a，2004b）。近年来的发展实践证明，信息化已经成为促进工业化和整个社会经济发展越来越重要的因素。信息化的发展导致对信息依赖性大的产业、部门、机构在空间上集中（陆大道，2003）。

作者认为尽管信息化与信息通信技术没有太明显的界限，两者依然存在差异。信息化代表信息通信技术广泛使用后的结果，信息化程度可以通过技术配置与应用所带来的社会、经济和生活方式变革来衡量。

本书强调的是信息通信技术在农村地区的推广过程与使用特征，以及由此而带来的空间问题。

（2）农村与乡村

《辞海》中，城市或城镇、农村或乡村都是表示地域的概念，城市与城镇，农村与乡村的概念是通用的。划分的标准是，是以非农业经济为主的聚居地还是以农业经济为主的聚居地。农村或乡村是指"以农业经济为主"的人口聚居地区；城市或城镇是指"以非农业经济为主"的人口聚居地区。Ray 和 Talbot（1999）在《虚拟地理学》一书中指出，我们用农村来代表这些地区：低人口密度（经常是下降的），面临地理和经济边缘化问题，主要包括那些低于社会经济发展平均水平并过度依赖初级生产部门，从而成为国家发展计划中被支持的地区的区域。

在我国地理学研究中，对农村和乡村的定义主要如下。

张小林（1998）从职业、生态、社会文化三个方面对乡村定义进行剖析。他认为乡村不是一个简单的定义所能涵盖的，它是复杂而又模糊的概念。界定乡村的困难在于乡村整体发展的动态性演变、乡村各组成要素的不整合性、乡村与城市之间的相对性，以及由于这三大特性形成的城乡连续体。所以乡村作为一个有机整体，是一个极其复杂的特大系统，它包含生态、经济、社会等多方面的极其丰富的内容，在每一个侧面又包括各种不同的层次和诸多的因素。所以，他提出在当今世界城市化的大背景下，乡村的定义应让位于“乡村性”这一概念，在一定地域内考察乡村性质的强弱（从对立面来看，就是“城市性”的弱强），比起不断划分过渡地带的做法更可操作，更具有可比性。

郭焕成（1988）认为乡村也称农村。由于我国农村产业结构和人口就业结构发生变化，农村不仅从事农业，而且还从事非农业，因此称乡村更合适。乡村是指城市以外的广大地区，也称非城市化地区。乡村是介于城市之间、构成独立行政单元的地区。从这个概念出发，乡村应是一个特定的空间地域单元。它既包括乡村居民点，又包括居民点所管辖的周围地区。所以，乡村的完整概念，应是以居民点为中心、与周围地区相联系的区域综合体，也称乡村地域系统。在我国，乡村的范围一般是指县城以下的广大地区，包括乡镇、村庄及其所管辖的行政区域。乡村是一个相对完整的社会经济实体，它随着社会生产力的发展而发展。乡村社会结构简单，文化比较落后，居民具有较强的乡土观念。

2.1.2 农村信息化空间影响的概念、内涵

目前有关信息化空间作用的研究核心集中在城市地区的空间重构，人们往往把信息通信技术作为影响城市发展的新因素，通过定量模型来分析城市在新因子作用下发生的空间层级转变。这些转变通过不同层次的集聚与扩散改变了城市原有的区域地位与发展模式，从而出现新的空间重构特征，这些研究证实了现代信息通信技术在改变城市地位与空间发展中的重要作用。此类研究较系统地分析了信息通信技术的空间影响，却忽略了区域的另一侧面——农村地区。以 Internet 为代表的计算机网络技术在农村生产、生活中的应用将农业生产、经营，农民的生活等活动与整个社会紧密联系，从而深刻地改变着农村的基本面貌。本节以农村信息化空间作用的概念模型为着眼点，提炼出农村信息化空间影响的概念，并对其内涵进行探讨。

1. 农村信息化空间作用的基础概念

农村信息化空间作用概念的提出主要基于农村信息化、网络空间结构模型等几个基础概念。通过这些相关的概念模型分析，可以总结出农村信息化空间作用

的概念。

（1）农村信息化

关于农村信息化概念的总结很多，一些研究者认为农村信息化缘起于农业信息化，故农业信息化是基础和前提。贾善刚（2000）指出，农村信息化的概念不仅包括计算机技术，还应包括微电子技术、通信技术、光电技术、遥感技术等多项信息通信技术在农业上普遍而系统应用的过程；梅方权（2001）认为，农村信息化是一个广义的概念，应是农业全过程的信息化，是用信息通信技术装备现代农业，依靠信息网络化和数字化支持农业经营管理，检测管理农业资源和环境，支持农业经济和农村社会信息化。

但同时也有一些研究者认为农村信息化是农村经济和社会信息化的全过程。例如，郭永田（2007）认为，农村信息化是指在广大农村地区，围绕农村经济和社会事业的各个方面，加快农村信息通信技术发展及其产业化，开发利用各种涉农信息资源，提高农村经济和社会各领域信息通信技术应用水平，推动农村经济的运行机制、社会组织形式和农民生产生活方式变革，加快农村经济发展和社会事业全面进步的过程。李道亮（2007）认为，农村信息化指在人类农业生产活动和社会实践中，通过普遍地采用以通信技术和信息通信技术等为主要内容的高新技术，更加充分有效地开发利用信息资源，推动农业经济发展和农村社会进步的过程。

根据以上描述可以总结农村信息化是在农村经济发展和社会进步过程中，通过采用新的信息通信技术，实现有效地利用各种信息资源，从而推动农村经济发展和社会进步的过程。农村信息化是社会信息化的组成部分，它首先是一种社会经济形态，是农村经济发展到某一特定过程的概念描述。农村信息化发展程度是其空间作用研究的前提与基础。

（2）网络结构理论——农村信息化空间作用概念模型

网络是连接空间结构中点与线的载体，网络的意义在于它能够将连接起来的点与线产生出单个点或线所不能完成的功能。区域发展中网络的构成主要包括交通网络、信息通信网络、能源动力网络。通过网络产生的位移则形成各种“流”，如商品流、资金流、信息流、人流等。网络化的空间结构是区域空间结构发展的高级阶段，是区域经济和社会活动进行空间分布与组合的框架。网络上的点与线对周围农村地区的经济和社会发展产生组织和带动作用，同时网络沟通了区域内各地区之间的联系，实现了全区范围内各种资源和要素的传输。对农村信息化空间作用的研究可以通过此概念模型来建立。

如果不考虑某地区交通运输网络与能源动力供应网络的影响，那么区域间空间联系主要受通信网络的影响。假设 A、B、C 三地（图 2-1），在相互间没有经过通信网络连接之前，其信息交流仅限于本区域有限的地域范围，随着通信网络的逐渐连接，三地区网络型结构形成，则表明三地区建立起了全面的空间联系。图 2-1（a）表示三者间没有通信网络之前相互独立的状态；图 2-1（b）表示 A 地与 B 地间建立了网络联系，而 C 地处于网络结构之外；图 2-1（c）表示三者间的网络结构形成。

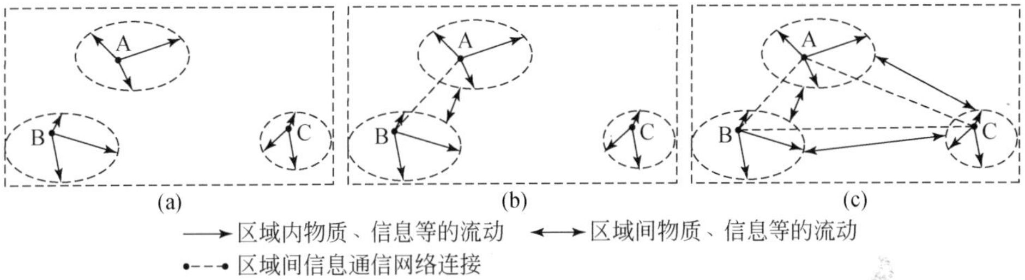

图 2-1　区域信息网络结构形成与相互联系

从上述举例看出，由于区域通信网络的作用，会使原来极少联系的地区建立新的全方位的互动，即形成了网络型空间结构。同理，信息化可使农村地区通过通信网络的建设在空间上同其他地区建立网络关系，相反，如果农村信息网络中出现断点或断线，则会大大影响这些地区的发展进程。这一现象在农村信息化与区域发展过程中的表现是，信息化建设可以使农村与城市及其他地区建立良好的互动，是解决城乡与区域差异的有效途径。

对于区域发展的网络结构理论来说，农村地区通过信息化手段构建起健全的网络空间结构是其缩小与城市及其他地区差异，从而与之建立良好互动的基础。

2. 农村信息化空间作用的概念

由“空间网络结构”模型和农村信息化发展趋势可以看出，在特定的社会发展阶段，农村会成为信息化未来推进的主体区域，同时农村信息化程度又直接影响区域网络结构的完善程度。这里将农村信息化在空间网络结构构建中的作用称为农村信息化的空间作用。

农村信息化空间作用指以电视、电话（移动电话）、电脑等为终端，以互联网、广播网等为传播途径，依靠先进的技术手段，形成从信息采集、加工处理到发布健全的、完善的农村信息服务体系，实现产品的生产过程、经营环节从单一环节、有限区域向横向和纵向拓展，推动农村各经济实体和居民迅速获取信息化服务，最终达到改变农村社会经济空间的活动方式、组织模式及空间联系强度的目的。

农村信息化空间作用既包括农村信息化的推进，又涵盖了信息化对农村产生的空间影响。其作用程度可以通过农村经济活动的空间转移与农村居民社会活动的空间变化衡量。

3. 基本内涵

（1）构成内涵

农村信息化是一个涉及多部门、多学科的综合性系统工程。农村信息化包括农村环境信息化、农村社会经济信息化、农业生产信息化、农村科技信息化、农村教育信息化、农业生产资料市场信息化、农产品市场信息化、农村管理信息化八方面内容。农村信息化组成要素主要包括信息通信技术应用、信息资源建设、信息网络构筑、信息产业发展、信息化人才培育、信息化外部环境。农村信息化参与主体包括政府、涉农企业、高校、科研机构、社团组织和农民。农村信息化组织体系是一个包含县、乡（镇）、村三级服务主体、客体及信息服务内容渠道、模式、机制、支撑体系的，以实现农村信息服务为目标的复杂系统。总之，农村信息化不仅包含内容多，参与主体多，而且组织体系和技术支撑体系复杂多样。

（2）时空内涵

农村信息化是社会信息化发展的一部分，是社会经济发展到一定阶段的产物，因社会经济发展的不平衡性，农村信息化建设也同样具有明显的时空特征。首先，农村信息化空间作用的研究必须以一定的地域尺度为基础，从而客观分析本地社会经济发展水平下农村信息化建设的概况及其产生的空间作用；同时，农村信息化是社会经济发展过程中出现的必然规律。社会经济发展的阶段差异性决定了农村信息化发展水平，因此农村信息化建设及其空间作用同样在时间上具有动态发展的特征。不同的时空尺度，农村信息化发展特征及其空间作用的特征不同。因此，开展研究时首先应明确农村信息化发展的时段性及其区域差异规律，对区域农村信息化空间作用进行客观衡量。

（3）经济作用内涵

农村信息化的空间作用，指农村地区通过使用先进的信息通信技术手段，达到影响农村地区经济发展和社会进步的作用。农村信息化空间作用之一就是达到推动农村经济发展，改变农村经济活动空间组织的作用。将先进的信息通信技术应用于农业生产，通过农业生产技术水平的改善，提高农作物的品质与产量，可以作为农民增收的重要途径；同时，农村企业通过信息通信技术手段的应用，可以实现企业形象宣传、产品生产过程技术升级、产品销售市场开拓等目的，从而使企业的产业链发生改变。所以，农村信息化可以通过在农业生产及其他经济实体中的应用，达到推动农村经济发展的目的，经济发展的同时又会改变农村经济空间结构，使原有经济布局因信息通信技术的作用而出现重新集聚或扩散。例如，某一地区，由于信息通信技术应用（主要集中于农业生产、农村企业、社团组织）可能表现为某一农产品生产向一地集中的趋势，而农村企业的产品销售则会出现扩散的局面。可见，农村信息化经济作用的存在，会在不同领域、不同部门产生空间的集聚或扩散作用，不管是集聚还是扩散，其推动经济发展的作用是相同的。

（4）社会作用内涵

除了影响农村经济活动的空间集散外，信息化对农村地区社会活动空间的作用同样值得探讨。信息化在影响农村社会空间方面可以通过以下几点衡量：①农村社会服务的进步。表现为农村教育、医疗与保险等社会保障体系的逐步完善与服务水平的普遍提高。例如，网络化教学手段的应用，为农村学校教育和职业技能培训提供了便利，极大地改善了农村地区落后的教育水平。同时，具有先进技术手段应用的农村医疗保险系统，将农民医保逐步纳入到全国医疗保险体系，有力地推动了农村社会服务均等化的发展。②城乡社会关系的改善。表现为城乡社会认同感增加，城乡隔离的减弱。农村信息化的发展，使收益的主体人群——农民的社会意识明显发生变化，农民极大地增强了对城市的认知，减少了对城市的陌生感。③信息化改变了农村居民的社会行为空间。网络的应用不仅表现为农民同外界经济联系的增强，同时表现为农民社会交往空间的扩展，社会活动的增多等。农民社会认知的改善与行为空间的改变，对减弱当前的城乡“二元”经济与社会结构有很大的推动作用。

2.1.3 研究区域界定

根据本书要求，无须细推农村与乡村在定义方面的差异，故统一称为农村，本书对农村概念解释的重点在于界定研究范围。参考人们对农村的界定，本书的研究范围定在县及其以下的行政区域，即县、镇、村及其包含的行政区域作为农村地区来进行研究。之所以选择县级行政单元，是因为县政府及其相关部门是农村信息化建设的核心推动力量，从组织体系上看，其是农村信息化建设中非常重要的一环。

在研究内容上，本书主要关注镇、村的信息化建设及其产生的空间问题。这里把农村空间分解为聚落空间、经济空间、社会空间，然后探讨这几种空间组成在信息通信技术直接或间接影响下的变化特征与规律。由于农村聚落的形成与变化是长期历史变迁的结果，而信息通信技术是农村发展中新的影响因素，很难在短期内证明两者的关系，故本书暂时选取信息通信技术下农村经济空间与社会空间的变化作为研究的着眼点。

本书选取河北省平原地区典型农业县——河北省无极县、南宫市（县级市）、巨鹿县、新河县为案例区，通过深入调研来具体分析信息化趋势下农村空间组织问题。

2.2 农村信息化空间作用研究的基本框架

信息化空间影响研究是区域发展影响因素的重要研究内容之一。其空间作用力的分析是经济学、地理学和社会学相互交叉而形成的新理论，同时农村信息化空间影响的研究对解决“三农”问题、实现社会主义新农村最终达到城乡协调发展具有重要实践价值。它的研究内容主要包括农村信息化空间作用的基础理论，农村信息化发展过程与发展现状分析，农村信息化空间作用的影响因素与影响机理，农村信息化空间作用的方向等。从研究体系来看，主要包括基础理论研究、量化分析研究、案例研究（图 2-2）。

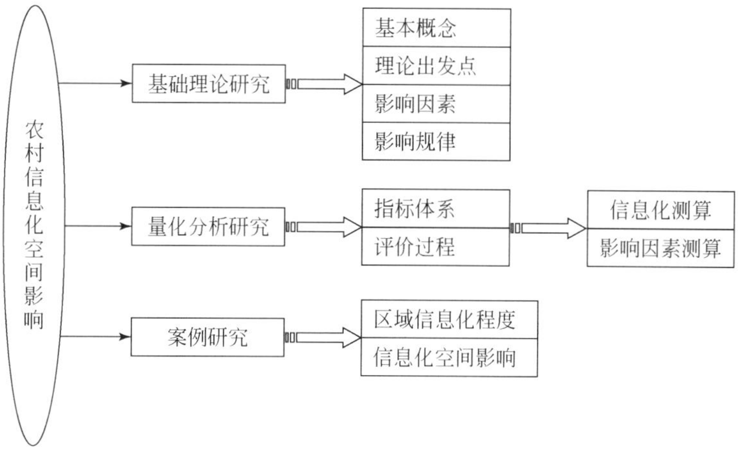

图 2-2　农村信息化空间影响研究的基本框架

2.2.1 基础理论研究

在理论体系构建上，本书研究的主要内容如下：①农村信息化空间影响的基本概念，如农村信息化、网络式空间结构理论等，主要从理论上阐明农村信息化空间影响研究的基础、潜力和必要性，并给出农村信息化空间影响的定义。②农村信息化空间影响的理论出发点，即从现有的理论中寻求信息化对农村空间影响的理论支撑。尽管没有信息化空间作用的成熟理论，但可以借助地理学、经济学和社会学的相关理论，构建本书的理论基础。③农村信息化空间作用的影响因素，即探讨哪些因素影响了农村信息化的空间作用，哪些是主导因素，哪些是次要因素，并尝试给予量化分析。④农村信息化的空间影响规律，即新的信息通信技术手段对农村区域空间作用的客观规律及其理论解释。在经济空间上，需要研究的主要内容如下：随着新的信息通信技术应用水平的不断提高，农村地区孤立的点有没有被逐渐整合到更大的“点”中？县域经济活动是否因信息化而增强了一体化程度？农村自身的经济活动空间是趋向集聚还是扩散？农村企业在信息化影响下其产业链的空间转移特点等问题与规律。而在社会空间上则主要注重信息通信技术对农村居民个体行为空间的影响。

农村信息化空间影响基础理论的研究关键是通过多学科综合分析，在已有理论基础上，构建自身的理论体系，使后续的量化分析与案例研究具有坚实的理论依托。

2.2.2 量化分析研究

量化分析研究旨在对农村信息化程度及其空间影响进行量化分析。农村信息化程度测算方法很多，不同的测算方法其变量选取与赋予权重也不同，因此对区域信息化程度的衡量需要客观分析自身研究需求选取方法。同时农村信息化的空间影响很难获得直接的量化数据，因为信息化的空间作用多属于很难用数量表示的社会学范畴的含义。因此，分析中以定量与定性分析相结合为主。量化分析主要以农村信息化发展水平衡量以及农村信息化空间作用影响因素的量化分解为主，即通过已取得的数据，科学分析农村信息化发展水平、信息化空间作用的影响因素，为农村信息化空间作用分析奠定数据基础。

其中主要应用相关分析方法确定信息化影响因素间相关关系；使用最小二乘回归方法取得影响因素与信息化发展水平的回归方程，以便进行预测和验证。

2.2.3 案例研究

案例研究的目的主要是将农村信息化空间影响的基本理论和量化方法落实到不同尺度的地域空间。本书中首先应选择农村信息化建设具有典型意义的地区，通过对此类地区农村信息化发展过程、发展水平及产生的影响进行系统分析，具体验证农村信息化与农村空间组织的关系，为实现农村社会经济全面发展，提出农村信息化建设的模式。同时，应对农村信息化不同的受众群体进行对比研究，着重分析不同的使用者对信息通信技术的需求特征，从而明确信息供给的内容与方向。此外，还应明确农村信息化空间作用在不同区域尺度的特征。通过案例研究，不仅可以为相似区域农村信息化建设提供决策依据，具有较好的实践价值；同时可以深化农村信息化空间影响研究的基础理论，推动信息化区域影响研究框架与理论体系的成熟与完善。

2.3 农村信息化空间影响研究的基本理论出发点

对于较成熟与认识深刻的议题，可以通过已有的理论与模式进行深入探讨。而信息通信技术下的区域空间重构只是最近才出现的一个议题，所以还缺少系统的，并为大家所普遍认同的理论；农村空间组织的研究也是农村地理学中新的问题，同样缺少固有的理论框架与体系。故本章试图把信息通信技术下的农村空间问题放在区域发展的理论背景下，探讨信息通信技术所促成的新的区域空间形式。

农村信息化空间影响的基本理论主要指在整个研究过程中，必须要坚持的基本理念和遵循的基本原则。其中，“长尾”理论和“革新扩散”理论从理念上阐明了农村信息化研究的必要性和潜在价值；“空间结构与空间组织”理论，从传统地理学的角度阐明了农村空间的构成及其空间组织体系；乡村发展理论为农村信息化空间影响研究提供了目标与方向，即农村地区通过使用新的信息通信技术，达到促进区域经济发展和社会进步的目的；城乡社会经济统筹发展理论则是本研究的目标与落脚点。

2.3.1 “长尾”理论与革新扩散理论

“长尾”理论是网络时代兴起的一种新理论，由美国人克里斯·安德森提出。该理论认为，由于成本和效率的因素，过去人们只能关注重要的人或重要的事，如果用正态分布曲线来描绘这些人或事，人们只能关注曲线的“头部”，而将处于曲线的“尾部”忽略（刘雪梅和雷祺，2009）。刘雪梅和雷祺（2009）指出“长尾”有两个特点：“细”和“长”。“细”说明长尾是份额很少、在过去不被重视的市场；“长”说明这些市场虽小，但数量众多，也占据了市场中可观的份额。安德森指出商业和文化的未来不在于传统需求曲线上那个代表“畅销商品”（hits）的“头部”；而是那条代表“冷门商品”（misses）、经常被人遗忘的“长尾”（图 2-3）。安德森认为，网络时代是关注“长尾”、发挥“长尾”效益的时代。

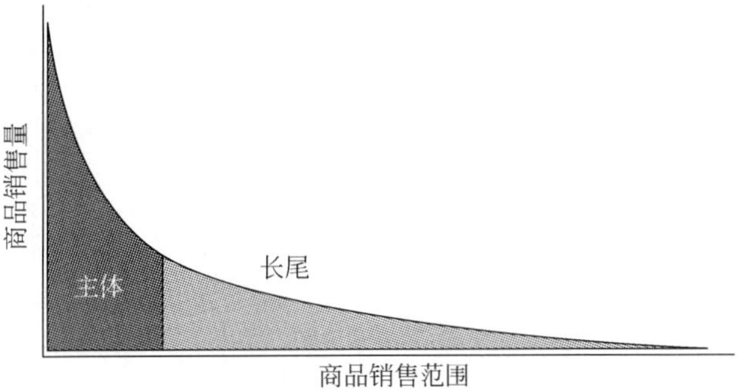

图 2-3 “长尾”理论示意图

资料来源：克里斯·安德森，2012

“长尾”理论被认为是对传统“二八定律”的彻底叛逆。“二八定律”是 1897 年意大利经济学家帕累托归纳出的一个统计结论，即 20% 的人口享有 80% 的财富。它表现了一种不平衡关系，即少数主流的人（或事物）可以造成主要的、重大的影响。在市场营销中，为了提高效率，厂商们习惯于着力维护购买其 80% 商品的 20% 的主流客户，在上述理论中被忽略不计的 80% 就是“长尾”。

安德森认为，传统的市场曲线是符合“二八定律”的，互联网的出现改变了这种局面。网络使 99% 的商品都有机会进行销售，而消费群体也散向了四面八方，所以市场曲线中那条长长的“尾部”成为新的利润增长点。随着农村经济的发展与生活水平的提高，及其交通、通信等基础设施条件的成熟，农村逐渐成为城市市场饱和产品的潜在市场，农村则成为“长尾”中核心的组成部分。

从互联网自身发展看，同样会经历由城市向农村地区的扩散过程。中国互联网从 1994 年正式诞生到现在，无论是国家政策、投资者还是研究者都把主要的精力放在了城市区域，而对农村的关注很少。随着互联网在农村的发展，人们开始意识到农村地区也许就是互联网络未来发展的真正“长尾”。

首先，从互联网的用户规模看（表 2-2）。尽管城市和农村互联网用户的绝对数量差异很大，但从增长速度来看，农村 2006 ~ 2013 年的年均增长率达到 31.9%，远大于同期城市的 21.7% 的年均增长率。其次，从互联的渗透率看（表 2-3）（互联网的渗透率指互联网用户占总人口的比例），2005 年年底，农村网民总规模为 1 931.4 万人，仅占相应乡村人口的 2.6%，不到全国水平的 1/3，截至 2013 年年底渗透率达到 27.5%，互联网用户在农村居民中的比例大幅提高。

互联网用户在农村的增长速度已超过城市，成为互联网未来发展的重要区域，农民将成为网络使用的另一主体。农村网络应用带来的经济价值将成为投资者经济增长的“长尾”。“长尾”理论首先证明农村信息化发展的巨大可行性，同时提出了农村信息化建设将为投资者带来巨大经济效益的潜力。

表 2-2　城乡网民规模对比　　(单位：万人)

地区	网民规模								
	2005 年	2006 年	2007 年	2008 年	2009 年	2010 年	2011 年	2012 年	2013 年
农村	1 931. 4	2 311	5 262	8 460	10 681	12 484	13 579	15 566	17 662
城市	9 168. 6	11 389	15 738	21 340	27 719	33 246	33 713	40 834	44 095

资料来源：CNNIC，2006 ~ 2014

表 2-3　城乡互联网普及率对比　　(单位:%)

地区	网络普及率								
	2005 年	2006 年	2007 年	2008 年	2009 年	2010 年	2011 年	2012 年	2013 年
农村	2. 6	3. 1	7. 1	11. 7	14. 8	17. 5	20. 2	23. 7	27. 5
城市	16. 9	20. 2	27. 3	35. 2	45. 7	53. 5	56. 7	59. 1	62
全国平均	8. 5	10. 5	15. 9	22. 6	28. 9	34. 3	38. 3	42. 1	45. 8

资料来源：CNNIC，2006 ~ 2014

革新扩散是对革新采用的各类人群进行研究归类的一种模型，这个模型也被称为革新扩散理论（diffusion of innovations theory）是美国学者埃弗雷特 · 罗杰斯（E. M. Rogers）提出。革新扩散即以一定的方式随时间在社会系统的各种成员间进行传播的过程。扩散过程由创新、传播渠道、时间和社会系统四个要素组成。

罗杰斯指出，革新事物在一个社会系统中要能继续扩散下去，首先必须有一定数量的人采纳这种创新物，通常，这个数量是人口的 10% ~20%。革新扩散比例一旦达到临界数量，扩散过程就“起飞”，进入快速扩散阶段。革新扩散的传播过程可以用一条“S”形曲线来描述（图 2-4）。在扩散的早期，采用者很少，进展速度也很慢；当采用者人数扩大到居民的 10% ~25% 时，进展突然加快，曲线迅速上升并保持这一趋势，即所谓的“起飞期”；在接近饱和点时，进展又会减缓。

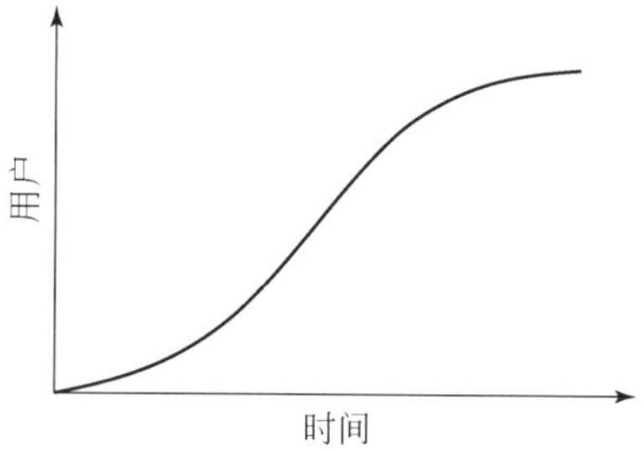

图 2-4　革新扩散过程曲线

互联网既可以看做创新的扩散渠道，又可以将自身作为创新体进行扩散。从互联网普及情况看，截至 2008 年 12 月，中国互联网普及率达到 22.6%，城市互联网普及率达到 35.2%，农村互联网用户普及达到 11.7%。从理论上讲中国正处在互联网的快速扩散阶段，城市地区已经进入相对稳定的发展阶段。而农村地区也已经进入互联网的快速扩散阶段，具备了迅速普及以互联网为代表的新信息通信技术的理论条件。

2.3.2 空间结构与空间组织理论

空间组织与空间结构始终是地理学研究的核心内容之一。空间组织是指人类为实现自身的发展目标而实施的一系列空间建构行动及其所产生的空间关联关系（金凤君，2007）。金凤君从地理科学研究主题内容、人类文明进步需要、空间认知观念拓展需要、要素配置与利益制衡关系需要、我国发展潜力的提升需要 5 个方面论述了空间组织研究的重要意义。

传统的空间组织理论包括区位论、空间结构理论以及地域生产综合体理论和经济区划理论等（樊杰等，2001）。空间组织理论以优势区位（区域）的优先发展及其对相关地区的带动作用为研究主线，以中心地理论、梯度推移理论、增长极理论和点-轴开发理论为基础。

覃成林等（1996）系统地研究了区域经济空间组织的问题。他从区域经济空间组织实质、组织中的利益关系、组织的环境规定性、组织的内在机理、组织实体类型等七方面系统地分析了区域经济空间组织。他认为区域经济空间组织是指在一定约束条件下，对区域内或区域间经济发展的资源、经济要素进行空间优化配置的过程，是区域经济的一种重要组织形式。他认为区域经济空间组织实体由 3 个基本要素构成，即资源、经济要素和经济活动主体。它们之间是依据一定的经济、技术关系和空间关系而连接起来的。

区域经济空间组织由微观到宏观集中反映在以下几个方面：①企业建立与发展中的空间组织；②经济部门建立与发展中的空间组织；③区域经济系统形成与发展中的空间组织；④区际联合中的空间组织。区域经济空间组织在维系与促进区域经济运行、提高区域经济效益及区域发展综合效益等方面有着不可替代的作用。它是发展区域经济的一种有效组织形式。

总之，有效的区域经济空间组织可以在节约原则下优化各经济过程，可以在比较利益原则下择优利用资源和经济要素，同时还可以形成集聚经济。所以地区发展中经济空间组织研究非常必要。

空间结构是社会经济客体在空间中的相互作用及所形成的空间集聚程度和集

聚形态（陆大道，2003），空间结构是经济地理学和区域经济学研究的重要论题之一。空间结构可以理解为空间组织的有效形式，也可以说空间结构是空间组织的结果。例如，学者们提出的增长极模式、点轴系统空间结构模式都是社会经济空间组织的有效形式。

空间结构特征是区域发展状态的重要指示器。从区域开发、区域发展大量的实例中可以看出，社会经济的空间结构如同地区（国家）的产业结构，是区域发展状态本质反映的一个重要方面，是从空间分布、空间组织角度考察、辨认区域发展状态和区域社会经济有机体的罗盘（陆大道，2003）。

20 世纪 50 年代以来，由于经济建设实践的需求，我国学者在经济空间结构模式、功能以及优化等方面进行了卓有成效的研究，但侧重于经济空间结构的理论演化模式，如点轴模式（陆大道，2001）、城市对称分布理论（叶大年等，2001）、双核结构理论（陆玉麟，2002），这些理论模式在不同空间尺度上为我国经济布局提供了理论借鉴，一些学者从不同方面进行了实证分析，其中以东南沿海地区的研究占主体。

区域空间组织与空间结构具有动态性，处于不断地发展演变过程中。某一地区发展壮大，并成为具有竞争优势的地区就意味着它已经成为一个新的经济增长核心区，即原有的空间组织与空间结构发生了改变。农村空间主要包括经济空间、聚落空间和社会空间，三者相互联系，构成农村空间组织系统。农村空间在信息化、全球化背景下的演变研究需以空间组织与空间结构的既有理论为基础。

国际上针对农村空间的研究多集中在其社会文化空间属性［如可进入性，社会包容度，社会公平（Farrington J and Farrington C，2005）］和农村经济网络［政治经济网络，参与者网络理论，创新和学习网络（Murdoch，2000）］等方面。信息通信技术作为推动农村发展的新因素，必然会对农村空间系统产生巨大影响，从而改变其原有的空间组织形态。

2.3.3 乡村发展理论

乡村发展理论是西方区域发展理论的重要组成部分。按照历史和逻辑的顺序，二战后西方区域发展理论可以划分为历史经验学派、现代化学派、乡村学派、主流经济学派等几大重要流派（彭新万，2009）。乡村发展理论是乡村学派对区域发展理论的重要贡献，它由传统乡村发展理论和现代乡村发展理论两部分组成。

传统乡村发展理论是指在 20 世纪五六十年代所形成的被人们广泛接受的以工业化、城市化为核心的乡村发展观。其代表理论有刘易斯的“二元经济”模型、费景汉-拉尼斯二元经济论、乔根森二元结构模型、哈里斯-托达罗模型、缪尔达尔的地理二元结构理论以及罗斯托的“经济增长阶段论”。这些理论所倡导的农村发展战略从本质上讲是把农业作为工业化的手段，而农村只是区域经济发展中的依附体。

进入 20 世纪 70 年代以来，以乡村地区发展为内容、空间均衡发展为核心的区域发展理论逐渐取代了以城市化为中心，空间不平衡发展为内容的传统区域发展理论，从而形成了现代乡村发展理论。现代乡村发展理论主要包括乡村增长中心发展理论、综合区域发展战略、选择性空间封闭理论、地域式发展理论、乡村社会地理发展等。现代乡村发展理论以农村自身发展为命题，以实现公平、消除贫困、增加就业为目标，是农村区域发展较成熟的理论基础。

20 世纪 90 年代以来，研究者对乡村社会地理发展理论关注逐渐增多，乡村地理研究出现社会文化和后现代两个转向。乡村社会地理的主要研究内容包括乡村社区、城乡关系、乡村景观、乡村社会问题等。地理学研究者围绕社会亟待解决的问题来确定研究出发点；从社会问题的空间表述、空间因素、空间过程和区域特征等方面来确定研究角度；针对社会问题中受害一方来确定侧重面（王丽华，2006）。例如，研究者在社会文化及信息化与乡村关系方面的研究获得了新的进展。Grimes（2000）研究了信息社会中乡村地区的发展前景，他认为随着网络技术的发展及大量信息的掌握，缩减了乡村与市场的距离，并提高了乡村地区对外学习的能力与机会，但远距离的工作即使被夸大为乡村地区最美好的前景，将来也只会给城市和市郊而不是偏远的乡村，带来绝对的发展优势，此外他还对信息通信技术在乡村发展中的利弊进行了探讨。

总之，农村信息化建设的目的首先是通过信息通信技术应用发展农村经济，增进城乡协调发展；其次是通过重构农村空间组织实现农村发展的理想优化状态。信息通信技术作为技术革新扩散到农村地区，通过加速农村物质流、能量流和信息流的流动速度，达到影响农村供给结构、需求结构和区际关系的目的。所以，作为乡村发展理论的一部分，可以构建 ICTs 与地区发展模型：

$$\mathrm{RD} \propto \int_{\mathrm{SED}}^{\mathrm{ICTs}} + \int_{\mathrm{RD}}^{\mathrm{ICTs}}$$

$$\approx \sum_{i=0}^{n}{}_{i}\,\mathrm{factors1} + \sum_{k=0}^{p}{}_{k}\,\mathrm{factors2}$$

式中，factors1（因子 1）= factors（-ICTs）of SED；factors2（因子 2）= factors（-ICTs）of PR；RD 为地区发展；SED 为社会经济发展；PR 为减少贫穷；ICTs 对应 factors，表示与 factors 各因子作用，综合结果为因子 1/因子 2。

factors1 主要包括科学教育，研究开发，合作，信息扩散，自然资源，信息通信技术（教育、培训、人力资源发展），资本投入（电子商务），高等教育、公共搜索系统，人力资本，民主指标，充分/合理的政策，网络。

factors2 主要包括获得最好的实践并分享有价值的知识，管制，参与者（复合部门），执行管理（监督），信息更新（政策、规划），教育（基础教育），社会保障体系，信息基础设施，科技发展，区域合作。

ICTs 与地区发展模型表示农村发展的最终目的是实现全面发展，其中发展农村社会经济（因子 1）与减少贫困（因子 2）是其中的核心因子。在两个核心因子中分别包括不同要素，而信息通信技术则是通过作用于因子 1 和因子 2 中各个要素达到推动地区发展的目的。

2.3.4 城乡社会经济统筹发展理论

传统的区域发展理论对城乡问题的解决似乎没有决定性意义，不管是增长极理论还是中心外围论，似乎更强调经济的自主选择，最后达到理想的均衡状态。在中国，这些理论对城市的极化作用更大，而资源经济等向农村的扩散作用没有达到。农村发展的目标，无论如何认真构思，都无法独立于城市或者完全通过“自下而上”发展战略实现。蒂姆・昂温等（1991）认为，联系是决定性的和必然的。因为农业剩余的大部分市场在城市；大多数农村投资来自于城市机构组织；随着农业生产力的提高，解放出来的农业劳力寻找工作以及满足人们基本需求的社会、医疗、教育和其他服务的机会大部分来自城市。所以要有优越于传统城乡发展的理论，以解决现实城乡差异扩大的趋势。

统筹城乡发展是党的十六大在深刻总结中国几十年城乡发展关系的基础上提出的重大战略决策。决策的提出源于我国不断增长的城乡“二元结构”，这种城乡失衡的状况亟须重大的战略决策进行调解，“统筹城乡发展”应运而生。中共十七届三中全会报告（2008 年 10 月 12 日），把城乡经济社会发展一体化体制机制的建立作为 2020 年农村改革发展的基本目标之一。

城乡统筹是针对城乡分割提出的，城乡统筹也是世界多数国家特别是发展中国家发展到一定阶段（人均 GDP 达到 800 ~ 1 000 美元）普遍遵循的规律。我国的城乡二元结构产生于半殖民地半封建时期，至今逐步扩大。这种结构带来的最突出的社会问题是城乡差距拉大，这是一个复杂的、重大的政治问题、经济问题、社会问题。统筹城乡是在区域社会与经济发展过程中，兼顾农村社会与经济发展和城市社会与经济发展；兼顾城乡物质文明、政治文明、精神文明和生态环境建设；兼顾解决城市和乡村社会经济发展中出现的各种问题。其结果是促进城乡各种资源要素的合理流动和优化配置，不断增强城市对农村的带动作用和农村对城市的促进作用，实现城乡社会与经济的全面、协调和可持续发展（杨晓娜和曾菊新，2004）。

统筹城乡发展主要包括以下几方面：①统筹城乡资源配置，促进资源和生产要素的城乡互通；②统筹城乡产业发展，促进城乡产业优势互补的一体化发展；③统筹城乡国民收入分配，加大对农村的支持和保护力度；④统筹农民和市民待遇，使农民拥有和城市人口平等的发展机会和享受同等的公民权利。最终实现城乡空间、城乡产业和社会进步三个层面的平等发展。统筹城乡发展理论为农村信息化建设提出了最终目标和发展方向。

第3章 信息化趋势下农村空间组织演变的地理学研究进展

20世纪60年代以来，信息通信技术应用及其产生的影响成为非常重要的研究议题，由此带来科学社会（Drucker，1970）、第三次浪潮、信息社会等名词的纷纷出现。到20世纪90年代末，曼纽尔·卡斯特的信息社会三部曲的问世，把人们对信息通信技术（ICTs）的认识推到了一个更高的阶段。把信息通信技术的技术性、网络应用及其表现出的人文行为联系在一起，人们意识到信息通信技术的惊人进步正在深刻地改变着我们的社会和经济生活方式（刘卫东和甄峰，2004）。例如，地区和公司发展中出现的计算机网络及其传输流（声音、数据、图像）、各种各样电子行为（电子传输、电子指示）的应用导致了地方发展、区域管理、企业组织形式和个人生活的变化。信息通信技术的变迁最直接感觉到的是结构性转化，也就是技术、社会、经济、文化与政治之间的相互作用，重新塑造了我们的生活场景（曼纽尔·卡斯特，2000）。可以说在信息通信技术支撑下，所有参与者（城市、公司、政府、居民）的“地理状况”都已经或即将被这种技术改变（Robert，1998；Hillis，1998；Adams，1998；Leamer and Storper，2001）。信息通信技术不仅可作为地区发展的促进因素，而且应作为地区发展的必要条件之一。于是信息通信技术成为地理学的重要研究议题。

信息通信技术地理学研究开始于20世纪80年代末期，研究对象以电信为主，即通信与计算机技术的结合。当时研究者已经意识到，电信地理是地理学不可分割的一部分。Bakis指出对地理网络空间（geocyberspace）的理解是未来10年地理学者和规划学者的重要任务。到90年代中后期，随着互联网的发展与网络经济的迅速崛起，地理学者开始将互联网作为信息通信技术的载体进行研究，从中产生大量成果，奠定了地理学与信息通信技术研究的基础。例如，研究者提出，信息通信技术进步是区域发展及其空间结构变化的重要影响因素。Malecki（2003）认为“Internet可能是20世纪出现的最具有决定性意义的技术，因为它的出现带来了空间模式的巨大转变”。陆大道（2003）认为，技术创新是区域空间结构演变的根本动力。地理学对信息通信技术的研究主要关注技术变革与区域发展的关系，尤其是信息通信技术下的空间组织与空间结构问题。信息通信技术的空间作用研究中，人们多选择城市和企业作为对象，很多文献强调了信息通信技术对城市空间重构的重要作用。Graham 和 Marvin（1996）认为“信息通信技术正在重塑我们这个时代的经济和社会景观”，而这种重塑是以城市为载体的。Graham 和 Marvin（2001）提出了信息通信技术对城市发展的四大效应，即协作、替代、衍生、增强效应。大量中外学者一直持续着信息通信技术与城市空间演变的研究。总体上看，地理学研究者首先探讨技术进步的地理学意义，然后着重研究信息通信技术带来的新的空间涵义。

3.1 技术进步的地理学研究

Dicken 称技术为变革的巨大引擎（彼得·迪肯，2007）。技术是推动经济全球化进程最主要的因素之一。例如，在一个竞争相当激烈的环境中，一旦某个公司开始使用某种技术，其他公司可能也要掌握该技术才能在竞争中生存。所以，技术变革在经济增长和发展过程中处于核心地位。正在兴起的“新经济”，特别是 20 世纪 90 年代美国“新经济”的繁荣，正是由信息通信技术的发展所驱动的。值得注意的是，技术使得经济活动新的组织方式、新的地理区位、新产品和新结构成为可能，但不会带来某种必然结果。

信息通信技术作为一种新的技术范式，研究的目的在于精确指出构成信息通信技术范式核心的特性，因为它们构成了网络社会的物质基础。曼纽尔·卡斯特（2000）总结了信息通信技术范式的五个特征：①信息是信息通信技术的原料，技术是处理信息的技术；②新技术效果无处不在，因为信息是所有人类活动的一部分，个人与集体存在的所有过程都直接受到新技术媒介的“塑造”；③设计了任何使用这些新技术的系统或关系的网络化逻辑；④信息通信技术范式以弹性为基础，即经过重新排列其组成，不仅所有的过程都可以逆转，组织与制度也可以修正；⑤特定的技术逐渐聚合为高度整合的系统。总之，全面性、复杂性与网络化是其明确特性。

信息通信技术进步是区域发展及其空间结构的重要影响因素。陆大道（2003）认为，技术创新是区域空间结构演变的根本动力。技术进步可以带来如下影响：①改变区域之间的空间关系，使曾经遥远的地方可能不再遥远。特别是，运输和通信技术的进步降低了空间距离的摩擦力，导致时空压缩或时空汇聚。②带来“历史窗口”和发展机遇。新技术会改变原有的竞争优势，为地区发展创造新的机会。技术的产生和最初扩散地往往成为空间上的新增长点，如美国的“硅谷”。③影响生活方式，创造新产品和新部门。例如，家用电器、汽车、计算机、通信设备等，都是非常重要的产业部门，而这些产品也改变了人们的生活方式。④影响产业和居民点的空间组织方式。运输、能源（特别是电力）

和信息通信技术的进步导致了空间扩散，如美国很多城市的空间结构是构筑在“车轮”之上的（刘卫东和甄峰，2004）。甄峰和顾朝林（2002）、甄峰（2004）、甄峰等（2004a，2004b）研究了信息时代区域空间结构影响要素的变化，他们认为在信息时代，信息通信技术、信息因素、知识因素、创新因素等成为了新的空间结构影响因子。并且在信息时代赋予了传统的空间结构因素新的含义，使得区域空间的点、线、面构成要素在内涵和外在形态上都发生了相应的变化。信息通信技术范式构造的独特之处在于其重新构造的能力，这在以不断变化与组织流动为特征的社会里是一种决定性特征。

在技术的强大影响下，人们会不自觉地形成“技术决定论”的看法。早期学者们对技术进步的分析，或多或少都带有“技术决定论”的色彩。因为人们太容易受到这样说法的诱惑了，即“技术因其特定的变化，使某种特别的结构或组织不可避免”。但事实上，技术本身并不会造成某些特定的变化，它本质上是促成或推动事情发生的介质（彼得·迪肯，2007）。即技术从根本上只是一种提供可能或促成发生的介质，这已经成为人们认识技术进步作用的心得和客观的视角（刘卫东和甄峰，2004）。

在对技术客观认识与评价的基础上，人们提出信息通信技术作为“新经济”的驱动力和“时空压缩”技术，对国际化和全球化具有重要意义。彼得·迪肯（2007）指出，经济全球化的进程有一个基本要求，即要有能够克服时空障碍的交通和通信技术的发展。虽然这两种技术都不能被视为全球化的起因，但是没有它们，今天复杂的全球经济体系根本就不可能存在。

3.2 信息通信技术的经济地理学研究

信息通信技术的经济地理学研究开始于20世纪80年代末期，当时的研究以电信为主，人们强调先进的通信与计算机技术的结合，于是提出远程工作、电子屋、电信港等新的工作与生活模式，这些理想的模式更多地建构在预测基础上。当时研究者已经意识到（Bakis，2001），电信及电信地理同地理学其他分支（农村、城市、产业、交通）一样是地理学范畴不可分割的一部分。电信是人文地理学和经济地理学中重要的主题。Bakis（2001）同时指出对地理网络空间的理解是未来10年地理学者和规划学者的重要任务。到90年代中后期随着互联网的发展与网络经济的迅速崛起，经济地理学者开始以互联网作为信息通信技术的载体进行研究，由此产生大量研究成果，奠定了经济地理学与信息通信技术研究的基础。

3.2.1 Internet与经济地理

20世纪后期，Internet及其产生的区域经济影响逐渐引起人们的关注。Malecki（2003）认为“Internet可能是20世纪出现的最具有决定性意义的技术，因为它的出现带来了空间模式的巨大转变”。

面对经济地理学对此研究的缺乏，国际地理学会召开了一系列关于“新经济空间内涵”的会议，并吸引了大量经济地理学家的参与，从而产生了丰富的研究成果：Kellerman（1993）的电信与地理学；Graham和Marvin（1996）的电信与城市；Castells（1996）的网络社会的崛起；Kitchin（1998）对cyberspace的增补。同时在一些杂志上出现了许多相关专题，如*Urban Geography*有关“真实与虚拟社区中权力的排除与赋予”（1999年）；*American Behavioral Scientist*中专题为“描绘全球化”的研究（2001年）；*Tijdschrift voor Economische en Sociale Geografie*中的专题为“电子商务”的研究（2002年）。这些成果奠定了当前Internet和ICTs经济地理学研究的基础。

刘卫东（2002）强调信息化是当今世界发展的主要趋势之一，而Internet则是这种趋势的重要象征和载体。Internet的普及正在引起日常生活和整个社会经济系统的根本性改变，对社会经济空间组织具有深远的意义和影响。同时，他对Internet时代地理学意义展开讨论，并回顾了中国Internet发展的空间特征，阐述了Internet对社会经济空间组织的潜在影响。

Scott（2000）提出：“通过空间的流动和互动”（flows and interactions through space）一直是经济地理和区域科学空间分析中的重点。所以对Internet研究的重点是基于网络的虚拟空间（cyberspace）和地理学家所谓的传统地理空间（physical space）之间的关系（这里用“地理空间”来作为地球表层社会构成空间的简化）以及信息通过网络流动对地理空间组织的影响。对此大致形成了三种观点（巴凯斯和路紫，2000）：①极端强化影响论（空间消亡论）观点。持这种观点的研究者认为，新的网络技术已经完全克服了空间距离的束缚，“无距离”空间已经出现，同时他们认为一种完全的“地区变革”将出现。他们把空间看成是由中立的点组成的区域，这些区域完全同质化，于是人们的经济活动开始由城市向农村转移；并且人们的常规交流、商业活动等行为将完全电子化。当然这种观点已经被研究者所否定，但它的影响依然存在。②微弱影响论观点。持此观点的人对新的信息通信技术的作用始终持消极观点，认为它的区域影响是有限的。他们认为ICTs对区域发展只有一种微不足道的影响力，不值得研究，更不应该成为经济地理学的研究范畴。他们指出虽然网络技术缺失会影响地区发展，但仅依靠网络基础设施本身并不能促进区域经济的繁荣。针对这种观点，不少研究者指出，ICTs 不仅可以作为地区发展的促进因素，而且应该作为地区发展的必要条件，Kellerman（1993）指出，电信已构成了发展的基本条件，延误地区网络系统的建设必将导致地区经济的衰退。Bakis（2001）指出，未来 10 年地理学者与规划学者的重要任务是深入理解地理网络空间问题。③适度影响论观点。人们认为信息通信技术创造了一个与众不同的全球化时代，基于互联网络的电信创造了一个新的网络社会，他们认为，Internet 是数字全球化、空间分裂等系列现象的催化剂。在这种认识的基础上，他们认同基于网络的信息通信技术会在一定程度上对区域产生影响，如空间重新定位的出现，组织内决策地点发生改变，传统区位因素的相对重要性下降（曼纽尔·卡斯特，2000）。

Internet 的经济地理学研究中，人们往往选择企业与城市作为对象。从企业角度看，通过内部与外部信息通信技术应用，加强了企业内和企业间的互动，从而达到实现企业流程再造与供应链控制的目的，由此可以证明 Internet 的重要作用。

而城市层面则主要关注城市等级体系与网络空间的关系。因为城市是网络节点之间空间作用的主要载体。例如，人们发现在很大程度上，Internet 基础设施的发展加强了旧有的集聚模式（Malecki，2003）：世界城市充满活力并发展良好，伦敦和巴黎作为世界城市的地位仍旧重要。同时新技术的发展能够带来新集聚的浮现，如香港和新加坡无疑会成为信息时代世界城市新的竞争对手。

虽然“新经济”现在看起来已经过时，但围绕它出现的有关信息通信技术研究议题却依然有意义。电信技术依然变化很快，但仍旧以互联网为中心。在整个过程中，经济系统的时空本质重构仍旧是各种经济关系的中心。他们是否带来了本质不同的经济学或经济地理学，需要我们继续关注。

3.2.2 信息通信技术下企业空间组织研究

信息通信技术影响下企业“地理状况”的改变引起了研究者的重视，作为信息通信技术最微观的应用者，企业空间组织的变化成为信息时代时空演变的范例，信息通信技术与企业空间组织重构的研究是信息通信技术地理学的传统研究领域。研究者从企业信息通信技术应用水平到生产模式再到管理模式等不同视角证实着企业如何应用信息通信技术、应用程度及其产生的影响，研究的企业类型也由传统企业向虚拟企业转变。Martin（1995）曾指出，新的信息通信技术可以使企业减少交易成本、提高生产率，因而培育了灵活生产模式。与此相关的研究最早开始于北欧、加拿大、澳大利亚等信息通信技术应用较好的地区。1994 年澳大利亚首次统计企业应用信息通信技术的情况，随后加拿大等国也纷纷推出自己的调研；之后，经济合作与发展组织（Organization for Economic Co- operation and Development，OECD）在不同的国家进行了企业信息通信技术应用的调查，其重点放在企业在信息通信技术下的电子商务情况。这些调研展示了不同国家企业信息通信技术应用的基本概况，为研究者探讨信息通信技术影响提供了重要依据。

信息通信技术被研究者看做是企业空间重构的重要途径。Didelon（2007）以互联网对印度丝绸出口公司空间影响为例进行研究。他指出，印度信息基础设施空间分配的不平衡与经济发展的空间不平衡十分相似，但是基于网络应用的企业空间扩散有待深入研究。于是，Didelon（2007）以印度丝绸出口公司为例，通过使用 logistics 模型，分析了基于互联网应用的企业空间变化特征。他指出印度丝绸几个世纪前已经在世界范围中进行交易，但是丝绸生产地区在某种程度上是被孤立的，因为多数小的生产者都依赖中间商同大商人交易，所以丝绸的交易主要集中在大城市的一些公司和一些地区。根据假设，有了信息通信技术的应用，生产者可以直接同销售商进行交易而不用中间人的干预，所以丝绸交易活动和丝绸出口商在印度的空间重构将展现向农村地区分散的趋势。但 Didelon 的分析结果发现，有了互联网应用的丝绸出口公司仍旧主要向高度发达和城市等级高的地区扩散，没有发现向比较偏远地区和小城镇扩散的迹象。所以信息通信技术应用与企业的空间扩散或集聚的关系需要深入探讨。

国内有关信息通信技术应用对企业空间影响的研究主要包括传统企业在信息通信技术影响下的区位选择、空间变化、企业生产与管理变化等问题，还包括技术发展带来的企业商务模式变化问题。

在信息通信技术与传统企业空间组织研究方面主要关注企业区位选择与空间布局变化。进入信息时代，以信息通信技术和知识创新为核心的新区位因子正逐渐取代自然资源、劳动力、资本等传统物质区位因子。宋周莺等（2007）指出信息基础设施和信息化程度较高的地区有利于企业实现对市场的快速反应和及时配送，因而成为企业的优势区位。路紫（2000a）指出信息通信技术在企业重新布局决策中的作用是隐性的，是以某种确定的方式影响着公司脱离“原址”并重新定位的。阎小培（1996）认为信息通信技术的应用会影响多区位企业的空间组织，即增大了区位弹性和劳动空间分工。

信息通信技术引起企业的空间变化，表现为企业地理分布的集聚或分散。丁疆辉等（2009）以服装企业为案例，结果显示信息通信技术促进企业生产活动的空间集聚以及企业销售活动的空间扩散。汪明峰和李健（2009）认为信息通信技术促进了知识的扩散、应用和创新，从而使得企业学习和创新过程呈现出交织并存的全球层次运作的跨国企业网络和在地方层次演进的企业集群网络两种模式。孙中伟（2009）研究表明，信息化直接导致了海尔与供应商间的网络虚拟集聚，但网络集聚只能解决信息交互问题，而物流的问题还需要借助地理空间的实体集聚解决。信息通信技术的广泛应用，使企业“虚拟集聚”成为可能。虚拟集群本质是企业利用信息通信技术实现整条供应链的掌控，从地理视角看，企业虚拟集聚是一种在原有地理集群基础上发展出来的虚拟集群。例如，刘卫东等（2004）提到的虚拟保税区，实际是为地理产业集群搭建的一个电子物流平台，而这些企业仍然在地理上临近。另一种虚拟集群是克服了区域限制，能够利用网络关系替代地理上的临近性。例如，刘卫东指出广东东莞的“虚拟制造网”，这些企业在现实空间中分离，但在虚拟空间中却是集聚的。信息通信技术的广泛应用明显地导致了企业的空间重构，在这个复杂的过程中，可以看到集聚和扩散的力量同时存在。

刘卫东等（2004）指出了信息通信技术驱动下企业管理变革的三种主要变化。其一，管理的理念从以生产为核心到以消费者为核心。这种变化的一个信号就是定制生产的广泛采用。其二，管理框架从垂直分层（金字塔形）变为扁平化（流的管理）流的管理，使企业决策者能更直接地把握市场变化的脉搏。其三，管理范畴从内部管理变为供应链控制。丁疆辉等（2009）通过案例研究证明，信息通信技术保证了企业“即时+定制”生产模式的应用，实现了从企业内部管理逐渐演变成对整个产业链的监督、控制和管理。孙中伟（2009）研究表明：在海尔内部，信息化与流程再造一起形成了以“订单信息流为中心的市场链业务流程”管理模式。

电子商务在中国快速发展，网络购物环境不断改善。电子商务企业成为信息时代地理学对企业关注的热点。路紫和刘岩（2000）较早提出商品邮购（电话购物）的空间扩散可能对现存的地区性传统零售集团产生决定性影响——补充与替代并存。该研究虽不能称为完全电子商务形式下的结果，但开启了信息通信技术下新型商务模式与传统模式对比研究的先例。电子商务企业商业模式、区位选择、空间组织及其影响因素的研究是主要议题。研究者多以国内规模较大的电子商务企业为研究对象，分析其线上门店的空间组织。结果显示电子商务条件下，零售企业的扩张在中国仍然遵循等级式的路径；网络店铺呈由东部沿海到内陆地区梯度降低的空间分布特征；地区经济发展水平决定网上零售业的发展水平。

除了空间分布的关注，部分学者还开展了针对电子商务的其他研究。陈璟和杨开忠（2001）分析了电子商务环境下我国物流业发展前景及面临的问题。杨遴杰（2003）对零售型电子商务企业配送中心的选址问题进行了模拟研究，揭示了不同的配送中心点的数量、位置与运输成本之间的关系。韩钰等分析了中国网络团购市场发展特点及区域差异，指出团购市场在不同区域存在较大差异。余金艳等（2013）基于时间距离测算了电子商务虚拟商圈形态特征及产生的原因。

基于电子商务与传统商务之间关系的研究。主要是网上购物与传统购物之间的关系及对居民购物行为的影响关注者居多。黄莹等（2012）对电子商务影响下南京市经济型连锁酒店的空间扩张与组织进行了实证研究，并探讨了电子商务与经济型连锁酒店两者发展的时空演变关系。汪明峰等（2010）认为网上购物的时间效率、商品信息与价格、商品种类、物流配送和支付情况对消费者购物行为产生了较大影响。通过对大学生购书行为的调查，发现网上购物更多的是作为传统购物方式之余的一种补充形式，网上购物对传统购物出行的影响并不显著。

总之，信息通信技术驱动的空间重构是一个复杂的过程，这个过程可以通过不同的部门不同的空间层级衡量。刘卫东等（2004）以诺基亚北京星网工业园虚拟保税区建立为例研究企业信息通信技术应用，揭示了基于信息通信技术的集聚可以有效削减库存和增加灵活性，达到节约时间成本的目的。这一结果证明信息通信技术对企业空间组织的巨大影响是通过时间成本的缩减来实现的。然而他同时提出不同的部门不同空间层级仍旧需要大量实证性研究，以获得普适性规律。以企业为出发点是信息通信技术地理学研究的重要内容，国内研究的特点是范围广，但深入性不够。尤其是影响效率的定量测算方面的关注还很少。

3.2.3 信息通信技术与城市空间结构研究

很多文献强调了信息通信技术对城市的重要作用。Graham（1996）认为“信息通信技术正在重塑我们这个时代的经济和社会景观”，而这种重塑是以城市为载体的。不断发展的网络和网络互动以及数据中心设施一再加强了城市的等级体系层次（Malecki，2003）。虽然有乐观主义者把无处不在的通信认为是农村和遥远地区的救世主，但是新技术的成长没有自动地导致经济行为的扩散（Richardson and Gillespie，2000）。

Malecki（2002）研究了构成“网络之网（network of networks）”的基础设施和在Internet的短暂存在中已经出现的空间模式。他说，在Internet短暂的历史中已经显示出与城市层级的关键性关系。Internet网络框架全球性倾向于世界城市（world cities）的现象很明显，并且这个网络框架只是被其中相互连接的点所在的系列城市所控制。

Dodge和Kitchin（2000）曾指出，地理学对新的信息通信技术研究的贡献之一是刻画了它在城市区域重构中的作用。Moss和Townsend（2000）认为，信息通信技术增加了城市的复杂性，使得城市间及其内部活动的空间组织发生了巨大的变化。Graham 和 Marvin（1996）提出了信息通信技术对城市发展的四大效应，即协作、替代、衍生、增强效应。

国内很多文献强调了信息通信技术对城市的重要作用。刘卫东和甄峰（2004）指出信息通信技术快速发展与应用的重要结果之一，就是促使一个基于电子通信、物质设施等网络关系之上的新型城市空间组织的出现。姚士谋（2001a）较早将 Graham 和 Marvin 提出的信息通信技术对城市发展的四大效应与中国城市发展相结合，具体指出了信息化对城市发展的重要影响。以时间为轴，大致分为以下几个方面：①探讨信息化与城市内部结构的关系。相关研究指出，信息化发展对城市产业结构、产业区位、生产方式、生活方式等方面产生着影响，信息通信技术的发展使城市中心职能日趋增强，同时城市空间布局结构发生变化。②分析信息环境下城市群区的发展。姚士谋（2001b）指出信息通信技术对城市空间扩展的作用是立体的、多方位、多层面的，同时存在着集聚和扩散两种趋势。张楠楠和顾朝林（2002）指出，信息通信技术实际上增强了城市等级差异，信息化将以新的原则形成新的城市等级体系。以上研究定性描述多，定量分析少，尤其是信息化影响下区域城市空间演变过程及机制尚缺乏系统、综合的研究。尽管信息通信技术对城市空间演变是一个复杂而无定论的过程，但研究者对其作用具有较高的认同度。③移动信息通信技术的出现和应用赋予了空间新的内涵。它已经成为信息通信技术创新的主要领域和互联网用户增长的主要动力，促进了城市地理研究的革新。翟青和甄峰（2012）具体分析了移动信息通信技术影响下城市空间结构的相关研究，指出移动设备的使用将更多应用于个人层面的城市内部空间结构的研究，如城市时空效用、意义场所、居民流动性等。甄峰和翟青（2013）指出移动时代城市地理学研究的内容为城市空间形态与空间转型、城市居民行为空间变化、城市与区域空间作用、城市与区域管治。他认为移动信息通信技术的应用将加速改变当前城市与区域发展及其空间结构，智慧城市成为全新的城市空间形态。魏宗财等（2013）结合信息通信技术对中国城市影响的实际，较全面地总结了信息化与城市空间演变的基本特征。

不断发展的网络和网络互动以及数据中心设施一再加强了城市的等级体系层次。汪明峰（2004）、汪明峰和宁越敏（2004）基于互联网域名和骨干网络带宽，研究了全球互联网产业的城市分布格局和互联网城市网络的结构体系；还从互联网骨干网络拓扑结构入手，对中国互联网进行了初步的地理学分析，尤其着重考察了基于这种新的信息基础设施架构之上的中国城市体系格局。孙中伟等（2010）计算了全球城市节点的整体可达性和最短距离可达性，指出世界互联网城市体系是建立在原世界城市体系上的新等级。汪明峰和宁越敏对中国五大骨干网络的空间结构和节点可达性进行了分析，结果表明节点可达性基本遵循原有城市等级体系。刘春亮和路紫（2007）计算了省会城市信息节点辐射空间，并探讨了其区域差异。

在全球化和信息化时代，城市之间的权利分配不再是等级化的，而更多是网络化的。城市网络的本质问题是城市之间的关系。对表征网络信息流的关系性数据的挖掘，成为研究城市网络的一种新趋势。研究者通过微博平台获取城市间网络信息联系数据，分析城市网络信息联系的空间格局。发现基于微博空间视角下的中国城市网络存在明显的等级与层级关系，城市的网络连接度与城市综合实力与等级呈现一定的正相关关系。同样以微博空间为研究对象，分析了中国城市网络信息的不对称性、中国城市网络的空间结构等问题，结果均表明信息空间的城市网络与实体空间中经济网络、交通网络的高密度聚集区地理分布具有一定的相似性。熊丽芳等（2013）使用百度指数的用户关注度数据分析了长三角核心区城市网络的特征，发现城市网络层级变动大，但上海依然是网络的绝对核心；城市网络结构逐渐优化，越来越多城市融入成长为网络中的重要节点；城市网络内部稳定性增强。

总之，信息通信技术的城市现象一直是经济地理学者关注的重点区域。人们的研究也逐步深入，正在由最初的信息通信技术在城市的扩散研究向信息通信技术下城市空间重构研究转变。

3.2.4 移动通信与网络技术对人类行为空间的研究

移动通信与互联网技术的结合将人们带入了移动信息时代，而由此产生的行为地理问题成为当前西方地理学界研究的重要命题。移动通信技术为时空数据挖掘提供了有利支撑，通过网络与手机的结合可以精确记录人们日常社会交往的时空结构；使用手机记录软件来收集家庭水资源利用的数据；通过短信方式收集家庭出行的定量信息数据，能够捕捉受访者在出行中准确的“此时此地”的感受，比出行问卷调查收集数据具有一定的时效性优势。当前西方地理学就信息通信技术的研究出现较明显的转向：研究对象转向特殊人群与特殊地区；互联网终端由电脑转向移动电话；研究主题有重新转向 cyberspace 的趋势。

将信息通信技术使用者作为研究对象，分析个人行为空间在信息时代的特征是国内地理学工作者的另一个研究视角。陶小马和王蕾（2003）以上海市为例，分析了信息化对市民居住选址的影响，这是信息通信技术对居民个体影响较早的研究。之后，信息通信技术对城市居民出行、家庭联系网络、个人联系网络、休闲活动与出行的影响系列研究先后出现。研究表明互联网、手机等新型信息来源比重迅速上升，对居民出行影响明显；区域间信息接入水平的差距会影响居民的出行行为；远程工作已经为城市居民所接受，在家办公日益增多；居民间传统联系方式比重下降，虚拟空间远程即时通信方式增长迅速；经济发达地区城市间个人联系和互动日趋频繁，且个体联系频率的增幅与城镇等级呈显著正相关。秦萧等（2013）以“大数据”时代为背景，系统总结了城市居民时空行为研究方法，认为信息通信技术的快速发展催生了大数据时代，因数据获取方式的变革致使城市居民时空行为、城市空间研究、城市等级体系研究获得很大发展。

信息通信技术除了对城市居民个人行为的影响，同样在改变着农村居民日常行为空间。丁疆辉等（2010）指出电脑拥有量依然是农村信息化发展的主要瓶颈。近几年随着 WAP（wireless application protocol）的发展，移动电话以其低廉的价格成为互联网接入的另一主要终端。从近几年的发展看，中国农村移动电话上网发展速度令人瞩目。农村网民中移动电话上网比例达到三成，比总体网民中移动电话上网用户比例还要高。Ntaliani 等（2006）、Ntaliani 等（2008）指出，以移动电话作为终端可以实现政府对农业的信息化管理与服务，同时以移动电话作为农村信息化终端服务设备的项目在欧盟的“毕达哥拉斯：电子农业服务指导体系”中已经推广。可见，移动电话上网已成为农村家用电脑上网的有益补充，将成为农村信息化迅速推进的重要载体。因此，随着新的信息通信技术尤其是移动电话和互联网的发展，农村居民人际交往空间出现极大拓展，同时相同空间范围的人际交往频次增加；互联网的即时通信功能使农村居民社会交往空间类型增多。

虽然已有研究结果反映出信息通信技术对居民个体行为空间的影响规律，但其结论的普适性有待提高，需要用更科学的方法在其他区域加以验证。

3.3 信息通信技术与农村发展研究

信息通信技术打开了人们进入信息时代的大门，全球越来越多的农村地区已经迈出了利用信息通信技术的第一步（OECD，2001）。在这种背景下，农村地区物理距离的遥远是否依旧阻碍经济的发展？信息通信技术下农村地区摆脱区位劣势的束缚是神话还是事实？也就是说，新技术能否舒适的落脚在农村地区，从而改变该地区原有的空间组织状态？这些问题是目前地理学有关信息通信技术与农村研究的一些热点。由此，农村和边缘地区在信息通信技术的影响下出现的区域变化引起部分研究者的关注。

3.3.1 信息通信技术与农村发展理论探讨

20 世纪 60 年代有关电信的研究开始以来，在大多数地理学家眼中，信息通信技术带来的数字经济主要是城市现象（Hillis，1998），所以有关新技术空间影响的研究和尝试主要集中于城市地区（Graham and Marvin，1996；Kitchin，2000；曼纽尔·卡斯特，2000；Leamer and Storper，2001；Graham，2002）。

但是农村和边缘地区的新技术应用同样是争论的焦点（Richardson and Gillespie，1996；Bryden et al.，1997；Grimes，2000；Ray and Talbot，1999；Moriset，2003），因为理论上，信息通信技术应用对农村地区产生的影响可能比城市更大（Grimes，2000）。信息通信技术为社会上贫穷的人群提供了新的数字化机会；同时该技术被认为“具有克服经济差异、地理距离障碍和知识分配不均等传统障碍的潜能”。从地理学角度对信息化概念的理解可以解释为在信息基础设施到达的地方，信息和知识的可获得性趋同，空间距离摩擦定律在一定程度上失去作用，相对于城市而言，农村地区的区位劣势应该在信息化趋势下逐渐减弱直至消失。

OECD（2001）就农村信息通信技术展开了系统研究，从信息通信技术的基础议题、社会议题、经济议题等视角分析了信息通信技术下的农村发展，并从不同的空间尺度进行案例研究。地理学家很早就开始关注新技术及其经济行为对农村可能产生的空间结果，他们把不断增长的集中和分散水平作为空间结果的象征。

如果信息通信技术能消除地理距离的限制（Brien，1992；Cairncross，1997），那它对偏远农村地区将产生非常大的影响。20世纪中期开始，政策制定者、研究人员和劳动者都在为农村做准备以迎接全球网络社会的到来（Castells，1996），当时有关农村电信最典型的理想主义口号是“live local，work global”，它向人们展示了信息通信技术下和谐的生活状态——区域差异的消失。基于这样的一种假设，一些地理学家对信息通信技术带来的数字经济与农村空间影响进行了研究（Ray and Talbot，1999；Richards and Bryden，2000；Grimes，1992，2000；Gillespie et al.，2000；Richardson and Gillespie，2000a，2000b；Malecki，2003）。

在这种“乌托邦式”的热情中，Grimes（2000）客观分析了信息通信技术的空间含义，提出了许多有力的证据来说明之前人们对信息通信技术潜在影响的论述是有疑问的。他认为信息通信技术是一种全新的事物，并且直到目前为止还缺乏对其动态的可靠的实证研究。把这个新技术放置于技术变化的整个历史过程是非常困难的，部分原因是我们仍旧处于这些变化之中，并且离我们清晰地认识这些变化将带我们去向何方还很远。另外Graham的Marvin（1996）指出与新的信息通信技术相关的经济行为（核心领域是信息处理和传输）是不可见的，所以不能在短时间内清晰地把握其空间行为。Malecki（2003）也指出，农村从信息通信技术中获利的潜力是一个持续性问题，我们只能通过实际研究证明一切都在

(或即将)变好。

大量研究证明，信息通信技术应用进一步加强了城市的极化，而不是带来社会和经济空间的和谐(Graham，2002)，因为信息通信技术的社会扩散在每一个空间层级上都还是不均衡的。Malecki(2003)说，数字农村发展带来了许多“陷阱”，一些学者认为由于信息基础设施的昂贵投入和对使用者较高知识与技能的要求会导致区域“数字鸿沟”和“数字分化”现象。曼纽尔·卡斯特认为“不断强化的社会和空间极化现象是信息经济的内在组成部分，而且正在所有西方社会变得普遍起来”；刘卫东(2002)也指出“目前中国互联网的发展表现出很强的地域集中性，主要集中在沿海发达省份”，并且有数据显示中国互联网的发展是由少数发达地区向其他地区扩散的。

从理论上客观分析，信息通信技术对农村地区发展的含义可以理解为风险和机遇并存。风险在于一些人认为信息通信技术基础设施和服务依然会继续优先配置在那些具有重要顾客基础的城市地区。这将会使一些农村居民和企业被排除在信息社会和新经济之外很长一段时间，并且可能使存在的经济困难恶化。机会在于可以为农村地区提供增值，因为信息通信技术倾向于消除时间和空间的束缚。首先，大量的活动现在可以布局在传统的生产中心之外，这为农村地区提供了巨大潜力。其次，多种公共服务可以通过信息通信技术有效地传送到人口稀少或遥远的地区，如人们能够即时地登录网络上的虚拟机构，获得与教育、医疗、农业建议等方面的信息，那么时空障碍将会被清除。

不管发达国家还是发展中国家，农村信息化发展具有其独有的特征和意义。例如，在中国走向现代化和构建和谐社会的大背景下，不管是“三农”问题的解决还是社会主义新农村的建设都强调了农村信息化建设的重要性。大量有关农村信息化发展的研究成果从不同的视角阐述了农村信息通信技术应用的现状及其影响，如发达国家从教育信息化、社会服务信息化、应用者行为等角度阐释了农村信息通信技术的发展；在中国，研究者的分析视角包括分析中国农村信息化面临的问题与现状(杨晓蓉等，2007)，分析农村信息化建设与“三农”的关系，强调社会主义新农村建设与信息化的关系，初步分析农业电子商务问题(张洪生等，2008)，从发展政策角度的分析(郑红维，2001)以及城乡差异分析。总体上看这些研究勾勒了农村信息化的雏形，并都肯定了信息通信技术与农村发展的正向关系。总之，信息通信技术存在的潜能已经初步被证实，它将继续被证明是推动农村地区变革的有效方式。

3.3.2 信息通信技术对农村发展的经济意义分析

Drabenstott(2001)曾经指出塑造美国农村经济的五个主要挑战：敲开数字

经济之门，企业家才能，充分利用新农业，改进人力资本，可持续的农村环境。其中三个直接与数字经济和信息通信技术相关：敞开数字经济之门，企业家才能和改进人力资本。美国和欧洲大量农村地区已经有了推动农村 IT 发展的项目，并且有公共财政的支持（LEADER，1999）。发展中国家也在努力推进农村信息化进程并进行了大量相关研究。

信息通信技术作为推动农村发展的动因最初由发达国家提出。英国环境部 1995 年出版的《英国农村白皮书》中提出，政府部门支持把电信作为推动农村发展的工具；欧盟和联合国发展计划基金同样承认需要电信来推动农村发展（Crang and May，1999）。Ray 和 Talbot（1999）通过分析英国北部农村地区（一个人口稀疏、偏远的农村地区）的电信发展，试图说明电信可以成为推动农村社会经济发展的动因。

OECD（2004）提出了信息通信技术经济影响评价的方法，并对不同的行业部门进行评估与分析；Shiu 和 Lee（2008）通过数量模型计算了电信发展与中国区域经济增长之间的因果关系。他们的研究为信息通信技术的影响评估提供了研究方法和视角。研究者一般从农业和农村企业两个方面来具体分析信息通信技术带来的农村经济发展。

信息通信技术已经改变了发达国家农业面貌。现在这些国家的一些农业行为基于网络连接互动数据库来获得天气、自然资源、生产需求、政府计划等信息。可以说在一些发达国家的农业中，信息成为继土地、劳动力、资金之后的第四大关键因素。在发展中国家，很多方面的应用刚刚开始。但 Rao（2007）强调，如果农业发展计划中没有信息通信技术计划就会对农村经济发展产生负面效应。Rao 研究了信息通信技术如何影响印度农业发展，他提出，信息通信技术作用的前提是既达到农村收入增加又能保持区域可持续发展。

信息通信技术同样为农村企业的创建与发展提供了机会。因为 Internet 可以为企业提供即时服务，所以物理距离遥远和规模小不再意味着企业要局限于地方市场，它可以通过“电子市场”扩大其市场活动范围，物理区位不再是“影响生产的要素”。这些技术不仅仅使农村企业克服了被边缘化的不利因素，它们还赋予农村企业和农村地区以“现代化”特征。

很多人将信息通信技术对农村经济的推动放在了企业与技术应用的研究上（Grimes，1992；Clark et al.，1995；Mitchell and Clark，1999；Moriset，2003；Sun and Wang，2005）。因为，人们认为开发利用信息通信技术的倾向是企业在后工业经济获得成功的钥匙。信息通信技术提供的电子通信和计算机服务与应用可以使企业增进交流，提高自身效率并能与客户和供应商建立更广泛的接触（Capello and Nijkamp，1996）。信息通信技术的优势对农村企业具有独特的意义，因为相对于地方供给和需求市场来说农村企业具有距离遥远、规模小、区位分散的劣势（Grimes，1992），而新的信息通信技术及其服务可以克服这些困难。

Clark 等（1995）探讨了发展信息通信技术对农村企业和农村经济推动的内涵。他利用问卷调查形式获得不同地区农村企业基本特征、企业使用信息通信技术的意识、使用中存在的问题等资料，通过分析发现，这些企业多数是独立的、私有的，且规模非常小、区位分散。这些企业使用电话和传真较多但是使用电信服务很少，他认为政策是促进农村企业使用新的信息通信技术并获得利益的主要因素。Sun 和 Wang（2005）分析了江苏省农村企业的 Internet 使用行为，结果显示：①江苏农村 Internet 渗透率远低于城市；②苏南与苏中、苏北 Internet 渗透率存在很大的差异，而张家港农村地区 Internet 渗透率接近城市地区；③研究发现老企业和大型企业更愿意使用 Internet；④Internet 的使用与企业的经济和改革成绩有非常强的正相关关系。

总之，在对农村企业的研究中，人们试图说明通过使用信息通信技术可以使企业克服被边缘化的问题从而使其产品销售市场突破区域局限。Malecki（2003）指出信息通信技术在以下方面为农村企业带来了希望：①信息通信技术强调的柔性生产和工厂小型化优化为农村企业重新获得竞争提供了可能性；②电信技术和 Internet 即使没有完全消除但会减少空间和距离的限制；③新技术服务有利于农村地区人口素质的提高，从而达到发展经济所需要的技能；④电信管制的放松强化了市场功能，如 Internet 接入，开始让市场决定走向哪里；⑤因为简单易行，企业将 Internet 作为到达遥远市场的工具。

但是，需要研究者明确的是，信息通信技术不是农村经济发展的神奇魔力。这个有点悲观但很现实的结论已经不新鲜，它已经频繁地出现在有关农村电信的研究中（Schmandt et al.，1991；Parker and Hudson，1995；Richardson and Gillespie，1996，2000a，2000b；Fox，2001）。所以这里需要客观分析农村信息通信技术的应用会带来或者已经带来的实际效果。

3.3.3 信息通信技术对农村发展的社会意义

人们除了关注 ICTs 对地区或经济组织产生的重大影响外，还认识到信息化过程必然对个体使用者的行为产生作用。对个体使用者的研究主要源于人们对数字鸿沟定义的争论。很多研究者认为应该从使用者的微观分析中重新定义数字鸿沟。他们认为把数字鸿沟的定义限定在区位和 ICTs 的基础设施接入时，ICTs 的地理学尺度和社会不平等就会有大部分被遗漏（Andrews and Kitchin，2005）。很多地理学家已经开始从区域中人的嵌入来重新定义数字鸿沟，因为在他们看来不同个体的架构与所在的区域和社会环境永远地纠结在一起（Gilbert and Masucci，2006）。Jackson 等（2003）从低收入家庭 Internet 的使用来分析数字鸿沟的含义。Keil（2005）从老年人对 Internet 和 e-mail 的使用的角度，分析了不同数字鸿沟问题。NTIA（2002）的文章中分析了低收入少数民族妇女间数字鸿沟的空间性，并且这些妇女多数是老年人，他认为这是在数字鸿沟中受到负面影响的一类典型人群。通过案例研究，Gilbert（2008）刻画出基于地理学概念的数字鸿沟模式。他们从四个互相联系的因素描述了 ICTs 接入的差距：①信息传递方法；②技术应用的环境（经济环境、社会环境）；③社会网络（接入和使用 ICTs 的主角）；④社会政策和调节技术进入的体制机制。Gilbert 认为，应该从这四个因素的组合科学分析“数字鸿沟”的概念与内涵，数字鸿沟概念体系中的每一个因素都具有地理学属性。

一些地理学研究者认为，为了获得更具有地理学内涵的解释，不同尺度的分析十分必要。Gilbert 和 Masucci（2004）认为女权地理学分析为未来 GIS 科学的发展提供了新的视角。他们研究了北部费城两个不同的社区组织，结果表明从妇女日常生活的视角理解 ICTs 框架对 GIS 科学具有重要的影响。Gilbert 和 Masucci（2004，2006）认为“农村贫困妇女的个体研究表明，这些人通过使用 ICTs 已经跨越了传统惯例并获得了知识，经济利益和医疗保障。但是需要从‘保证生存’的角度深入研究妇女通过应用 ICTs 实现自我效能的过程”。Gilbert 和 Masucci 的结论为人们的研究提供了宝贵的经验，即贫困地区 ICTs 应用研究应着重“物质意义”而不是“精神意义”。

地理学研究者还探讨了虚拟通信如何重新配置人们日常生活的地理学（Adams，1997a，1997b，1998；Hillis，1998；Dodge and Kitchin，2000，2005）。这些研究没有把重点放在探讨人们如何应对挑战和调整自己的策略，而是重点关注人在使用 ICTs 过程中的行为变化及其带来的社会内涵。例如，Gilbert（2008）把贫穷妇女使用远程医疗系统作为研究内容，目的是描述这部分人群的应用行为与社会倾向。这些贫穷的少数民族妇女把使用 ICTs 看作她们接受教育、医疗和社会服务的一部分，由于一些老年人是在医疗保障体制变化后第一次使用 ICTs（Kreps，2005），所以研究主要集中在她们应用远程医疗系统的行为并同时反映这一群体的社会倾向。

总之，大量研究都是基于对“数字鸿沟”概念内涵的重新解释来进行个体使用者行为的探讨。

3.3.4 农村信息通信技术发展模式探讨

农村 ICTs 研究的另一个侧重点是发展模式探讨。一些研究者倾向于通过案例分析为农村 ICTs 推进提供一个完整的框架结构（Ramirez，2001；Karnka，2006；Rao，2007）。在模式探讨中人们多根据已有的案例作为分析对象，然后从政策推动、使用过程等特点分析中提出具有普遍意义的发展模式框架。

Rao（2007）基于印度农村 ICTs 的推行及取得的进展，建立了指导政策和 ICTs 实行的框架模式。在此框架中作者以农村收入增加和区域可持续发展作为研究视角。指出在印度重大的政策下，制度网络和能力培养是克服阻碍因素并高效整合 ICTs 到农业发展过程的必要需求。他通过 6 个具体 ICTs 行动模式进行对比分析，最后构建出一个整体模式框架。

Karnka（2006）强调，ICTs 尤其是 Internet 成为支持人们各种交往的关键工具。在发展中国家，Internet 以其优良品质和多样的内容成为农村居民传播发展信息的有效通道。它能让农民通过共享的网络来分享利用信息和知识，达到改善生活的目的；同时农户、家人、邻居、供应商、顾客等之间可以互相联系；通过全球图书馆，Internet 能够使遥远的村庄获得正规可靠的信息与知识。但是，Samn Karnka 指出，为了成功应用 ICTs 达到发展农村的目的，不同发展情形下需要创建恰当的 ICTs 模式。作者通过长期追踪试验区获得的资料，分析了在中国台湾农村“小团体”中如何恰当应用 ICTs，最终提出了一种基于 e-farmer 群体发展的适当模式。

Ramirez（2001）从政策、组织、社区和技术的相互作用关系中构建了加拿大农村信息化发展框架，并且根据提出的模式进行 3 个案例试验，最后得出结论：农村地区的 ICTs 行动首先需要地方的学习空间来推动；对于一些商业组织来说需要“非盈利性”结合；为了成功推行 ICTs，需要经济的发展和缩小数字鸿沟。

3.4 相关研究进展的总体评价

3.4.1 信息通信技术地理学研究特点

从地理学对信息通信技术的研究看，地理学者不强调信息化与社会资本积累的结构性变化特征（信息化带来的 GDP 增长方式的变化）之间的关系，而关注信息通信技术变革的结果和应用与区域发展的关系，尤其是信息通信技术下的空间组织与空间结构问题。刘卫东和甄峰（2004）指出信息化时代地理学的研究重点在于探讨信息经济自身的空间组织规律；新的信息通信技术应用对传统制造业空间组织的影响；物流配送的空间组织规律。综合上述研究可见，地理学对信息通信技术的研究主要集中在以下几个方面。

1）以新的信息通信技术形成的新产业（信息产业）作为研究对象，分析信息产业的空间区位选择，信息产业与地方环境的关系等，以期找到新产业形式下的经济地理解释。地理学研究者将信息产业作为区域产业结构变化的重要组成部分，分析其区位选择的倾向及其在区域产业结构调整中的作用。

2）互联网的发展及其空间影响。主要分析信息通信技术的主要载体——Internet 的发展过程、区域特征及其区域影响。研究者将互联网作为研究对象，主要分析其自身的区域发展特征及其用户群体的特点，通过分析互联网的区域属性与特征，进一步将互联网的“流”的传输功能进行探讨，旨在分析互联网驱动下物质空间中信息流、物质流和人流等的空间演变，从而总结出互联网时代的经济与行为空间的特征。

3）信息通信技术的空间特征与空间重构作用。着重信息通信技术的理论分析，从地理空间（physical space/geographical space）、网络空间（cyberspace）、地理网络空间（geocyberspace）的角度分析信息时代的空间结构问题，指出信息通信技术下区域空间结构会发生巨大转变。信息通信技术下区域重构理论为此后地理学就信息通信技术进行的微观研究奠定了基础，研究者开始通过城市、企业等微观个体将地理空间与网络空间的相互作用产生的结果进行验证。

4）信息通信技术的微观研究。除了宏观研究外，地理学者开始关注信息通信技术较微观层次的问题。首先城市内部信息通信技术应用与影响问题成为热点，之后人们又把研究重点放在了更微观的企业视角，试图分析新的信息通信技术下企业空间组织的重构。在对企业的研究中，人们着重研究信息通信技术在企业的扩散过程和模式。而对信息通信技术在企业生产、销售、供应等整个链条的空间作用缺乏实证性分析，对企业在信息通信技术下造成的空间变化（聚集还是扩散）没有形成一致的见解。

总之，信息通信技术的地理学尤其是经济地理学问题已经受到广泛关注，只是更深层次和更广泛地域类型的实证研究尚显不足。

3.4.2 基于农村地区的信息通信技术研究特点

1）农村信息通信技术应用的理论分析。研究者开始关注信息通信技术与农村发展以来，关于信息通信技术为农村带来的是机遇还是挑战的争论一直没有停止。研究者尝试从不同视角证明信息通信技术为农村带来的是发展机会还是融入世界竞争市场的巨大挑战。Grimes 和 Lyons（1994）指出当新的信息通信技术对农村经济的多样化起到积极作用的同时，他们同样对偏远地区带来了严重的威胁，因为这些地区会更容易被核心区域的经济所利用。同样，尽管新的信息通信技术确实为农村本土的公司提供了接触国际大市场的机会，但它同时使农村地区面临着巨大威胁，因为农村地区随时会被整合进全球经济体系。

总之，新的信息通信技术是一个全新事物，到目前为止还缺乏对其动态的可靠的实证研究。把这个新的技术放置于技术变化的整个历史过程非常困难，部分原因是我们仍旧处于这些变化之中，并且离我们清晰认识这些变化结果还很遥远。

2）农村信息化经济意义研究。信息通信技术与农村经济发展的研究主要从以下几方面进行：①信息通信技术下农业生产方式变革带来农业生产发展。例如，计算机控制农业、精细农业等通过先进的技术应用达到农业的最优化发展。②研究信息通信技术应用带来的农村产业结构变化。例如，农村工业化过程中信息通信技术的应用。③从农村企业接入与使用信息通信技术的视角，分析信息通信技术对农村企业的变革性作用。

众多研究发现信息通信技术在一定程度上推动了农村经济发展，尤其对农业技术改革和农村企业的影响最大。

3）农村信息化的社会意义研究。分析信息通信技术经济意义的同时，人们发现农村地区在信息化发展过程中除了经济发展外，其社会文化景观同样具有很大变化。例如，人们的文化娱乐方式的增加；人际交往范围的扩大；网络影响下人的意识形态变化；信息通信技术支撑下人的行为空间变化等。所以欧美学者开始从微观的个体视角进行研究，他们选择的使用者多为区域弱势群体，如青年人、老年人、妇女、残疾人等。通过分析这些人群的使用特征来总结信息通信技术对农村发展的社会意义。

4）农村信息化发展模式分析。还有一部分学者倾向于研究一个地区农村信息化发展的模式与框架，他们希望通过构建影响农村信息化的指标体系找到农村信息化建设的理想途径。这些研究多以印度和非洲的一些国家作为案例分析。

3.4.3 当前研究中存在的问题

将新的信息通信技术与农村地区发展作为研究视角，国外地理学者取得了较大进展，而国内相关研究较少。总体来看之前的研究中仍然存在一些不足。

1）系统理论总结不足。以互联网为媒介的沟通是相当新的社会现象，但却具有重大的地理意义。然而到目前为止研究者没有针对其地理价值做出全面的讨论，也没有形成具有重大影响的地理研究理论体系。Graham 和 Marvin（1996）曾提出，信息通信技术对城市的“增强、协作、衍生、替代”四大效应，其他学者也认同这四大效应为信息通信技术空间作用的体现与结果。但还没有足够的证据证实其通用性，并且没有人尝试把这几大效应扩展到其他领域，如农村地区。

2）农村信息化相关研究多见于社会学和经济学。农村信息化发展的相关探讨以经济学与社会学居多，经济学家注重从投入与产出的经济效益分析信息通信技术为农村带来的利益；社会学家则从信息通信技术的社会服务角度分析其意义，他们多强调教育、医疗、社会保障等的网络化发展及其服务获取的便捷性与公平性。地理学对农村信息化研究的核心在于分析通过技术革新农业生产结构的变化及其农村企业的发展，把信息通信技术与农村空间问题相结合的研究尚不多见。同时前人研究以传统的定性分析为主，将信息化与农村发展关系的量化研究不多。

3）信息通信技术与农村空间重构研究欠缺。信息通信技术的空间重构作用已经得到证实，人们更多地分析城市地区的变化，对农村空间影响的研究明显不足。有些只是现象的描述，如 Clark（1995），通过调研与问卷，非常详细地掌握了案例区农村企业的基本情况，并分析了信息通信技术的使用，找到了使用中存在的障碍，提出了建议。这些研究仅限于使用分析，而对使用中产生的空间问题关注不足。在当时的背景下 Clark 针对信息通信技术与农村企业的研究意义重大，但就目前来看，其分析不够深入。

通过分析前人的研究成果可以看出，农村空间组织问题是农村地理学的主要研究内容，而信息通信技术又是推动农村发展的重要驱动力，两者之间必然会产生重要的联系。不管是农村空间组织问题，还是信息通信技术的空间重构问题，都是地理学尤其是经济地理学的研究主题，因此，信息通信技术下农村空间的研究显得必要而有意义。

3.5 研究展望

信息通信技术迅速发展，其带来的地理学问题将更加多样和复杂，于研究者而言既是机遇也是挑战。就机遇来看，研究议题不断增加，研究结果产生的价值逐渐得到认同，这些有利于学科地位的确立和学科体系的构建。该领域的研究同样面临着巨大的挑战，首先是如何在信息通信技术进步神速的情况下准确把握所产生的地理学问题成为该学科的最大的挑战；其次，尽管研究队伍趋于稳定，研究方向比较明晰，但不可否认当前成果还相对零散，与学科发展要求尚有距离；最后，已有的研究结论阶段性较强，尚需不断印证。根据当前发展现实，认为信息通信技术地理学未来发展可能会集中在以下几点。

1）与信息通信技术相关的技术进展所产生的地理学问题。例如，物联网、云服务开发和利用、移动通信技术、大数据挖掘等已经成为信息通信技术发展的几个重要方向，而由此产生的地理学问题需要更深入的研究。

2）信息通信技术空间影响的系统研究。刘卫东等（2004）、刘卫东和甄峰（2004）曾较系统论述过信息通信技术对社会经济空间组织的影响，很多学者也在不同方向上践行着相关研究。但研究方向零散，结论差异显著，系统性明显不足。因此，未来可以建立一个信息通信技术空间影响的概念性框架，包括技术自身、影响客体（城市、乡村、企业、区域）、空间演变、效率评测等几个部分。

3）信息通信技术地理学学科性质的讨论与相关理论的提炼。科学合理归纳本学科的性质不仅可以进一步明确研究对象，而且可以明确与相关学科的关系。作为学科需要基础理论的支撑，信息通信技术地理学的基础理论尚需提炼。

4）传统思维方式的更新，技术手段的加强。网络空间信息流动的瞬时性和用户通信的即时性颠覆了传统的地理空间与距离的摩擦，这就要求研究者必须树立新的地理时空观。同时在网络信息流动数据的获取与挖掘方面需提高 GIS 应用水平，以较好实现网络空间的现实表达。

5）信息通信技术作用机理及其科学表达的研究。刘卫东等（2014）已经提出“时间成本”是信息通信技术对企业空间组织产生影响的主要原因，相关研究也在证实着“时间成本”的影响机理。但除了基于企业的研究外，其他方面信息通信技术作用机理的探讨还很少。如何恰当表达作用机理同样值得深入研究，余金艳等（2013）通过构建时间距离地图将“时间成本”可视化便是较好的尝试，但相关研究明显不足。

为实现以上目的，需明确两点：①加强学科建设迫在眉睫。其中包括学科体系构建、人才培养、合作平台的搭建。②学科交叉研究意义重大。国内研究者主要集中在人文地理学尤其是经济地理学方向，今后若能与地球信息科学相结合，发挥其数据提取与挖掘的优势，则利于该学科发展。

第 4 章　中国农村信息化发展及时空特征

互联网以其优越的功能和多样化的内容体系成为农村信息传播的有效通道，以互联网为代表的新的信息通信技术应用成为信息化发展的重要趋势。为了分析区域信息化现状及其产生的影响，研究者多从互联网的使用作为着眼点。本章中农村信息化的研究主要以互联网在农村的推进为视角，理论上分为三个发展阶段。首先是信息基础设施建设情况；其次，就是在基础设施普及的同时构建与使用者联系的网络平台——即涉农网站；最后，基础设施和网络平台搭建的过程中明确农村居民对信息化发展的具体需求，以进一步明确信息服务的方向与重点；在此三阶段发展过程中始终需要各级政府、相关部门在政策上的支持与推动。如图 4-1 所示，描述了互联网在农村发展的三个重要过程。

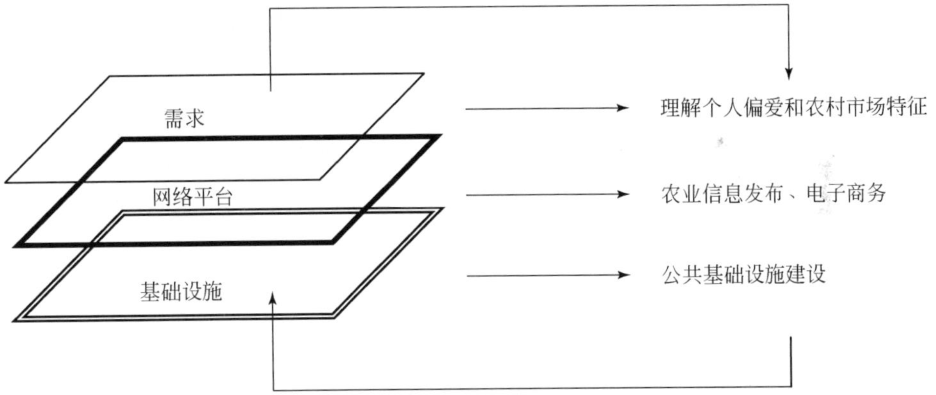

图 4-1　农村信息化发展的理论过程模式

根据农村信息化理论发展过程，本章主要从农村信息化供给与需求、时空特征及其农村信息化影响因素等具体描述中国农村信息化的发展概况。

4.1　农村信息化供给概况

20 世纪 80 年代初期，以计算机应用于农业生产为起点，标志着农村信息化过程的开始。为清晰梳理中国农村信息化的供给状况，本节从组织和技术两个视角进行论述，旨在清晰刻画农村信息化供给的政策推动过程和供给水平的变化。

4.1.1 组织视角

农村信息化供给的组织视角主要分析各组织部门的信息化推进政策。理论上看，信息化推进的组织体系应包括三类，一是各级政府部门的推动政策，二是农村非政府组织的信息化发展政策，三是农村企业的信息化发展政策。从当前中国农村信息化推进的现状看，政府和各职能部门作为公共管理机关是农村信息化的责任主体，承担着信息化的建设和开发任务，在信息化整个发展过程中，政府的政策推动起到决定性作用。因此本节主要分析各级政府的信息化推进政策。

政府部门农村信息化推进不仅经历了体系的完善，同时也经历了组织管理部门的变革，中央各部委从政策规划、项目安排、资金支持、人才培养等多个环节为农村信息化提供保障。其中，30 多个部委制定了相应的推进农村信息化的政策（表 4-1），涉及的工程项目 40 多项，中国农村信息化进程得到很大推进。

表 4-1　中国农村信息化发展历史过程一览表

时期	农村信息化发展主要内容	组织管理部门
20 世纪 80 年代	强化计算机在农业管理、生产等领域应用	农牧渔业部电子计算机领导小组、农牧渔业部信息中心
1993～1995 年	信息体系建设；制定了“农村经济信息系统的建设规划”；建成农业部机关局域网；开通全国大中城市“菜篮子”产品批发市场价格行情网	农业部农村经济信息体系工作领导小组
1996～2000 年（“九五”期间）	开通了中国农业信息网；制订了《“九五”时期农村经济信息体系建设规划》和“金农工程”（草案）；完成了农业部门计算机配备和网络连接；信息服务已经起步；抓紧建设信息网络，健全信息收集和发布制度	农业部市场与经济信息司
2001～2005 年（“十五”期间）	2004 年启动“村村通”工程；农业部、科技部、中国气象局等部门开通了“中国农村科技信息网”、“中国兴农网”，全国涉农网站达 6000 余个	国家信息化领导小组
2006～2010（“十一五”期间）	党的十六届六中全会（2006 年）强调要扎实推进社会主义新农村建设，提出要进一步加强农业和农村信息化建设。 “十一五”末基本实现全国“村村通电话，乡乡能上网”，截至 2007 年年底，我国已经实现 99.5% 的行政村通电话	国家信息化领导小组

续表

时期	农村信息化发展主要内容	组织管理部门
2011 年至今（“十二五”期间）	工业和信息化部、农业部、科技部、商务部、文化部制定了《农业农村信息化行动计划（2010～2012年）》，2011 年，农业部出台《全国农业农村信息化发展“十二五”规划》	农业部

资料来源：据相关资料整理

特别是“十一五”以来，党中央、国务院对加快推进我国农业农村信息化高度重视，2005 年中央一号文件提出要加强农业信息化建设，此后 6 个中央一号文件都持续关注和强调推进农业信息化。“十二五”期间，五大部委联合推出《农业农村信息化行动计划》，农业部出台了《全国农业农村信息化发展“十二五”规划》，多方共同推进使得农村信息发展出现全新的格局。

随着我国新农村建设的逐步推进，有 20 多个部委出台了有关农村信息化的相关文件。配合政策文件的出台，各部委涉及农村信息化的主要工程，见表 4-2。这些工程是对农村信息化建设政策的响应与具体实施过程，始于 2004 年的“村村通”工程是国家信息化领导小组组织各大运营商，在全国范围展开的发展农村通信、推动农村通信服务的划时代工程，自此农村通信水平得到了极大提高。

表 4-2　各级政府部门农村信息化工程建设一览表

部门	工程名称
信息产业部	农村通信“村村通”工程 信息服务业“助农”工程 邮政“惠农”工程 农村信息通信技术推广应用工程 农村信息化教育培训工程
国家广播电影电视总局	广播电视“村村通”工程
农业部	金农工程 延伸到县乡的农业信息服务网络 农业综合信息服务平台 中国农业门户网站群 农村劳动力转移培训阳光工程（“阳光工程”）
商务部	农村商务信息服务体系建设（信福工程） 万村千乡市场工程
文化部	文化信息共享工程 送书下乡工程

续表

部门	工程名称
中共中央组织部	农村党员干部现代远程教育
教育部	农村中小学现代远程教育工程
卫生部	新型农村合作医疗试点
人口和计划生育委员会	人口基础数据库建设
国土资源部	金土工程
国家测绘地理信息局	基础地理信息数据库
交通运输部	“通畅工程” “通达工程”
中国农村兴业工程组委会	万村信息扶贫工程

资料来源：国家发展和改革委员会，2007

“村村通”工程第一阶段任务是在2005年以前实现“国家邮电通信‘十五’规划”中的“全国95%以上行政村通上电话”，第二阶段任务是继续实施行政“村村通”电话项目、增加农村电话普及率并将“村村通”工程向自然村延伸，构建农村信息服务平台和开发应用农村适用信息资源，“十一五”末基本实现全国“村村通电话，乡乡能上网”。根据信息产业部统计，始于2004年的“村村通”工程极大地带动了农村信息化的发展，2005年“村村通”工程使5.23万个行政村新开通电话，完成电话装机数10多万部，受益的农牧民人口达到数千万人；全国行政村通电话比率从“村村通”工程开始前的89%上升到97%，提前完成“国家邮电通信‘十五’规划”中“95%行政村通电话”的目标。截至2007年年底，我国已经实现99.5%的行政村通电话。2008年，全年共为30 996个20户以上的无电话自然村新开通电话，全国通电话自然村的比重达到92.4%；为1 322个无电话行政村新开通电话，全国通电话行政村的比重达到99.7%；还为新疆、黑龙江等地1 047个建设兵团连队和林场矿区新开通电话。

政府还大力扶持农村地区电信的发展，为互联网的发展提供了必要的接入线路。2008年，共为593个乡镇提供上网接入、601个乡镇开通宽带，全年共为12 364个行政村开通互联网，截至2008年年底，全国98%的乡镇能上网、95%的乡镇通宽带，全国有27个省份已经实现“乡乡能上网”；全国能上网的行政村比重达到89%，已有19个省份基本实现行政村“村村能上网”。截至2012年12月20日，新增通宽带行政村1.93万个，行政村通宽带比例从年初的84%提高到87.9%；全年新增2005个乡镇实施信息下乡活动，新建乡信息服务站2 050个、村信息服务点29 622个、乡级网上信息库9 940个、村级网上信息栏目66 780个。

各级政府部门的政策措施与具体工程建设从不同侧面推动了农村信息服务水平，成为农村信息化发展的重要保障。

4.1.2 技术视角

在技术上，农村信息化供给主要包括信息基础设施接入，涉农网站建设以及支撑网络平台的各种农业信息化软件与系统的开发与应用。

(1) 信息基础设施接入

农村信息化发展的前提是基础设施的拥有水平，而以互联网接入为代表的信息基础设施建设是很多研究的立足点和出发点。信息基础设施建设的核心是网络接入与终端设备拥有。在网络连接上当前主要有固定电话网络、有线电视网络和移动电话网络三种较为普遍的接入方式，在中国即对应着 ADSL、Cable Modem 和无线接入；接收终端主要有电视机、固定电话、移动电话和电脑。

以电脑为终端设备的 xDSL 接入和以手机为终端设备的无线接入是目前居民个人接入互联网的两种重要方式。所以目前基于互联网的信息基础设施主要包括固定电话网络的铺入和移动网络的覆盖以及电视机（既可以作为农村信息传递的传统方式，又可以作为未来数字化发展的终端设备）、电脑和移动电话的拥有。本书中用每百户家庭固定电话、移动电话、电视机、电脑的拥有量作为家庭信息基础设施拥有水平的衡量标准。表 4-3 表明了 2000 ~ 2012 年中国农村信息基础设施拥有情况；表 4-4 则对比了 2012 中国农村每百户家庭信息基础设施拥有量；表 4-5 对比了中国城乡家庭收入与信息基础设施拥有情况；表 4-6 对比了 2013 年中国城乡网民使用上网设施情况。

表 4-3　2000 ~ 2012 年中国农村信息基础设施拥有情况表

年份	基础设施拥有量			
	家用电脑（台/百户）	固定电话（部/百户）	移动电话（部/百户）	电视机（台/百户）
2000	0.5	26.4	4.3	101.67
2001	0.7	34.1	8.1	105.1
2002	1.1	40.8	13.7	108.6
2003	1.4	49.1	23.7	110.6
2004	1.9	54.5	34.7	113
2005	2.1	58.3	50.2	105.9
2006	2.73	64.9	62.05	106.9

续表

年份	基础设施拥有量			
	家用电脑（台/百户）	固定电话（部/百户）	移动电话（部/百户）	电视机（台/百户）
2007	3.68	68.36	77.48	106.5
2008	5.36	67.01	96.13	109.1
2009	7.5	62.7	115.2	116.6
2010	10.4	60.8	136.5	118.2
2011	18.0	43.1	179.7	117.2
2012	21.4	42.2	197.8	118.3

资料来源：国家统计局，2001～2013

表 4-4　2012 年中国农村每百户家庭信息基础设施拥有量

信息基础设施	东部地区	中部地区	西部地区	东北地区
电话机（部/百户）	62.89	36.37	30.83	51.07
移动电话（部/百户）	213.81	193.97	193.85	185.77
黑白电视（台/百户）	1.21	1.97	1.44	0.40
彩色电视（台/百户）	135.71	114.08	106.78	112.67
家用计算机（台/百户）	39.07	17.78	10.38	20.07

资料来源：国家统计局，2013

表 4-5　城乡家庭收入与信息基础设施拥有情况对比

项目	农村家庭	城镇家庭
收入（元）	7 916.6	24 564.7
恩格尔系数（%）	39.3	36.2
电脑拥有率（台/百户）	21.4	87.0
固定住宅电话拥有量（部/百户）	42.2	68.4
移动电话拥有量（部/百户）	197.8	212.6

注：按照国家统计局统计口径，农村收入口径为家庭人均纯收入，城镇家庭收入口径为家庭人均可支配收入

资料来源：国家统计局，2013

表 4-6　2013 年城乡网民上网基础设施情况对比

上网设备	城镇网民（%）	农村网民（%）
台式电脑	73.6	60.2
笔记本电脑	51.4	25.9
手机	79.6	84.6
平板电脑	31.0	21.5

资料来源：CNNIC，2013

表 4-3 表明除电视机外，其他信息基础设施均出现较快的增长速度。其中家用电脑拥有量增长 42.8 倍，固定电话增长 1.6 倍，而移动电话拥有量的增长最为明显，为 46 倍。从固定电话发展情况看，2008 年中国固定电话用户减少 2 483.2万户，农村固定电话用户减少 823 万户，说明移动电话在农村地区已经达到较高的拥有水平，且出现稳定的下降状态。从地区上看，农村信息基础设施的东、中、西部地区差异显著，其中家用电脑的拥有水平差异最大，而电视机和移动电话拥有量的区域差异较小（表 4-4）。

受收入水平的制约，相对于城市发达的网络通信设施，农村信息化发展最大的障碍还是基础设施拥有量（表 4-5）。到 2012 年年底，城市每百户居民中电脑拥有量为 87 台，而农村居民为 21.4 台，两者差距悬殊非常大。家用电脑配备水平仍旧是农村互联网发展的瓶颈，所以以家用电脑作为农村网络接入的基础设施尚需较长时间。家用电脑作为上网设备相对匮乏，使移动电话成为农村网民上网设备的有益补充。近几年移动电话以其低廉的价格和日趋成熟的 WAP（王志强和甘国辉，2005）技术的发展，成为互联网接入另一主要终端。移动电话在农村的发展具有两个明显特征，一是拥有量的迅速增加；二是逐渐成为农村地区重要的网络接入终端。

移动电话在农村迅速普及，其普及率城乡差异逐渐缩小。图 4-2 显示了城乡移动电话普及率的时间变化，从 2003 年开始，农村居民移动电话普及率增长就开始超过全国平均水平，其普及率与城市的差异逐渐缩小。到 2012 年，移动电话普及率城乡差异从移动电话普及水平的不断提高，使其具备了成为农村信息化推进中主要基础设施的条件，移动电话拥有水平逐步成为农村信息化推进的重要基础。

在上网设备上虽然农村地区同样以台式电脑为主体，但移动电话上网比例发展非常快，成为农村发展潜力最大的上网终端设备。2007 年中国农村互联网调查报告中指出，农村外出务工人员上网的两个途径是网吧和移动电话。根据 CNNIC 调查结果，3 成（30.3%）的农村外出务工网民在使用其他设备上网的同时，选择使用移动电话上网。这一比例比总体网民的移动电话上网比例高了 3 个百分点（总体网民中使用移动电话上网的比例为 27.3%）。2008 年互联网发展报告中，将农村移动

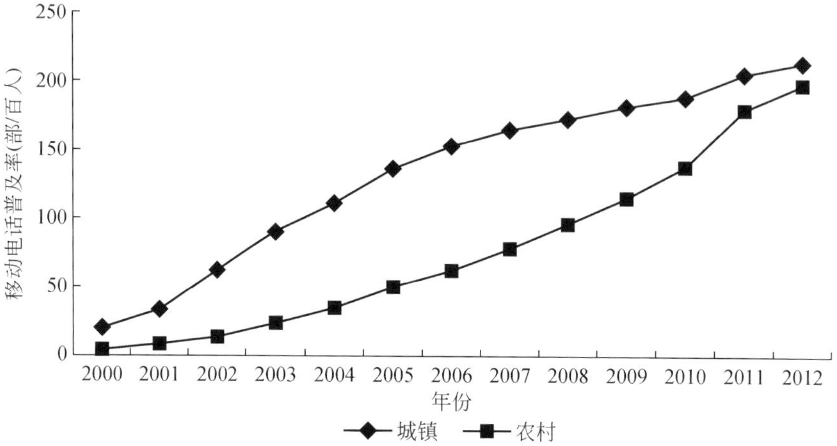

图 4-2　2000 ~ 2012 年移动电话普及率变化图

资料来源：国家统计局，2001 ~ 2013

电话上网作为单独一节加以分析，说明其已经成为农村居民使用互联网的重要终端设备。截至 2012 年年底，中国移动电话上网用户达到 5 亿人，城镇移动电话上网用户 3.51 亿人，占城镇网民总体的 79.6%。农村移动电话上网用户约为 1.49 亿人，占农村网民总体的 84.6%，高出城镇 5 个百分点。(表 4-6)。

总之，随着移动电话拥有率的快速增加，以及中国移动上网技术的发展，农村移动电话在信息化推进中的作用不容忽视，它可以成为衡量农村信息化程度的重要标志。

(2) 涉农网站建设

涉农网站是以农业为主要内容或服务对象以及主要内容或服务涉及农业产业的网站。涉农网站主要为农业信息需求者提供有价值的信息和技术指导，有些网站开始尝试与农业产业有关的电子商务服务。

涉农网站的适农业务和平台推广迅速，“农信通”、“农民用工信息平台”、“信息田园” 等农村综合信息服务平台得到进一步完善和扩大。据工业和信息化部设计，“乡乡有网站” 项目已在安徽等 8 个省份试点，免费建成乡镇政府网站 1 600 多个，免费培训乡镇信息员 2 000 余人。宁夏、四川等近 10 个省份推行了县信息中心、乡信息站、村信息员的农村信息网络模式。部分农村通过 “通信光电缆+机顶盒” 方式，在一条线路上实现了电话、互联网和广播电视的共享传送。

总之，农村地区在政府政策的带动下，基础设施配备水平和信息化服务水平逐步提高，涉农网站为农村用户提供了广泛接触各类信息的机会，尤其是移动电话拥有量的迅速增加，并且通过移动电话接入互联网逐渐成为农村居民弥补因家用电脑缺失而不能上网的主要方面。

4.2 农村信息化需求研究

基础设施和网络平台搭建为信息化提供了物质和信息保障，或者说从供给的角度提供了实现信息化的基础，要支撑完整的农村信息化体系，还需要对农民信息获取、信息交换、服务使用等需求进行深入研究，明确农民的需求是信息化进一步发展的必然。

CNNIC 第 34 次互联网报告调查数据显示，农村网民使用互联网作为信息来源、交流工具和娱乐工具较多，互联网的其他功能，如网上购物、网上支付和网上金融等电子商务手段则使用较少。从农村互联网使用的访谈中，作者同样发现互联网的使用多数处于信息查询阶段，只有少数地区有电子商务的形式。可见农村居民对互联网的使用需求不同于城市，并且农村内部的差异同样明显，针对不同需求特征推进信息服务才能使信息化建设的成效达到最大化。所以只有深入理解个人偏好和农村地区不同的市场特征才能更好地推进信息化向农村的扩散。

农村信息化需求研究首先应明确主要的需求主体有哪些，然后根据需求主体的特点分析其需求特征。

4.2.1 农村信息化需求主体分析

1. 农民：农村信息化最大的需求群体

在信息化整体推进中，农民是自始至终的参与者，同时也是重要执行者和受益者，在信息化发展的整个过程中起着支撑作用。信息化有利于农民更好地调整生产生活方式以适应市场经济的要求；农村信息化可让农民获得更多的学习机会，提高自身素质，更有利于农民获得广泛的就业信息，从而促进农村劳动力的转移。

从互联网应用的视角看，农村网民是信息化发展的重要受众群体。20 世纪 80 年代以来，农村信息化发展迅速，进而推动互联网向农村的扩散，农村互联网的使用人数急剧增加（图 4-3），截至 2013 年年底农村网民数量已经达到 1.77 亿人，年增长率超过城镇，普及率达到 27.5%，可以预见农村居民将是互联网未来发展的巨大潜力市场。

2. 社团组织（协会）：农村信息化新兴推动力量

协会即农民专业合作经济组织（专业协会），是由从事同类产品生产、经营的农民、企业、组织和其他人员自愿组织合作，并在技术、资金、信息、购销、

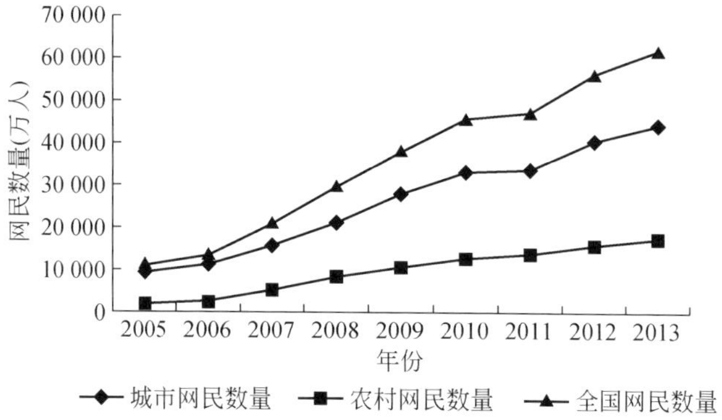

图 4-3　中国城乡互联网网民数量变化图

资料来源：CNNIC，2006～2014

加工、储运等环节实行自我管理和经营，以提高产品竞争力，增加成员收入为目的的一种组织形式。在许多发达国家，是农民协会在提供信息和服务，政府已从这些领域退出。农民协会是农村发展中重要的非政府组织，对农村经济结构的调整具有重要意义。从日本、韩国的经验来看，它们的农业和农村发展均是在农民协会的引导下完成的。农村信息化发展过程中，政府部门可以作为领路人和宏观调控者，而农民协会则是信息化的一个重要实践组织。

因长期计划经济的影响，20 世纪八九十年代中国农民协会数量少，参与协会的农民人数有限，中国农民协会发展较发达国家落后很多。近年来政府积极推动农民协会的发展，改变以往对农民协会的态度，建立与其的合作关系使其有了较快发展。截至 2010 年中国农村 7% 的村庄都拥有实际在发挥作用的农民协会，这一数字远远高于 20 世纪 90 年代中期不足 1% 的水平。截至 2012 年，我国共有农村合作社 68.9 万个，到 2013 年 11 月，这一数量达到 95.07 万个，合作组织成员也达到 7 221 万户，正处于蓬勃发展阶段①。农村专业协会为了提高生产效率和效益，把握市场动态对信息通信技术具有迫切的需求。

社团组织是农村信息化不可缺少的力量，其信息化发展加速了农业科技成果转化速度，提高了农产品的科技含量，同时也推动了农村居民对信息通信技术的认知。可以说，协会组织对农村信息化起到了带动、支撑和辐射的作用。

3. 农村企业：信息服务的深度使用者

农村企业是农户与市场之间的桥梁，在农村信息化过程中起到非常大的作

① 资料来源于中华人民共和国国家工商行政管理总局网站（http：//www. saic. gov. cn/）。

用，农村企业是信息通信技术的最早使用者也是农村信息化推进的前期尝试者，它们对信息通信技术的使用在农村具有很大的表率作用。

农村企业尤其是农业产业化龙头企业对带动当地经济发展意义重大，一方面企业可以通过订单形式引导农民进行种植、养殖生产，并为农户提供所需要的技术服务，另一方面企业可以利用自身信息优势把握市城动向，保证农户的产品有较好的市场需求，从而实现双赢。非农企业是农村企业的另一重要组成，由于非农企业从事的产品生产与农产品没有直接关系，故非农企业的原料与产品的外部性强，它对信息通信技术应用的需求程度理论上高于农业产业化企业。

农村企业信息化过程可以推动企业发展，拉长产业链条，提升企业产品层次，从而达到带动相关企业与农户发展的目的。尤其是企业电子商务的发展可以从根本上改变农村企业远离核心市场，产品销售市场有限等劣势。所以，农村企业要获得良好的发展机遇其信息化过程不可避免。

4.2.2 农村信息化具体应用与需求

1. 农业生产中的应用与需求

信息通信技术在农业与农村经济结构调整中将发挥重要作用，甘国辉（2001）总结了农业生产对信息通信技术的具体需求为以下几方面：①借助信息通信技术，实现农业生产面向市场；②发展优质高产高效种植业，需要信息通信技术的支持；③农业生产区域布局调整，需要地理信息系统的支持；④互联网上信息获取的便捷性有利于创汇农业的发展；⑤农业产业化发展，需要信息通信技术。

农业生产中信息化手段主要包括农业专家系统、设施农业控制技术和农业远程诊断技术等生产管理信息化手段。农业专家系统是把人工智能的专家系统技术应用于农业领域的一项高新技术，目前正在成为我国农业信息通信技术应用发展的热点（李道亮，2007）。设施农业控制技术，即根据温室作物的要求和特点，对温室内光照、温度、水、气、肥等诸多因子进行自动调控，随着互联网和计算机技术的发展，一些高科技温室已经通过互联网进行温室环境远程控制和管理诊断的功能。农业远程诊断技术，是一个集农业信号远程采集、处理、分析及评判的过程，是信息通信技术在农业上应用的一个重要分支，它的出现和发展解决了农业生产中农民和农业技术人员交流不畅，先进的农业技术无法推广的困境，为农村发展和农业产业化创造了条件。

农村信息化还可以加速农业技术推广工作。例如，韩国非常重视利用信息通信技术在科技人员和农场主之间建立信息传递渠道，加强农业技术推广应用。典型的应用包括农场管理远程咨询系统、农场技术咨询系统、利用农村振兴厅的网站和地方农业技术中心网站向农场主提供信息。这些系统解决了农业专家与农场主之间交流的瓶颈，农村振兴厅的专家定期讲授农业技术，农场主可以实时收看，同时也可以向专家提问。农村振兴厅的网站和地方农业技术中心网站通过建立各种数据库，发布作物长势信息、病虫害预测信息、农业技术信息和农村生活信息。

随着农业商品率和出口比重的提高，国内外市场的影响逐渐增大，因此，农业对准确、及时和权威信息的依赖程度越来越大。同时，农民、农产品加工和经销商既需要从宏观角度掌握世界农产品市场的变化情况，又要从农副产品消费者需要的微观角度了解农产品市场的价格和供求信息。

2. 社会公共服务应用与需求

农村社会公共服务信息化管理主要包括农村事务管理信息化和农村文化生活信息化等。

农村事务管理信息化主要是运用现代计算机和通信技术完成农村基层公共事务的协调管理，并对国家和各级相关部门的政策信息进行整理发布。农村事务管理信息化主要包括农村电子政务技术、农村社区数字化技术、基于3S的土地规划系统、农村“一卡通”收费系统，以及农村劳动力培训及就业转移信息平台。

农村文化生活信息化指通过信息化构建，不仅使农民在物质上富裕起来，同时也要充实农民的精神文化，提高农民的文化素质。其中主要包括农村数字化图书馆的建设、农村数字家园建设以及推动农民家庭上网工程。

农村事务管理与文化生活的信息化不仅提高了农村管理部门服务效率，同时对农村居民素质的提升有重要的推动作用。农村社会服务信息化是快速提升城乡统筹发展的重要方面。

3. 农村企业应用与需求

农村企业的信息通信技术应用主要分为内外两种类型（表4-7）。企业外部信息通信技术应用指企业通过网络搭建与外部联系的通道，具体分为企业内网、外网建设及它们的对外交往平台。网络平台构建的最初目的多数是为了企业形象的宣传和推广，随着应用深度的增加，新技术手段成了企业与客户之间交流和交易的必要工具。尤其是电子商务（EC）的兴起改变了企业传统的商务运作模式，从空间看，远距离信息实时传输的实现及电子商务交易边界的扩展可能使企业的生产链和市场呈现扩散趋势。

表 4-7　企业信息通信技术应用分类一览表

企业信息通信技术应用分类	企业内部信息通信技术应用	企业外部信息通信技术应用
应用内容模式	①管理软件的应用：各种 OA 系统用于财务、仓库、人事等单模块管理 ②企业供应链有效管理企业流程优化再造：ERP 系统，实现财务、人事、仓库、生产流程、销售等链条的全方位监控与管理	①企业内网建设：企业内部信息发布，加强部门间联系与管理、行政沟通、企业研发专用 ②企业外网建设：对外信息发布、广告宣传、与客户交流平台，电子商务平台 ③其他对外联系平台：加入阿里巴巴会员、加入行业协会网

资料来源：丁疆辉等，2009

企业内部信息通信技术应用是基于计算机的各类软件。这些管理软件的应用有效优化了企业的整体运作流程，使企业整个供应链系统能够实现及时地反馈，尤其可以实现企业从传统金字塔形管理向现代管理的转变，从而大大缩减了整个生产流程的反应时间，同时还为企业改变商业运行模式奠定基础；从空间角度看，信息通信技术实现了企业各职能部门在虚拟空间的整合，或者说实现了企业管理的虚拟集聚。企业通过内外部信息通信技术应用达到最终推动经济发展的目的。

尽管农村企业信息化程度普遍偏低，但依然会遵循此过程，首先经历内部部门信息化革新，此后逐渐将信息化进行系统整合，从而影响企业整个运作流程。

4.3　农村信息化程度衡量

4.3.1　基于基础设施拥有水平的农村信息化程度测算

农村信息化发展程度的测量指标很多，如高雅和甘国辉（2009）构建了完整的农业信息化评价指标。基于数据的可获得性及本书研究议题出发，主要参考《中国农村全面建设小康监测报告》中农民信息化程度的测算指标来分析中国从 2000 ~2012 年的农村信息化发展水平。

《中国农村全面建设小康监测报告》中将农民生活信息化程度作为反映农民对信息产品的消费能力和信息获取能力的综合指标。农民生活信息化程度（Ic）由彩色电视机普及率、电话普及率和计算机普及率三个指标加权而成，三者的权重分别为 20%、40%和 40%。其中，彩色电视机普及率（Tc）是指拥有彩色电视机农户数占总农户数的比率；电话普及率（Pc）是指拥有固定电话或移动电话农户数占总农户数的比率；计算机普及率（Cc）是指拥有台式或手提计算机农户数占总农户数的比率。农民生活信息化程度=0.2×彩色电视机普及率+0.4×

电话普及率+0.4×计算机普及率，本书中记为 $Ic=0.2\times Tc+0.4\times Pc+0.4\times Cc$。

根据农村信息化程度测算方法，2000～2012 年中国农村信息化的发展程度如图 4-4 所示。其中，信息化程度 1 是以固定电话作为电话普及率指标测算的；信息化程度 2 是以移动电话作为电话普及率测算。中国农村信息化程度在 13 年的时间增长率超过了 70%。而图中的关键点是 2006 年，此后，以移动电话为测算指标的农村信息化程度迅速增高，说明移动电话在农村信息化发展中推动作用超过了固定电话。

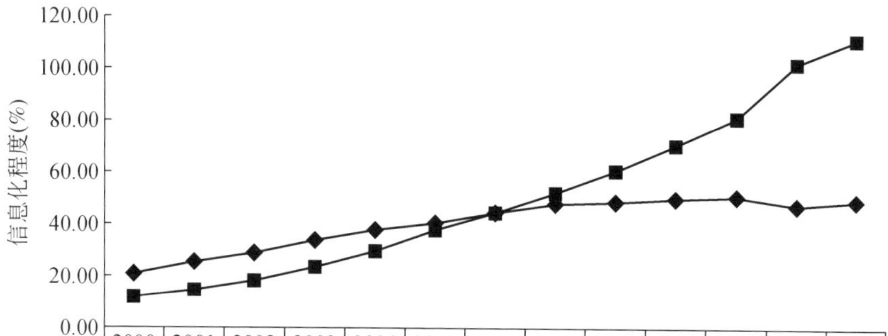

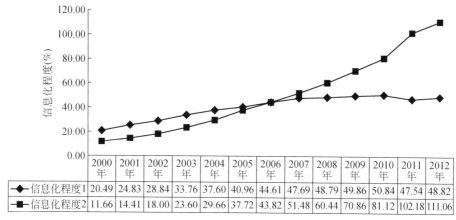

	2000年	2001年	2002年	2003年	2004年	2005年	2006年	2007年	2008年	2009年	2010年	2011年	2012年
信息化程度1	20.49	24.83	28.84	33.76	37.60	40.96	44.61	47.69	48.79	49.86	50.84	47.54	48.82
信息化程度2	11.66	14.41	18.00	23.60	29.66	37.72	43.82	51.48	60.44	70.86	81.12	102.18	111.06

图 4-4　中国农村信息化程度发展过程

资料来源：根据《中国统计年鉴》（2001～2013 年）数据计算

4.3.2　农村信息化程度测算指标调整

上面的测算方法强调计算机拥有率和电话的拥有率，作者认为该测算标准需要进行调整，否则很难客观反应区域信息化程度，主要原因如下：首先，虽然 2004～2012 年农村居民人均纯收入由 2 936 元增长到 7 916 元，但还不具备大量购买电脑设备以及接入宽带网络的能力。其次，随着农民对信息需求的增多，以及移动技术中 WAP 的发展，移动电话成为农村居民接入互联网的一个重要终端设备。到 2008 年，使用移动电话上网的网民比例农村高于城市，说明移动电话在农村信息化推进中作用显著，而近几年固定电话用户的大量缩减使得以固定电话为指标的测算缺少了科学性。最后，从农村地区电视机拥有情况看，很多地区（以中西部地区为主）黑白电视机依然起着重要作用，故在以电视机为测算指标时，作者将农村彩色电视与黑白电视机的拥有量求和作为电视机拥有量的指标。

传统的测算方法中过度强调了计算机普及水平而忽视移动电话作用，这样很难客观评价区域信息化程度。调整的原则首先将固定电话普及率与移动电话普及率分开，然后根据各指标在信息化发展中的重要程度重新赋予权重。参考监测报告的衡量标准，作者将农村信息化程度测算公式调整为

$$Ic = 0.15 \times Tc + 0.15 \times Pc + 0.35 \times Cc + 0.35 \times Sc$$

式中，Ic 为农村信息化程度；Tc 为彩色电视机普及率；Pc 为固定电话普及率；Cc 计算机普及率；Sc 为移动电话普及率。

根据以上测算方法，重新计算 2000 ~2012 年农村信息化发展程度，见表 4-8。

表 4-8　2000 ~2012 年农村信息化程度

年份	2000	2001	2002	2003	2004	2005	2006
信息化程度（%）	12.94	16.37	20.35	26.32	37.94	39.65	45.72
年份	2007	2008	2009	2010	2011	2012	
信息化程度（%）	52.94	60.46	68.69	77.31	92.99	100.59	

资料来源：根据《中国统计年鉴》（2001 ~2013 年）数据计算

调整后的测算方法突出了移动电话的作用，为了证明此测算方法的科学性，需要深入分析农村移动电话的发展及其在农村信息化推进中的影响。

4.4 农村信息化发展时空特征

农村信息化具有很强的时空差异性。城乡之间信息化发展差异是社会信息化建设中最明显的空间特征，它代表了农村信息化最宏观尺度的时空变化。除城乡差异外，改革开放以来中国农村地区内部发展差距呈现扩大的趋势，并且东部、中部、西部和东北四大地区间差异成为农村区域内部信息化差异的主导。以省（市、区）为单元的分析则能更细致地展现农村地区信息化发展的时空差异特征。所以在空间尺度的选择上，本书均以先宏观后微观的次序，具体分析不同空间下尺度农村信息化的发展进程。

在时空差异衡量中，作者选用区域信息化程度与区域数字鸿沟两个指数作为标准。区域信息化程度可以直接观测区域信息化发展过程及发展水平，区域数字鸿沟则可以很好地衡量区域间信息化发展的差异。

4.4.1 城乡信息化发展水平差异显著

(1) 城乡信息化差异总体特征

根据作者调整后的信息化程度测算方法，计算中国城乡信息化程度的总体特

征及其区域差异。

图4-5表示从21世纪开始13年时间中国城市与农村信息化发展过程。2000~2006年年底，中国城乡信息化差异逐年增大；2007~2012年年底，中国城乡信息化差异逐年减小。将两者的信息化程度差异做差异趋势线分析，其结果如图4-6所示。由趋势线可见，城乡信息差距呈倒“U”型曲线增长。从数据上看，城乡信息化差异在2006年达到极值，此后由于农村信息化程度迅速发展使得两者差异在缩小。

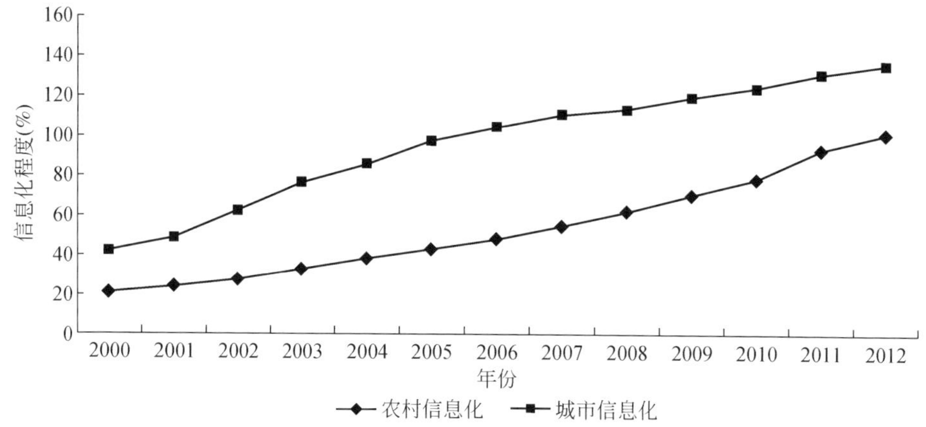

图4-5 中国城乡信息化发展过程

资料来源：根据《中国统计年鉴》(2001~2013年) 数据计算

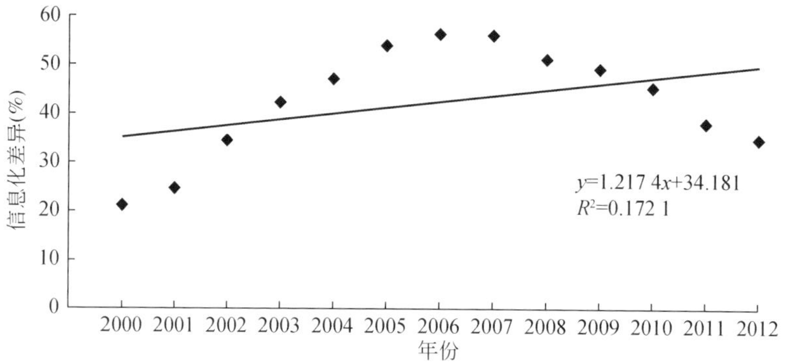

图4-6 城乡信息化差异发展趋势

资料来源：根据《中国统计年鉴》(2001~2013年) 数据计算

总之，从近13年的发展看，中国城乡信息化差异程度在经历逐步增大的趋势之后有所缓解，因为从增长趋势看，城市信息化的年增长率在下降，而农村信息化增长率则保持较平稳的上升状态。信息化程度的城乡差异也跟经济发展的城乡差异一样会呈现倒“U”型曲线。

基础设施拥有情况为农村信息化发展提供了可能，而应用者的数量与应用水平是信息化推进的核心。表 4-9 为近几年中国城乡互联网网民发展情况。从总体网民规模与互联网普及率看，城乡差异显著；而从网民增长率看，2007 年是中国农村网民发展最快的一年，其增长率达到 127.7%，农村网民增长速度超过了城市。尽管网民规模和普及率的城乡差异依然非常大，但农村网络应用者的迅速增长说明农村地区具有发展信息化的巨大潜力。

表 4-9 城乡互联网网民发展情况

时间	城镇			农村		
	网民规模（万人）	增长率（%）	普及率（%）	网民规模（万人）	增长率（%）	普及率（%）
2005 年 12 月	9 169	—	16.9	1 931	—	2.6
2006 年 12 月	11 389	24.2	20.2	2 311	19.7	3.1
2007 年 12 月	15 738	38.2	27.3	5 262	127.7	7.1
2008 年 12 月	21 340	35.6	35.2	8 460	60.8	11.7
2009 年 12 月	27 719	29.9	45.7	10 681	26.3	14.8
2010 年 12 月	33 246	19.9	53.5	12 484	16.9	17.5
2011 年 12 月	33 713	1.4	56.7	13 579	8.8	20.2
2012 年 12 月	40 834	21.1	59.1	15 566	14.6	23.7
2013 年 12 月	44 095	8.0	62.0	17 662	13.5	27.5

资料来源：CNNIC，2014

（2）城乡信息化发展区域特征

从中国大的分区①上看，城乡信息化程度的区域特点显著。图 4-7 是 2012 年中国东部、中部、西部与东北地区城乡信息化程度的比较。由图可见在大的区域格局上，城市信息化程度的发展与中国经济发展水平的区域差异基本一致，呈东部、中部、西部与东北地区依次递减的趋势；而农村信息化程度则略有不同，尤其是东北地区作为城市信息化程度最差的地区，其农村信息化程度却高于中西部地区，属城乡差异最小的地区。西部地区农村信息化发展水平极低，所以其城乡差异最大。

① 分区依据《中共中央国务院关于促进中部地区崛起的若干意见》、《关于深入实施西部大开发战略的若干意见》将我国划分成东部、中部、西部、东北四大地区。

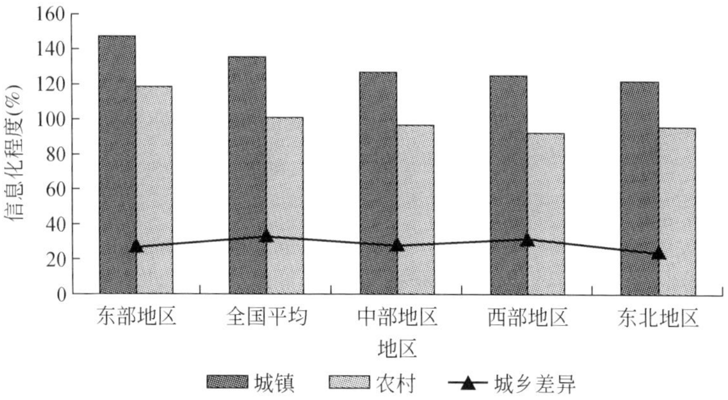

图 4-7 中国 2012 年四大地区城乡信息化程度比较

资料来源：根据《中国统计年鉴》(2013 年) 数据计算

(3) 城乡信息化发展的省域特征

图 4-8 为中国 2012 年各省（市、区）城乡信息化发展情况。由图可见城乡信息化发展具有几个区域特征：首先，双高型地区，即城市和农村信息化程度都高的区域，主要包括北京、天津、上海、浙江、福建、广东、江苏、山东、陕西 9 个省市，这些地区城乡信息化程度都高于全国均值，代表了中国城乡信息化的良性发展；其次，双低型区域，即城乡信息化程度分别低于全国平均值，这些地区主要包括甘肃、西藏、新疆、山西、内蒙古、湖南和贵州 7 个地区，这些地区是城乡信息化程度均落后的代表性区域；再次，高城低农型，即城市信息化程度发展较高而农村信息化程度低，这些地区包括重庆、河北、海南、云南等地区；最后，高农低城型，即农村信息化发展程度总体较高而城市信息化程度较低，这种类型的典型区域是宁夏，其次还有湖北、吉林和黑龙江等地区。

从信息化程度的城乡差异看（图 4-9），宁夏的城乡差异最小，同时也是信息化程度高农低城型区域的代表；上海的城乡信息化程度差异最大，其次是贵州和西藏。贵州和西藏是农村信息化程度极低的特殊地区。

(4) 城乡数字鸿沟概况

所谓数字鸿沟，是指不同社会群体之间在拥有和使用现代信息通信技术方面存在的差距。数字鸿沟问题不仅关系到国家信息化战略目标的实现，也将对统筹城乡和区域发展产生深远影响，日益成为和谐社会建设过程中必须面对的重大难题。城乡数字鸿沟是指城市居民与农村居民在拥有和使用信息通信技术方面的差距。

城乡数字鸿沟总指数是反映城乡数字鸿沟水平的主要指标，代表地区数字鸿沟的大小，由城乡互联网、计算机、固定电话、移动电话四个相对差距指数构

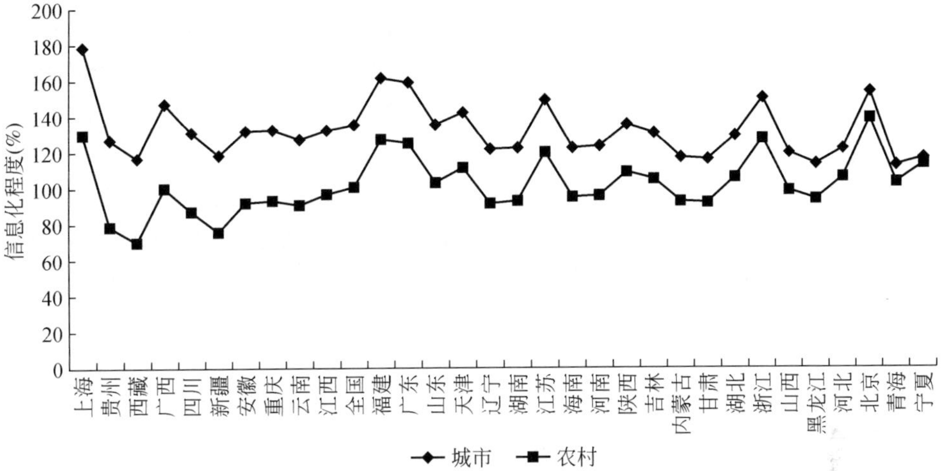

图 4-8　2012 年各省（市、区）城乡信息化程度一览

资料来源：根据《中国统计年鉴》（2013 年）数据计算

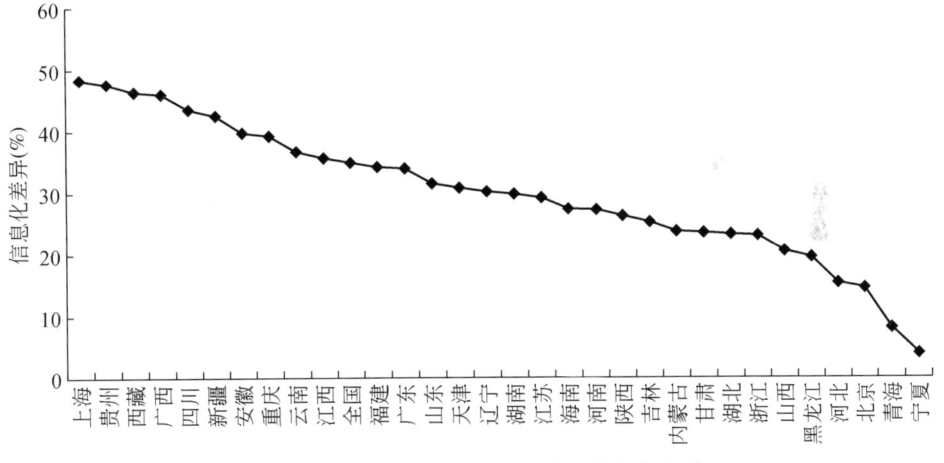

图 4-9　中国各省（市、区）城乡信息化差异

资料来源：根据《中国统计年鉴》（2013 年）数据计算

成。数字鸿沟指数计算公式为

$$\mathrm{DDI} = \sum_{i=1}^{m} A_i P_i \tag{4-1}$$

式中，DDI 为一国或地区数字鸿沟的总指数。DDI 介于 0～1，DDI 越大，表示数字鸿沟越大。一般来讲，DDI 小于 0.3，表示数字鸿沟不明显；DDI 介于 0.3～0.5，表示存在明显的数字鸿沟；DDI 介于 0.5～0.7，表示存在显著的数字鸿沟；

DDI 在 0.7 以上，表示存在巨大的数字鸿沟。

A_i 为权重。一般来讲权重的设定应以其重要性来确定。考虑到难以判断到底哪一类数字更为重要，为不影响历史分析，在实际测算中赋予各类数字鸿沟相同的权重。由于反映的是相对差距及其变化，只要对历年计算采用相同的标准就不会影响结果分析。

P_i 为要重点考察的数字鸿沟种类及其指数。在计算中国数字鸿沟时，选取城乡数字鸿沟、地区数字鸿沟、性别数字鸿沟作为考察对象，主要是因为这几类数字鸿沟相对比较重要，且具有可比性，基础数据也相对完整。其计算公式为

$$P_i = \sum_{j=1}^{n} B_i P_j \tag{4-2}$$

式中，P_j 为数字鸿沟类型；P_i 值介于 0 ~ 1。P_i 越大，说明数字鸿沟越大；P_i 越小，说明数字鸿沟越小。$P_i = 0$，表明在某一方面发展水平完全平均，不存在数字鸿沟。

B_i 为权重。本书中互联网、计算机各占 1/3 权重，固定电话、移动电话各占 1/6 权重。

Q_j 为主要考察指标的种类及其相对差距指数。结合国际上通常采用的主要指标，本书重点以互联网普及率、计算机家庭普及率、移动电话普及率和固定电话普及率作为重点考察指标，并分别计算其相对差距。

$$Q_j = 1 - \frac{X_j}{Y_j} \tag{4-3}$$

式中，Q_j 为观察对象与比较对象间在主要考察指标方面相对差距的大小。Q_j 值介于 0 ~ 1。Q_j 值越大，说明相对差距越大；Q_j 值越小，说明相对差距越小；$Q_j = 0$，表明观察对象与比较对象间在某一方面不存在差别；$Q_j = 1$，说明观察对象在某一方面没有取得任何成就。

X_j 为观察对象某一考察指标在特定时期的实际数值。一般情况下，为使相对差距指数值介于 0 ~ 1，观察对象一般设为“弱势”群体一方，如城乡比较时的乡村一方、性别数字鸿沟间的女性一方等。在进行国际数字鸿沟比较时，由于设定中国为观察对象，最终指标相对差距指数及数字鸿沟指数可能为负值（表明中国在某些方面超过比较对象）。

Y_j 为比较对象某一考察指标特定时期的实际数值。

式（4-1）的判断标准也适用于对式（4-2）和式（4-3）P_i 和 Q_j 的评估。

根据数字鸿沟测算指数，作者选用城乡互联网用户数、每百户家庭家用计算机拥有量、每百户家庭固定电话拥有量、每百户家庭移动电话拥有量作为测算指标，最后算得近几年中国城乡数字鸿沟如下：2005 年为 0.75，即农村信息通信技术应用总体水平落后于城市 75% 左右，表明城乡之间存在着巨大的数字鸿沟，

2006 年为 0.73，2007 年为 0.66，2008 年为 0.61，2009 年为 0.60，2010 年为 0.58，2011 年为 0.56，2012 年为 0.53。这表明中国城乡数字鸿沟非常明显，但有逐步缩小的趋势。

4.4.2 农村区域内部信息化时空差异显著

中国农村地区信息化发展水平差异显著，从宏观格局上看，东部、中部、西部与东北地区各具特色；而各省（市、区）自身的发展水平则从较微观的尺度勾勒了其农村信息化发展过程。

（1）农村地区信息化发展的宏观格局

从信息基础设施的宏观区域分布上看，农村家庭拥有量呈现从东部、东北向中西部地区递减的趋势（图 4-10 ~ 图 4-13）。图 4-10 显示了从 2005 ~ 2012 年各地区家用计算机拥有量的变化情况，从区域变化看，近四年来区域拥有水平依然遵循东部、东北、中部、西部地区的递减规律。作为互联网接入的主要终端设备，计算机拥有量是农村信息化区域差异的一个主要瓶颈。

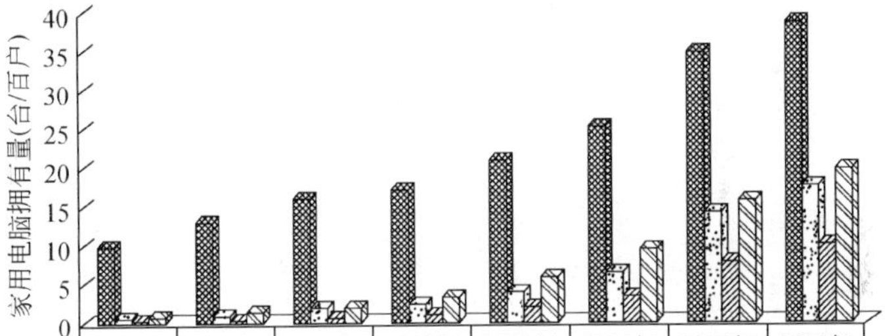

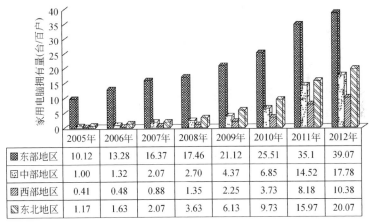

	2005年	2006年	2007年	2008年	2009年	2010年	2011年	2012年
东部地区	10.12	13.28	16.37	17.46	21.12	25.51	35.1	39.07
中部地区	1.00	1.32	2.07	2.70	4.37	6.85	14.52	17.78
西部地区	0.41	0.48	0.88	1.35	2.25	3.73	8.18	10.38
东北地区	1.17	1.63	2.07	3.63	6.13	9.73	15.97	20.07

图 4-10　中国各地区农村家用电脑拥有量变化图

资料来源：国家统计局，2006 ~ 2013

除家用电脑之外，目前网络接入的另一终端设备就是移动电话，图 4-11 显示了 2005 ~ 2012 年，各地区农村居民移动电话拥有量的变化情况。从空间特征看，虽然移动电话拥有量依然是从东向东北、中部和西部递减，但其差异却有变小的趋势。移动电话具有成本低廉的优势，所以中西部地区农村信息化推进中可以考虑通过移动电话无线接入互联网络的方式。Ntaliani 等（2006）曾提出，以移动电话作为终端可以实现农村信息化管理与服务，尤其是政府对农业信息的管理与服务。

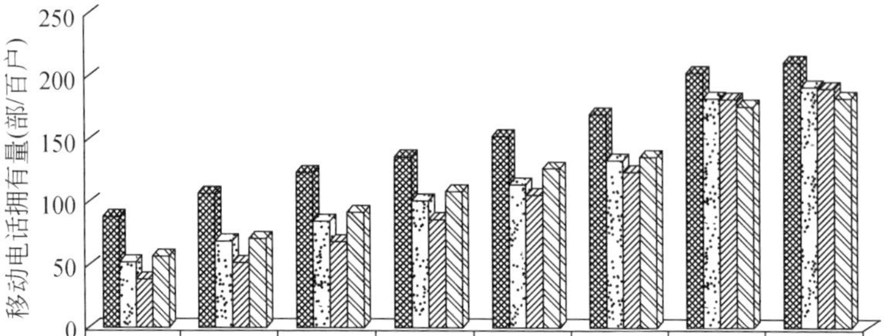

	2005年	2006年	2007年	2008年	2009年	2010年	2011年	2012年
东部地区	90.10	108.91	125.43	138.16	154.61	171.77	204.49	213.81
中部地区	54.03	70.35	86.63	101.27	116.51	135.42	184.77	193.97
西部地区	40.68	52.00	69.81	87.21	107.13	124.91	184.72	193.85
东北地区	59.23	73.33	93.40	109.77	128.77	138.57	179.00	185.77

图 4-11　中国各地区农村居民移动电话拥有变化图

资料来源：国家统计局，2006 ~ 2013

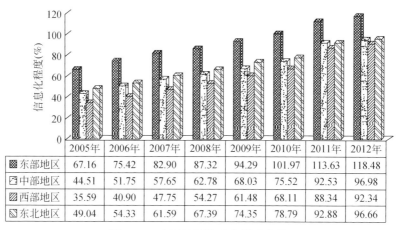

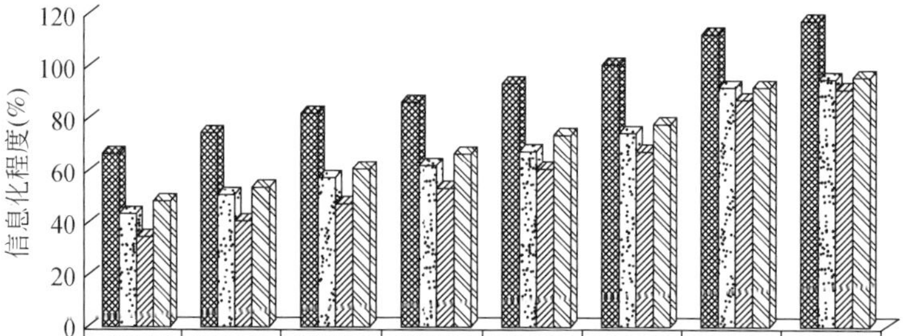

	2005年	2006年	2007年	2008年	2009年	2010年	2011年	2012年
东部地区	67.16	75.42	82.90	87.32	94.29	101.97	113.63	118.48
中部地区	44.51	51.75	57.65	62.78	68.03	75.52	92.53	96.98
西部地区	35.59	40.90	47.75	54.27	61.48	68.11	88.34	92.34
东北地区	49.04	54.33	61.59	67.39	74.35	78.79	92.88	96.66

图 4-12　农村地区信息化程度变化

资料来源：根据《中国统计年鉴》（2006 ~ 2013 年）数据计算

图 4-12 显示了从 2005 ~ 2012 年，东部、中部、西部与东北地区部农村信息化程度均有较大提高，从总体发展程度看，是由东部、中部、东北、向西部地区依次递减，但是从信息化增长速度看，西部地区最快，为 61. 46%，其次是中部地区，为 54. 10%，东北地区为 49. 27%，而东部地区为 43. 32%，在中西部地区快速的增长的态势下，农村信息化程度的大区域差异会逐步缩小。从总体信息化程度看，近几年各地区均为增长趋势，区域差异依然明显，但从增长速度看，中西部地区超过东部地区。

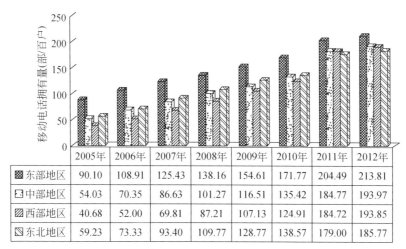

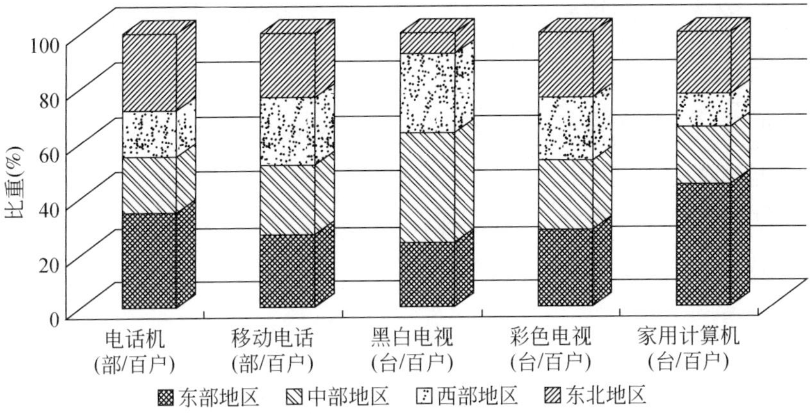

图 4-13　2012 年年底中国各地区农村信息基础设施拥有情况

资料来源：国家统计局，2013

从农村互联网普及率和农村网民分布比例的区域差异（表 4-10）看，东部、中部、西部地区差异均非常明显。近 6 成的农村网民都在东部农村地区，而互联网普及率东部地区比中西部地区高出 10 个百分点，中西部地区农村在互联网发展中的劣势明显。

表 4-10　东中西部农村互联网普及率及网民的分布

年份	项目	东部地区	中部地区	西部地区
2007	农村互联网普及率（%）	14.4	4.4	3.5
	农村网民分布比例（%）	63.8	20.8	15.3
2008	农村互联网普及率（%）	20.1	9.8	5.9
	农村网民分布比例（%）	55.3	28.7	16.0

注：2008 年农村互联网普及率为推算值

资料来源：CNNIC，2008，2009

总之，无论信息基础设施还是互联网的使用者，农村的宏观区域差异均非常显著。而且这种区域差异与中国农村经济发展的区域格局吻合，说明信息化发展与地区经济发展水平之间有紧密的相关关系。

（2）各省（市、区）农村信息化发展格局

大区域农村信息化发展的时空差异呈现了宏观区域格局的基本状况。为了更清晰地理解较小尺度的特征，本节以省为单元进行详细分解。目的是在宏观区域差异的基础上具体剖析地带内的差异特征，为深入探究农村区域信息化的时空特征奠定基础。

分析各省（市、区）农村信息基础设施赋存状况，同样将信息化指数作为标准。图 4-14 为 2000 年年底到 2012 年年底全国各省（市、区）农村信息化程度的发展变化情况。图中可见，各地区农村信息化整体呈现上升趋势，其中信息化程度年均增长率接近 17%。从信息化程度区域对比中可见，到 2012 年年底，农村信息化程度最高的为北京，而程度最低的为西藏。图 4-15 显示了各地区农村信息化年均增长率，其中西部各省区全部超过全国平均水平，说明中国西部农村信息化发展水平虽然落后，但其步伐在加快。

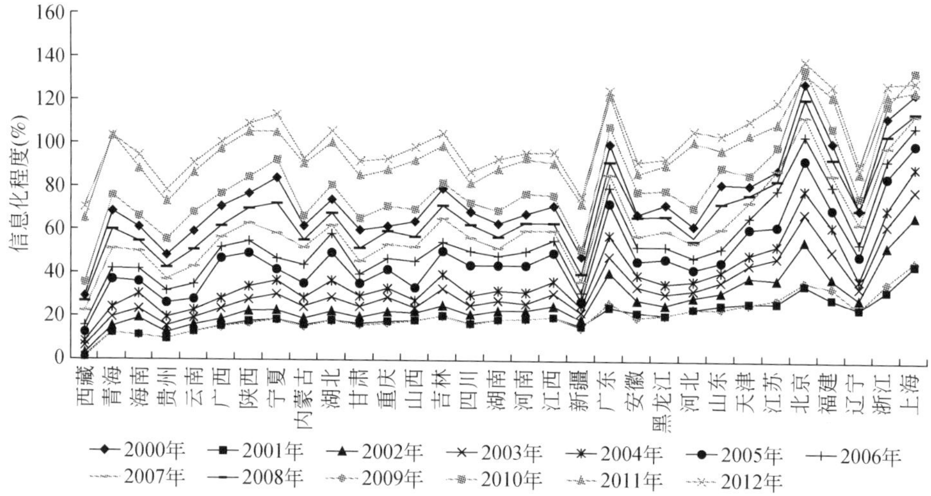

图 4-14　各省份农村信息化程度变化图

资料来源：根据《中国统计年鉴》（2001 ~ 2013 年）数据计算

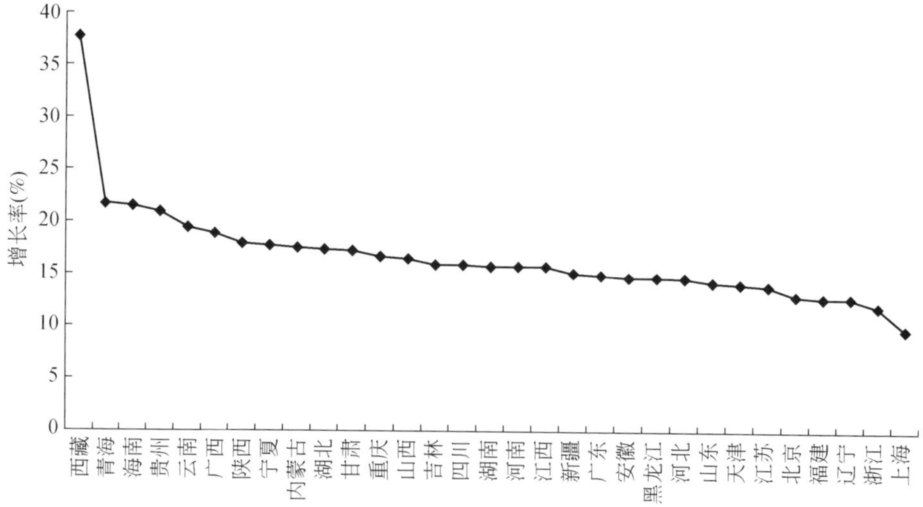

图 4-15　各省份农村信息化程度年均增长率

资料来源：根据《中国统计年鉴》（2001 ~ 2013 年）数据计算

通过分析可见，各省（市、区）间农村信息化差异的特征表现出几个特点：首先，基础设施拥有量的绝对差异大，其中家用电脑拥有量的差距最为显著。例如，到 2012 年年底，每百户家庭电脑拥有量最多的北京为 66.7 台/百户，而最少的西藏仅 0.5 台/百户，相差 133 倍多。除家用电脑外，其他基础设施差距相对较小。其次，信息化综合程度区域差异明显。从信息化程度综合排名看，最高的北京与最低的新疆相差两倍。最后，农村移动电话的拥有量直接影响区域信息化度。由于农村家用电脑拥有量非常有限，所以即便在信息化程度测算过程中赋予了其较高的权重，它对区域信息化程度的贡献依然有限，反而是移动电话的拥有量在测算中贡献突出。其中最突出的是宁夏，该地区 2012 年农村信息化程度为 113.24，全国排第 7 名，它的移动电话拥有量为 242.8 部/百户，而家用电脑拥有量仅为 14.9 台/百户。移动电话与信息化程度的相关系数农村地区为 0.96，而城市为 0.92（图 4-16）。可见在信息化程度测算中，农村不同于城市，其信息化程度更多地由移动电话拥有水平决定。所以在农村信息化的实际推进中，既要强调家用电脑的作用，又不能忽视移动电话对信息化发展的影响。

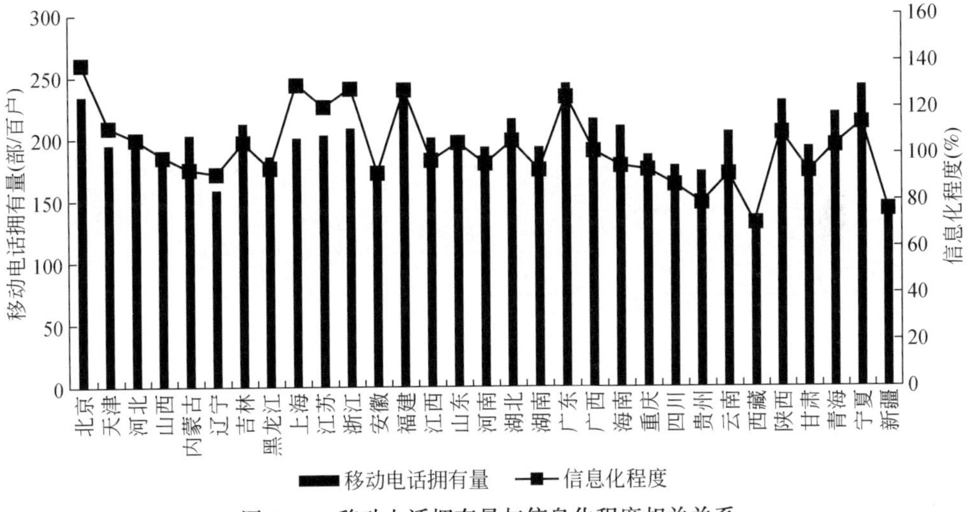

图 4-16　移动电话拥有量与信息化程度相关关系

资料来源：根据《中国统计年鉴》（2013 年）数据计算

（3）涉农网站的省域差异特征

除了基础设施的拥有情况，涉农网站建设是农村地区信息化发展水平的另一代表。网站发布了大量蔬菜、瓜果、树苗、畜禽、养殖等农业供求信息和相关经济、招商引资信息，成为农村居民获取涉农信息的重要渠道。中国涉农网站发展迅速，但所占比例较小，区域分布不均。据信息产业部统计，截至 2013 年年底，中国涉农网站达3.1万个，占总体网站的0.88%；并且农业信息服务站点主要集中在大中城市和东部沿海等经济发达地区，所以此类网站分布的区域差异显著。北京、浙江、上海、辽宁和河南为涉农网站数量排名前五位的省市，其总和占全国涉农网站总数的57.36%。

为进一步了解各省市涉农网站的拥有情况，本书根据ALEXA 2007年5月28日和ALEXA2013年1月24日的中国农业网站综合排名百强数据，对排名前100的涉农网站进行综合分析并进行时间对比（表4-11）。统计内容主要包括其版权单位的属性与所在省市，其中2007年排名26的畜牧市场杂志（http：//www.xmsc.com.cn）主页不是涉农网站，获得排名原因不详；排名43的中国养猪信息网（http：//www.zhuxinxi.com）找不到版权单位信息；排名87的云南花卉（http：//www.yunnan-flower.org.cn）网页打不开。

表4-11　2007年和2013年百强涉农网站地区分布

地区	涉农网站版权单位属性												地区总量	
	政府网站		公司		高校		行业协会		报刊		科研院所			
	2007年	2013年	2007年	2013年	2007年	2013年	2007年	2013年	2007年	2013年	2007年	2013年	2007年	2013年
北京	5	4	11	18	3	3	5	4	2	2	2	2	28	33
浙江	1		9	1							1	1	11	2
上海	1	1	5	4	1	1							7	6
江苏			4	2	2	1							6	3
辽宁	1	1	3	6	2	2							6	9
黑龙江	1		2		2	2	1						6	2
河南			6	4				1					6	5
山东	2	1	1		2	1				1		1	5	4
河北			2	1	1	1	1						4	2
安徽	1	1	1	1	1	1							3	3
广东				2	1	1		1			1		2	5
广西	1	1	1	1									2	2
湖北	1	1			1	2							2	3
湖南	1	1		1	1	1							2	3
云南	1	1	1	1		1							2	3
福建	1			1									1	1
江西					1	1							1	1

续表

地区	涉农网站版权单位属性												地区总量	
	政府网站		公司		高校		行业协会		报刊		科研院所			
	2007年	2013年	2007年	2013年	2007年	2013年	2007年	2013年	2007年	2013年	2007年	2013年	2007年	2013年
陕西					1	1							1	1
重庆		1			1	1							1	2
四川				3	1	1							1	4
吉林						1								1
内蒙古						1								1
山西						1								1
甘肃						1								1
新疆						2								2
合计	17	13	46	47	21	27	7	6	2	3	4	4	97	100

资料来源：根据 ALEXA 2007 年 5 月 28 日、2013 年 1 月 24 日的中国农业网站综合排名汇总

本书最后用 197 个有效网站进行统计，发现 75% 的百强网站仅分布在 10 个省（市、区），区域集中性很强；同时发现，百强涉农网站在各省市的数量分布在 5 年内发生了变化，如浙江、江苏、上海的网站数量降低，辽宁、四川、广东的数量上升，新疆、甘肃、内蒙古等地区也加入到百强涉农网站的省份中。作者用两次统计结果与地区收入进行分析，得出涉农网站地区分布总体上与地区农民人均纯收入成正相关（图 4-17），如网站排名靠前的北京、浙江、江苏、上海等与农村人均纯收入排名基本一致；但也有明显的例外，如农民人均纯收入分别排名第 4 位和第 7 位的天津和福建的百强网站个数分别为 0 个和 1 个；而农民人均纯收入较低的河南和黑龙江，百强网站拥有排名分别为第 5 名和第 8 名。可见涉农网站的区域发展与农村人均纯收入虽然相关，但应该有更多其他因素的影响，如地区农业高校、农业科研机构分布情况，农村行业协会发展情况等。这些因素都是造成地区涉农网站分布不均的原因，但每种因素的具体影响程度需进行深入的探讨。

4.4.3 农村信息化时空特征

农村信息化时空特征旨在剖析不同空间尺度农村信息化的发展过程。在空间尺度选择上，首先，分析城乡信息化差异，因为城乡之间信息化差异是社会信息化建设中最明显的宏观区域特征；其次，本书以东部、中部、西部和东北地区区

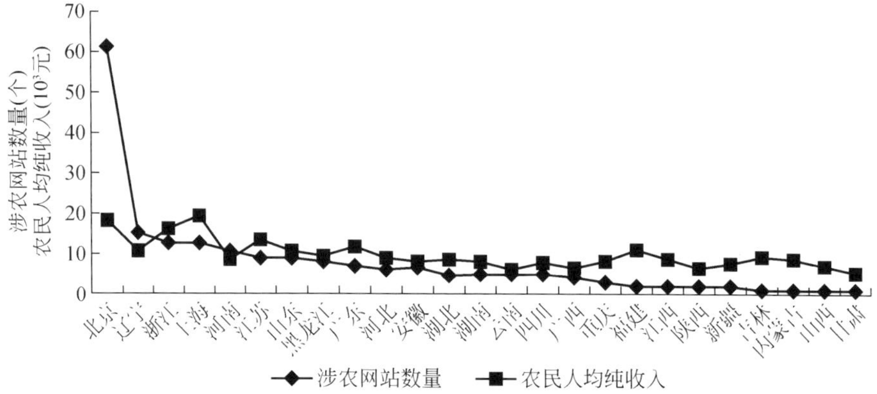

图 4-17　中国农业网站百强地区分布与农民人均纯收入关系示意图

涉农网站数据根据 ALEXA 2007 年 5 月 28 日和 2013 年 1 月 24 日的中国农业网站综合排名汇总

资料来源：国家统计局，2013

域差异分析为基础，以省域差异分析为重点，来刻画中观尺度的差异特征。

当今互联网对信息化建设的作用日益加强，并正成为主要的影响因素，所以在衡量信息化区域差异指标的选取上，本书主要突出了与互联网应用密切相关的几个因素作为区域差异的衡量标准。例如，从基础设施、涉农网站和网民需求三个视角分析农村信息化的区域发展。

宏观层面上，信息化城乡差异明显，但有缩小趋势。一方面，在信息化程度上，城乡差异 2006 年达到极值，此后几年，差异在缩小；另一方面，城乡网民虽然在总量上差异还很大，但农村网民增长速度已经远远超过城市。在大的分区上，城市信息化呈东部、中部、西部与东北地区依次递减，其中东北地区的城市信息化程度最低。而农村信息化程度不同，呈现东部、东北向中西部地区递减的趋势，东北地区农村信息化发展程度较高。所以城乡信息化差异东部地区最小，西部地区最大。最后，从省级行政区看，宁夏的城乡差异最小，是高农村信息化程度低城市信息化程度的代表；贵州、西藏和广西等地区的城乡差异最大，此类地区城乡信息化程度分别低于全国平均值的地区，是信息化落后的代表。总之，城乡数字鸿沟依然很明显，但正呈缩小趋势，信息化的城乡差异也跟经济发展的城乡差异一样呈现倒“U”型曲线。

在农村地区内部，无论信息化发展程度还是互联网的使用者，依然是东部、东北、中部向西部地区依次递减，但是从信息化增长速度看，西部地区最大，而且这种区域差异与中国农村经济发展的区域格局吻合，说明信息化发展与地区经济发展水平之间紧密的相关关系。在农村信息化程度的影响因素中，移动电话的作用突出。由于农村家用电脑拥有量非常有限，所以其信息化程度更多的由移动电话拥有水平决定。在涉农网站方面，作者发现其区域集中性很强。同时发现，涉农网站地区分布总体上与农民人均纯收入成正相关，但也有明显的例外，它还受到地区农业高校、农业科研机构分布情况，农村行业协会发展情况的影响。

宏观和中观尺度的时空特征分析勾勒了农村信息化发展的大致轮廓，如何从较微观的尺度解释信息通信技术在农村的发展程度及其对农村空间组织的影响是本书的研究重点。

4.5 农村信息化影响因素定量分析

4.5.1 农村信息化空间作用的影响因素及影响机理

信息化空间作用的强弱取决于农村地区信息基础设施的配备水平与居民的使用特征两方面。从供给上看，政府政策的推动与信息基础设施的配备水平作用明显；从需求方看，农村居民的收入水平与受教育程度相关性明显。因此，农村信息化空间作用的影响因素与影响机理应该从供给因子与需求因子两方面衡量。

(1) 农村信息基础设施建设水平与区域经济发展水平

信息基础设施投入是指农村地区在发展信息化时主要的硬件建设投入。信息基础设施的投入直接决定了区域信息化发展的进程，是制约区域信息化程度的重要因素。从理论上讲，假设其他条件相同，那么地区信息基础设施投入越多，建设水平越高，则信息化对区域的影响越大。

另外，农村信息基础设施建设与区域经济发展水平之间关系紧密，良好的区域经济环境是信息化持续、快速发展的基础。因为，从理论上看，区域经济发展水平是基础设施投入的重要影响因素，一般来说，区域经济发展水平越高，信息基础设施的投入越多，反之，区域经济落后则会制约信息基础设施的投入与建设水平。

(2) 农村信息化政策与各级政府实行效果

农村信息化政策主要包括政府宏观政策制定与相关企业对信息化推进的具体政策与措施。政府是农村信息化推进的主导力量，政府部门通过制定各项宏观政策决定农村信息化的发展方向和重点。同时政府部门还可以通过协调组织带动相关企业参与农村信息化建设。例如，为让农村信息化服务惠及广大农村居民，政府主管部门和电信运营企业积极推进自然村通电话和行政村通宽带工程，电信运营商为广大农村地区提供了资费优惠政策，从而客观上推动了这些地区的信息化程度。这些政策措施的制定为农村信息化推进提供了基础与保障。政策措施的制定是农村信息化发展的前提，而各级政府部门对政策的推行效果则直接影响地区信息化程度。

(3) 农村居民人均纯收入与网民规模

在中国 GDP 保持快速发展的同时，农村居民人均纯收入也逐渐提高，从 2001 年的 2 366 元/年，增长到 2012 年的 7 917 元/年。农民经济收入水平的高低对信息基础设施的拥有量和互联网使用者规模具有直接影响，如随着农村居民收入水平的提高，家用电脑拥有量和农村网民规模都在增加（表 4-12、表 4-13）。快速增长的农村网民日益成为互联网用户的重要组成部分。截至 2013 年年底，农村网民规模已达 17 662 万人，占总体网民的 28.6%，农村互联网网民持续快速发展。

表 4-12　城乡居民收入水平与家用电脑拥有量

年份	农村居民		城镇居民	
	人均纯收入（元）	电脑拥有量（台/百人）	人均可支配收入（元）	电脑拥有量（台/百人）
2001	2 366	0.7	6 859.6	13.3
2002	2 476	1.1	7 702.8	20.6
2003	2 622	1.4	8 472.2	27.8
2004	2 936	1.9	9 421.6	33.1
2005	3 255	2.1	10 493	41.5
2006	3 587	2.73	11 759	47.2
2007	4 140	3.7	13 785.8	53.8
2008	4 761	5.4	15 781	59.3
2009	5 153	7.5	17 174.7	65.7
2010	5 919	10.4	19 109.4	71.2
2011	6 977	18.0	21 809.8	81.9
2012	7 917	21.4	24 564.7	87.0

资料来源：国家统计局，2001～2013

表 4-13　城乡网民规模

年份	城市		农村	
	网民规模（万人）	所占比例（%）	网民规模（万人）	所占比例（%）
2005	9 169	82.6	1 931	17.4
2006	11 389	83.1	2 311	16.9
2007	15 738	74.9	5 262	25.1
2008	21 340	71.6	8 460	29.4
2009	27 725	72.2	10 681	27.8

续表

年份	城市		农村	
	网民规模（万人）	所占比例（%）	网民规模（万人）	所占比例（%）
2010	33 246	72.7	12 484	27.3
2011	37 713	73.5	13 579	26.5
2012	40 834	72.4	15 566	27.6
2013	44 095	71.4	17 662	28.6

资料来源：CNNIC，2008～2013

农村信息化快速增长的同时也存在较大的区域差异，居民收入水平是造成差异的主要原因。从城乡对比看农村居民收入水平低，信息基础设施拥有量少，网民规模有限。截至 2012 年年底，中国农村家庭的年均纯收入为 7 917 元，仅占城市居民的 32%；家用电脑普及水平仅为 21.4%，而城市达到 87%；城乡网民规模差距显著。可见收入水平仍然是农村信息化发展的瓶颈，是制约农村居民使用信息化手段与服务的重要原因。网民规模除了存在城乡差异外，农村内部区域间差异也十分明显，并且农村网民的区域差异与区域经济的地域分布一致（表 4-14），再次证明了经济发展水平与信息化发展的密切关系。

表 4-14　2007 年农村网民与互联网普及率地区差异

项目	东部地区	中部地区	西部地区
农村网民比例（%）	63.8	20.8	15.3
城镇网民比例（%）	58.5	22.6	18.9
农村互联网普及率（%）	14.4	4.4	3.5
城镇互联网普及率（%）	33.0	21.0	23.1

资料来源：CNNIC，2008

可以肯定，农村居民纯收入与农村网民规模是农村信息化建设中相互促进的影响因素，它们之间在往复循环中相互促进，同时推进区域农村信息化的水平。

（4）农村信息化程度与居民意识及受教育程度

农村居民信息基础设施条件是信息化发展水平的外部原因，而居民对信息通信技术的需求意识和使用素养则是制约信息化程度的内在原因。

农村居民的受教育程度和学历结构是影响信息通信技术功能使用的重要因素，也是制约农村居民对信息化认知与服务使用的重要因素。从农村互联网发展报告中可以看出，农民不上网的原因之一是不懂电脑或网络，这与非网民的受教育程度密切相关。即使是网民，其文化水平与城市相比也存在较大差异（表 4-15）。农村信息化的发展，不仅需要政府政策的支持与信息基础设施的配备，更需要农村居民对信息化提高需求与认知。农村居民对信息化需求和认知的改变与农民的受教育程度密切相关。

表 4-15　农村网民与城镇网民的学历结构对比

网民	学历结构（%）				
	小学及以下	初中	高中	大专	大学本科及以上
城镇网民	9.3	31.7	32.0	13.2	13.8
农村网民	17.2	45.5	29.6	3.1	4.8

资料来源：CNNIC，2013

农村居民受教育程度提高有助于增强信息化的认知从而提升对它的需求水平，故居民素质是农村信息化推进的重要内因。

(5) 农村产业结构的构成与信息化服务应用

如果说农村信息基础设施的配备、农村收入水平和农民信息意识为信息化空间作用提供了影响广度（总量）的可能，那么农村地区产业结构构成与信息化服务的应用则反映了其空间作用的深度（质量）。农村产业构成的变化可以影响信息化服务的结构与功能，并进一步影响信息化的效率，即空间作用的结果。

农村产业结构能够反映其经济发展程度，也能体现农村生产力的发展水平（陆大道，2003）。改革开放以来，农村产业结构一直向着农业比重下降，非农产业比重大幅度上升的趋势变化。对于传统农区，农村产业结构优化的核心是加快农村工业化发展，同时加大服务行业的立足。在这些地区，农村工业化发展主要以深化农产品加工，延长农产品产业链为核心；而对于农村的服务性行业则以快速推进农村社会保障服务体系为主。所以在信息服务应用方面会从单纯的农业生产信息通信技术应用向农产品生产、加工和销售整个链条延伸；社会服务保障方面则会通过信息通信技术应用加速社会服务均等化过程。

农村产业结构的优化可以深化信息化服务的应用，从而使信息服务更好地为农村区域经济发展服务。具体可以理解为，农村第一产业、第二产业、第三产业配比合理性的提高可以加大对信息服务的需求，同时加深信息化服务的应用；信息化服务应用水平的提高反过来可以刺激农村产业结构的优化，最终达到推动农村社会经济的发展。

以上只是从理想化角度探讨了农村产业结构优化与信息服务应用双向良性互动的机制，如果地区产业结构或信息通信技术应用之间不是双向优化互动的，如区域产业结构优化而信息化服务提供不足，或者信息化服务供应良好而产业结构不合理，则会影响农村地区发展与信息化作用的良性循环，那么通过信息化服务促进城乡协调发展的目的则很难达到。

(6) 影响因素及影响机理的综合分析

通过影响因素及影响机理的分析可以看出，农村信息化空间影响的大小主要受信息化供给水平与需求水平以及供给与需求之间相互协调水平的制约。影响信息化供给与需求的因子可以总结为总量因子、质量因子、结构因子、功能（效率）因子，这些因子之间相互作用与协调的程度决定了供给与需求的协调程度的高低，并最终导致农村信息化空间影响的程度。反过来，农村信息化空间影响的程度又可以反作用于信息化的供给与需求的规模、水平。如此不断往返形成供给—需求—信息化空间作用之间的循环系统（图 4-18）。

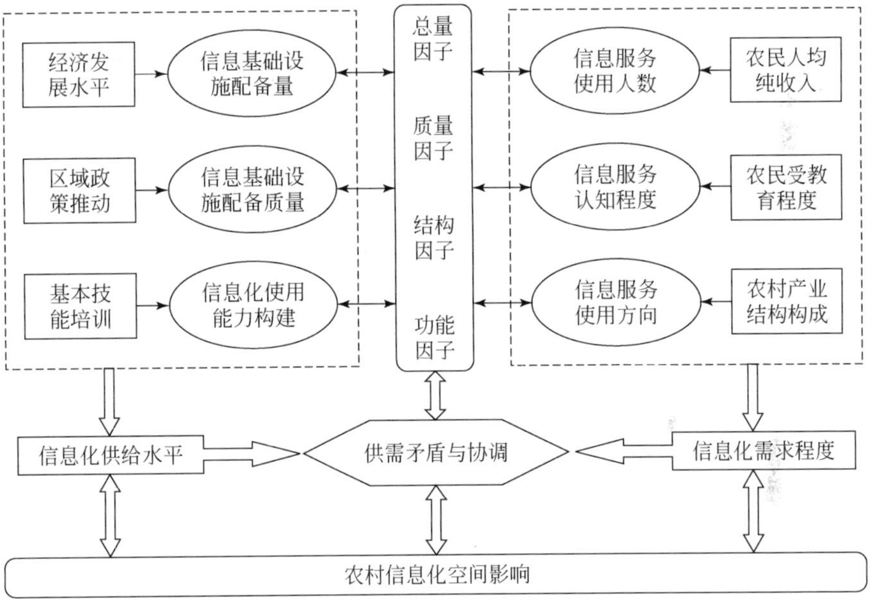

图 4-18　农村信息化空间作用影响因素与影响机理综合分析图

这里对影响农村信息化程度的因素进行量化分析，主要是为了揭示不同地区农村信息化程度差异的原因及其规律，在第 3 章，主要对农村信息化影响因素进行了理论分析。此部分将在理论分析的基础上，选取农村信息化影响因素的解释变量和被解释变量从定量的角度具体剖析。

4.5.2　农村信息化程度与各影响因素的相关关系

这里侧重于探讨农村信息化程度与各影响因素之间的关联关系，因此选取 2000 ~ 2007 年中国农村居民受教育程度、产业结构构成、农村居民人均纯收入作为解释变量，而将农村信息化程度作为被解释变量。

各项指标的来源，产业结构构成中，选取各次产业的国内生产总值作为衡量指标；农村居民受教育程度选取小学程度、初中程度、高中程度、中专程度和大专及以上程度劳动力所占比重为指标。农村居民信息化程度依据前面的计算。指标的构成见表4-16。指标数据主要根据《中国统计年鉴》与《中国农村经济年鉴》中统计数据进行计算。

表4-16　农村信息化程度影响因素

项目	序号	变量解释	变量
被解释变量	Y_1	家用电脑拥有量（台/百户）	农村信息化程度（Y）
	Y_2	移动电话拥有量（部/百户）	
	Y_3	固定电话拥有量（部/百户）	
	Y_4	电视机拥有量（台/百户）	
解释变量	X_1	农村人均纯收入（元）	农村居民收入状况
	X_2	第一产业产值（亿元，当年价）	国内生产总值构成
	X_3	第二产业产值（亿元，当年价）	
	X_4	第三产业产值（亿元，当年价）	
	X_5	小学文化程度居民比重（%）	农村居民受教育程度
	X_6	初中文化程度居民比重（%）	
	X_7	高中文化程度居民比重（%）	
	X_8	中专文化程度居民比重（%）	
	X_9	大专及以上文化程度居民比重（%）	

这里使用数据处理系统（data processing system，DPS）对农村信息化程度与各变量的相关关系进行计算。在相关关系计算中，显著水平 $p<0.01$，各因素的相关关系见表4-17。由计算结果可见，居民受教育程度中小学文化文化程度所占比例与农村信息化程度成反相关。说明农村信息化程度与低文化水平居民的占有率之间明显的反比关系。农村信息化程度与其他指标间的相关性均非常显著。在产业结构构成中，第一产业、第二产业、第三产业的国内生产总值状况与农村信息化程度的相关系数均为0.99，说明农村信息化发展与区域各次产业间的关系密切，同时也极容易受产业结构变化的影响。在农村居民的受教育程度中，农村信息化程度与初中程度的居民间相关性最高，相关系数达到0.98，说明农村具有初中文化程度的居民是推动农村信息化程度最重要的群体。这与农村网民中初中文化程度网民占绝大多数（42.3%）的结论一致。

表 4-17 农村信息化影响因素相关系数

变量	农村居民收入	国内生产总值构成			农村居民受教育程度					农村信息化程度
	X_1	X_2	X_3	X_4	X_5	X_6	X_7	X_8	X_9	Y
X_1	1.000	0.99	1.00	1.00	-0.97	0.95	0.98	0.96	0.99	0.98
X_2		1.000	0.99	0.99	-0.96	0.94	0.98	0.94	0.97	0.99
X_3			1.000	1.00	-0.98	0.96	0.98	0.96	0.99	0.99
X_4				1.000	-0.98	0.96	0.98	0.97	0.98	0.99
X_5					1.000	-0.99	-0.96	-0.98	-0.9	-0.99
X_6						1.000	0.93	0.98	0.95	0.98
X_7							1.000	0.97	0.97	0.97
X_8								1.000	0.96	0.97
X_9									1.000	0.97
Y										1.000

4.5.3 农村信息化程度与各影响因素的回归关系

为进一步衡量各影响因素在信息化程度中所起作用，作者应用偏最小二乘回归（partial least square，PLS）对以上变量进行计算，以取得各影响因素间的函数关系。偏最小二乘回归提供了一种多对多线性回归建模的方法，与传统多元线性回归模型相比，它具有以下优点：①能够在自变量存在严重多重相关性的条件下进行回归建模；②允许在样本点个数少于变量个数的条件下进行回归建模；③偏最小二乘回归在最终模型中包含原有的所有自变量；④在偏最小二乘回归模型中，每一个自变量的回归系数将更容易被解释。因为本书的数据变量之间存在多重相关并且数据样本不大，因此本书采用偏最小二乘回归方法来分析农村信息化与各影响因素之间的关系。

PLS 回归建模的基本思路如下：首先根据被解释变量 Y 与解释变量集合 $X=(X_1, X_2,\cdots, X_p)$ 的相关结构提取一个成分 t_1，要求其既应尽可能多地携带 X 中的变异信息，又与 Y 的相关性达到最大；在此基础上分别实施 X 和 Y 对 t_1 的回归，如果回归估计已经达到满意的精度，则算法终止；否则，利用 X 被 t_1 解释后的残差矩阵与 Y 被 t_1 解释后的残差向量进行第二轮的成分提取；如此反复直至达到一个较满意的精度为止。如果最终对 X 共提取了 m 个成分 $t_1, t_2,\cdots, t_m$（有 $m<p$ 且彼此直交），则施行 Y 对 $t_1, t_2,\cdots, t_m$ 的回归，再转换表达成关于原变量 X 的回归方程。该方法综合了多元线性回归分析、主成分分析与典型相关分析的基

本功能，既可包含原有的全部解释变量，从而最大限度地利用数据信息，又可消除多重共线性问题，保证较高的预测精度。

首先将数据标准化，然后使用 DPS 中偏最小二乘回归进行计算。根据计算结果，得其回归方程为

$$Y = 0.122\,252 + 0.113\,288X_1 + 0.112\,388X_2 + 0.111\,017X_3 + 0.116\,971X_4 - 0.109\,250X_5 + 0.103\,229X_6 + 0.122\,228X_7 + 0.119\,448X_8 + 0.106\,240X_9 \tag{4-4}$$

回归方程进一步说明农村信息化程度与农村小学程度劳动力比重成反向变化关系，而与其他变量成正向变化关系。从各影响因素系数看，高中文化程度居民比重（X_7），中专文化程度居民比重（X_8），农村人均纯收入（X_1）三项指标的系数较大，说明这些变量中高文化程度居民的比重和居民收入水平对信息化的影响程度高，其中高中程度居民的比重影响最大。说明居民的文化水平对农村信息化程度的影响最大。

4.5.4 信息基础设施与影响因素间的回归关系

为分析信息化程度四个影响因素与各变量之间的关系，分别将家用电脑拥有量（Y_1）、移动电话拥有量（Y_2）、固定电话拥有量（Y_3）、电视机拥有量（Y_4）与各变量进行回归分析，最终结果得到下列回归方程。

$$Y_1 = 0.085\,964 + 0.108\,454X_1 + 0.107\,160X_2 + 0.105\,673X_3 + 0.111\,376X_4 - 0.101\,258X_5 + 0.094\,483X_6 + 0.117\,631X_7 + 0.111\,672X_8 + 0.100\,661X_9 \tag{4-5}$$

$$Y_2 = 0.069\,971 + 0.117\,845X_1 + 0.116\,163X_2 + 0.115\,334X_3 + 0.120\,778X_4 - 0.112\,551X_5 + 0.106\,001X_6 + 0.126\,266X_7 + 0.122\,790X_8 + 0.111\,383X_9 \tag{4-6}$$

$$Y_3 = 0.237\,244 + 0.107\,040X_1 + 0.107\,255X_2 + 0.105\,496X_3 + 0.112\,456X_4 - 0.106\,968X_5 + 0.102\,357X_6 + 0.116\,961X_7 + 0.117\,275X_8 + 0.099\,596X_9 \tag{4-7}$$

$$Y_4 = 1.047\,819 + 0.029\,549X_1 + 0.049\,080X_2 + 0.031\,489X_3 + 0.049\,509X_4 - 0.045\,796X_5 + 0.048\,225X_6 + 0.050\,857X_7 + 0.052\,769X_8 + 0.004\,400X_9 \tag{4-8}$$

从式（4-5）~式（4-8）中看出，家用电脑拥有量（Y_1）、移动电话拥有量（Y_2）、固定电话拥有量（Y_3）、电视机拥有量（Y_4）各单项指标均与小学文化程度居民比重（X_5）呈反向变化关系，只是不同指标的变化程度有差异。

在式（4-5）中，影响家用电脑拥有量的因素主要是X_7、X_8，说明农村居民文化程度构成对家用电脑拥有影响大，而农村居民收入水平的影响程度小于文化水平的影响力。式（4-6）和式（4-7）中，移动电话、固定电话拥有量受文化程度影响与受居民收入水平影响相当。在式（4-8）中，Y_4与居民收入间系数很小，说明电视机已经成为居民日常较普通的消费品之一，受收入影响不大。并且电视机拥有量与X_5反向变化幅度小，说明低文化程度与农村电视机拥有关系不大；同时从式（4-8）中还可以看到，大专及以上文化程度居民比重（X_9）与Y_4间的系数非常低，说明文化程度高低与电视机拥有量的相关关系很小。回归结果与事实相符。

第 5 章　典型农区农村信息化发展特点

本书第 3 章主要从理论上阐述农村信息化空间影响的概念、基本内涵、研究意义和研究框架，并分析了农村信息化的影响因素及影响机理。第 4 章则具体分析了中国当前农村信息化宏观发展格局，并对各影响因素进行了量化分析。理论分析需要典型区域的实证支撑。本章选取华北平原典型农区——河北省无极县作为案例区域，在定性描述近 10 年来无极县农村信息化建设的基本过程基础上，通过分析覆盖全县 11 个乡镇 213 个行政村的问卷，详细刻画了无极县农村信息化发展水平及其时空特征。旨在为探寻信息化建设与农村社会经济空间相互作用关系奠定基础。本书资料来自对河北省无极县的实地调查，其中包括 1 400 份农村居民问卷、1 500 份中学生问卷以及对县域范围内农村企业及合作组织等的访谈。

5.1　典型研究区域的选取

5.1.1　无极县概况

无极县位于河北省中南部，总面积 524 平方千米（图 5-1、图 5-2）。无极县下辖无极、张段固、北苏、七汲、郭庄、大陈 6 个镇；东侯坊、郝庄、高头、里城道、南流 5 个乡，213 个行政村（图 5-3）。

全县总人口 48.7 万人，人口密度 930.3 人/平方千米，耕地 34 646.67 公顷，人均耕地面积 1.07 亩[①]/人。县政府驻地无极镇，位于县城中部，西距京广铁路无极站 35 千米，南距石德铁路贾村站 15 千米，西南距河北省省会石家庄市 54 千米，东北距首都北京市 275 千米。

无极县是传统农业大县，种植业和畜牧业发展迅速，1992 年被国务院确定为全国首批秸秆养牛示范县，1998 年列入中国-欧盟奶类项目区，1999 年成为国家商品瘦肉型猪基地县。

① 1 亩≈666.7 平方米。

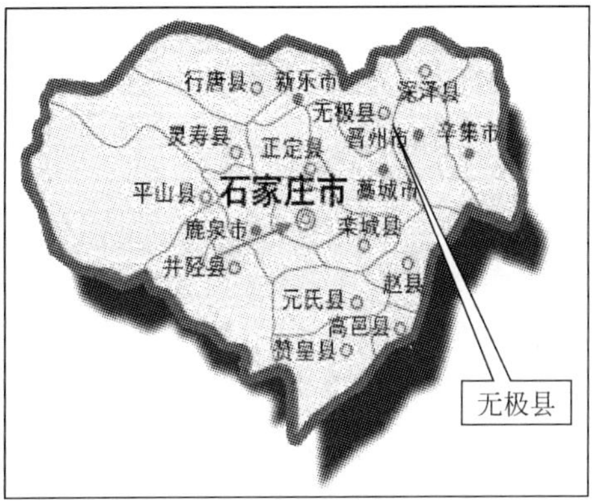

图 5-1　无极县位置示意图

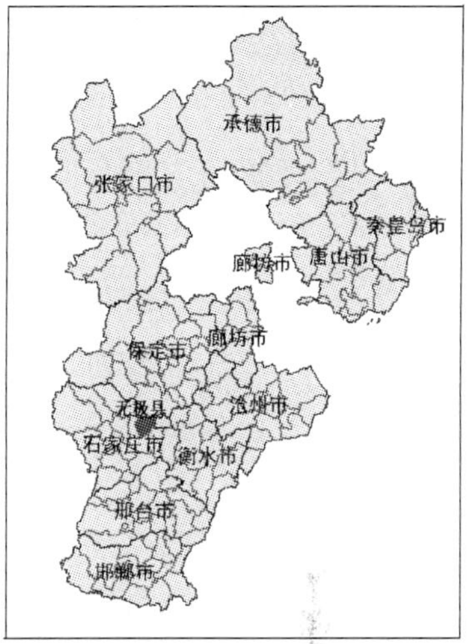

图 5-2　无极县地理位置示意图

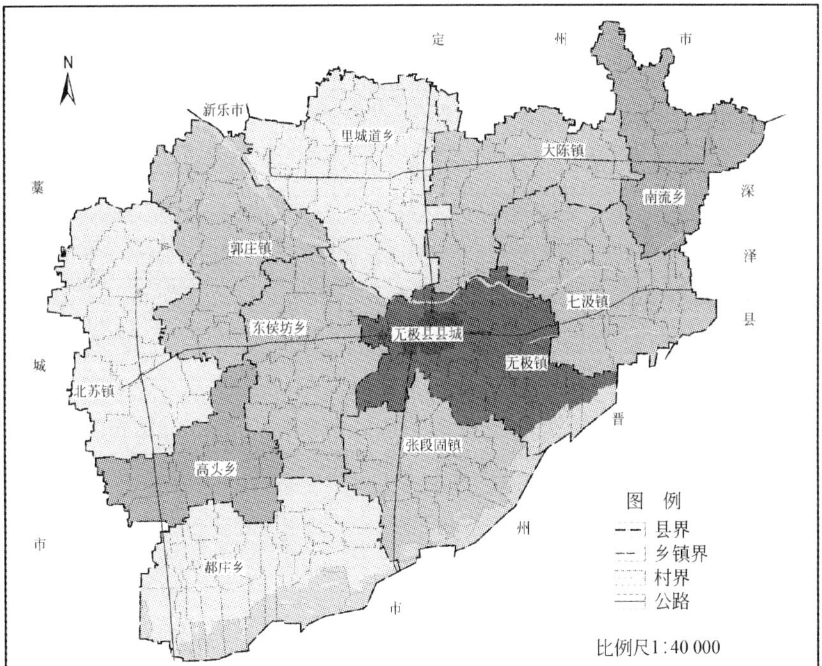

图 5-3　无极县行政区划图

近年来，无极县积极实施“工业立县，项目兴县”发展战略，全力推动县域经济跨越式发展和社会全面进步。无极县工业支柱产业——制革业在全国市场占有率达 4.9%，使其成为全国最大成革加工基地。

从社会经济发展看（表5-1），2007年，全县国内生产总值86.98亿元，人均国内生产总值达17 770元。其中第一产业11.24亿元，第二产业37.39亿元，第三产业20.18亿元。居民生活水平提高，城乡居民恩格尔系数均有明显下降，2007年城乡恩格尔系数分别为30%和40.3%，低于全国37.9%和43.7%的平均水平。

表5-1 无极县各乡镇构成及基础情况

乡镇名称	面积（平方千米）	人口（人）	建制村（个）	与县城距离（千米）	工农业总产值（万元）	镇政府所在地
无极镇	57	76 851	24	0	286 961	东关村
郭庄镇	43	43 636	22	10	243 159	郭庄村
张段固镇	51	40 916	20	8	314 419	张段固
大陈镇	42	31 297	13	9	137 685	大陈村
北苏镇	54	54 639	18	14	259 144	北苏村
七汲镇	54	41 584	20	6	167 802	七汲村
郝庄乡	55	37 786	19	16	341 433	郝庄村
里城道乡	44	40 411	19	7.5	134 116	里城道
南流乡	30	24 802	12	11.5	116 590	南流村
东侯坊乡	56	48 665	24	6	243 727	东侯坊
高头乡	32	33 722	15	10.5	157 658	高头村

资料来源：无极县人民政府，2008

由地理位置与行政区划可见，无极县地域范围全部为平原，没有特殊的资源禀赋，是对均一条件下经济空间差异演变和原因探讨的理想研究对象。符合区域经济发展的理想测度应采用内部具有最大均质性的地理单元为基础的要求。

5.1.2 典型的平原农业区

1. 农业发展概况

无极县是传统的农业大县，总人口48.3万人，其中农业人口44.2万人，耕地53万亩。无极县地处河北省中南部太行山山前平原，地势平坦，宜农宜林宜牧；全县土地开发利用率98.4%，耕地实际利用率和灌溉面积比例均高达100%；土地生产集约化程度高，利用率全省第一。优越的自然条件、生产条件和农业生产水平使之成为河北省重要农业区。

无极县是河北省粮、油、棉主要产区，被农业部确定为“国家商品粮基地县”和“国家优质粮生产基地县”。蔬菜业是近年发展起来的农业新兴产业，全县蔬菜播种面积突破12万亩，占种植业产值的31.4%，是种植业中仅次于粮食的第二大产业。其中设施蔬菜种植面积达到4万亩，韭菜–黄瓜茬口占95%以上，是我国北方地区面积最大的日光温室韭菜–黄瓜茬口生产基地。1999年被河北省农业厅认定为全省首批九大无公害农产品生产基地之一，在国家商标局注册了“绿风”牌商标。改革开放20多年来，无极县畜牧业取得长足发展，已经成为全县农村经济中的支柱产业和农民增收的重要途径。无极县畜牧业产值占农业总产值的49.1%。畜牧业产业化水平不断提高，涌现出石家庄广威农牧有限公司、无极县曙光禽业公司等一批龙头企业；形成以无极、东侯坊等乡镇为重点的蛋鸡，以北苏、高头、东侯坊、张段固为中心的奶牛，以高头为中心的肉牛，以北苏、郭庄、里城道、大陈为主体的瘦肉型猪四大养殖基地。

2. 农业发展优势

作者用农业优势指数具体分析无极县农业发展的地位。农业优势指数指地区间农业发展相对优势的衡量指标。农业优势指数指某地农业产值占该地GDP的比重与其他地域单元农业产值占该地域单元GDP比重的比值，计算公式为

$$A_{ij} = \frac{P_{ij}}{G_{ij}} \div \frac{P_i}{G_i}$$

式中，A_{ij}为i年j地农业优势指数；P_{ij}、G_{ij}分别为i年j地农业产值和GDP；P_i、G_i分别为i年与该地对比地域单元的农业产值和GDP。

$A_{ij}>1$反映该地农业在对比地域单元中具有比较优势。$A_{ij}<1$反映该地的农业在对比地域单元不具有优势。A_{ij}值的升降变化用以衡量某地农业生产的地位变化，值越高则说明该地农业生产在地区经济发展中的贡献越突出。

本书的农业优势指数分三级进行衡量。首先是测算无极县农业在全国农业发展中的优势，旨在宏观把握无极县农业在全国农业发展中的地位；其次是测算无极县农业在所属的河北省的优势度指数，旨在明确无极县在省域范围的农业发展优势；最后对比无极县与石家庄所辖县的农业发展优势度，试图通过横向对比把握当前无极县农业在市域范围的发展水平。通过纵横对比，旨在客观反映无极县农业发展优势。

根据农业优势指数的测算标准，得到表5-2。可见无极县从2000~2007年的农业优势指数在河北省和全国范围内均持续高于1，属农业显著优势地区。并且由测算结果可见无极县农业发展水平在全国范围内优势更突出。虽然近几年优势度有所下降，但依然可以说明无极县是河北省乃至全国主要的农业产区，其农业产值在地区经济发展中的贡献能力很强。

表 5-2 无极县农业优势指数变化

年份	无极县在河北省的农业优势度指数	无极县在全国的农业优势度指数
2000	1.55	1.67
2001	1.48	1.69
2002	1.47	1.67
2003	1.47	1.73
2004	1.26	1.47
2005	1.24	1.51
2006	1.19	1.44
2007	1.37	1.61

资料来源：根据《无极县统计年鉴》、《中国统计年鉴》、《河北省经济年鉴》相关资料计算

图 5-4 显示了石家庄所辖县（市）在省域范围的农业优势度指数。可见，石家庄大部分县市在河北省农业中的优势度指数均大于 1，说明石家庄是河北省典型的农业发达地区。而无极县农业发展优势度指数在石家庄市处于中等水平，故无极县农业发展在全市或全省均具有典型的代表意义。在以农业为主的平原农区，农村有着相似的自然条件与自然资源，又同样具有相似的社会发展水平，因

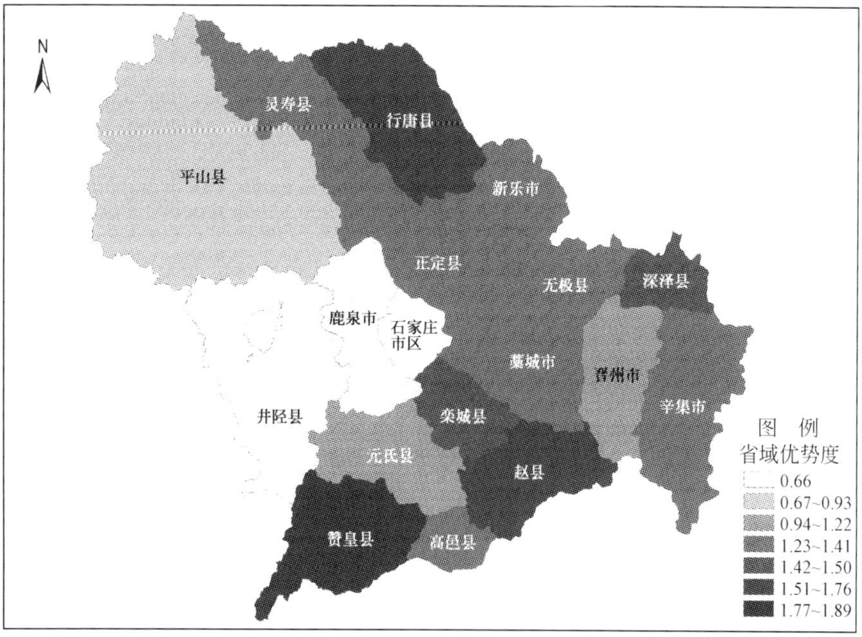

图 5-4 石家庄各县（市）农业优势度对比示意图

资料来源：根据《河北省经济年鉴》(2009 年）数据计算

此，可以推理无极县农村信息化发展在同等发展水平的县域单元具有典型的代表性。

5.1.3 新农村建设和信息化推进的重点区域

社会主义新农村建设是新时期落实科学发展观和寻求解决我国现代化进程中日益凸显的“三农”问题，以及实现统筹城乡协调发展、构建和谐社会宏伟目标的重大战略部署。新农村建设的目标是实现农业产业化、农村城镇化以及农民文明化。东部沿海地区农村现代化的发展方向与新农村建设的现实目标一致，是中国新农村建设的典型区域。

新农村建设中把解决“三农”问题作为建设和谐社会的重要组成部分，而农村信息化建设又作为解决“三农”问题的关键要素。2007 年 1 月 29 日下发的《中共中央国务院关于积极发展农业扎实推进社会主义新农村建设的若干意见》是改革开放以来中央第九个以农业为主题的一号文件，文件强调发展现代农业是社会主义新农村建设的首要任务，要用现代物质条件装备农业，用现代科学技术改造农业，提高农业水利化、机械化和信息化程度，将信息化程度的提升作为衡量现代科学技术改造农业、建设新农村的重要指标之一（电子政务编辑部，2008）。东部农村是中国农村工业化、城市化发展的先行区域，其工业化、城市化进程推动了农村产业结构和社会文化的演变。本地区乡村发展进入转型升级阶段，在全国率先基本实现现代化，新农村建设须率先推进（刘彦随，2007）。

河北省的农业优势指数在东部地区的持续走高，说明其农业发展在东部地区具有较高的比较优势。而无极县又是河北省典型的农业优势区域，所以无极县的新农村建设可以作为东部农区新农村建设的代表性区域，其信息化推进在同样具有很强的代表性。

5.2 近 10 年来无极县社会经济发展状况

无极县是河北省的农业大县，其县域社会经济发展状况与中国东部和中部平原农业区发展具有很大相似性，具有类似区域的代表性特征。典型农区县域社会经济特征主要通过地区经济发展总体水平，产业结构与就业结构转变等方面体现。

5.2.1 无极县经济发展水平总体特征

近 10 年来无极县经济发展进步较快，1998 年国内生产总值为 31.15 亿元，

2007 年国内生产总值达到 86.98 亿元。人均地区生产总值从 1998 年的 6 573 元达到 2007 年的 1.77 万元，增长 2.7 倍。但由于起点低，故人均地区生产总值始终落后于全国和全省的平均水平，如图 5-5 所示。从横向比较来看，2007 年无极县人均生产总值在石家庄 17 县市中处于第 11 位，属整体经济发展状况较差地区之一，如图 5-6 所示。

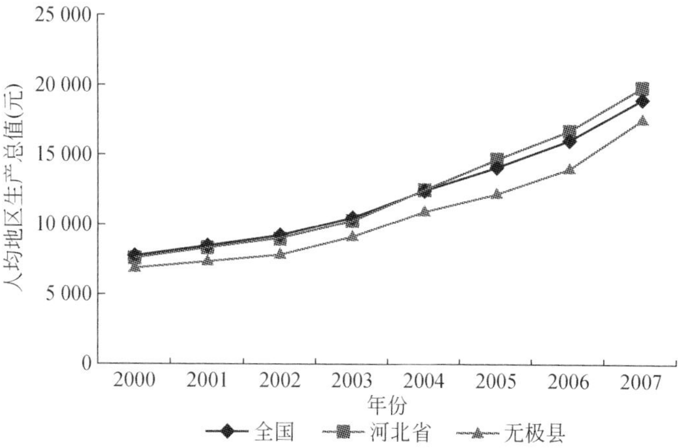

图 5-5　无极县人均国内生产总值总体情况

资料来源：无极县人民政府，2001 ~ 2008

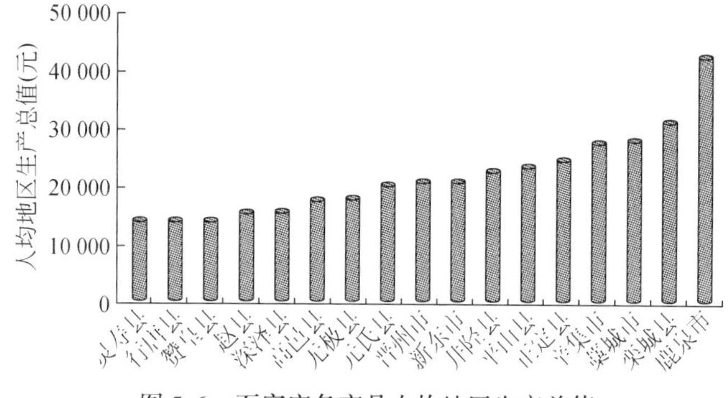

图 5-6　石家庄各市县人均地区生产总值

资料来源：河北省人民政府，2008

1998 ~ 2007 年无极县城镇化率均低于 18%，也就是说至少 80% 以上的人口生活在农村，所以农民的实际收入水平是反映研究单元经济水平的另一重要指标，本书以农民人均纯收入作为反映经济发展程度的另一指标。从图 5-7 可以看出，尽管无极县整体经济收入水平较低，然而农村居民人均纯收入却始终高于全国平均水平。从而再次证明无极县属典型农业县，农村经济发展在县域经济中地位突出。

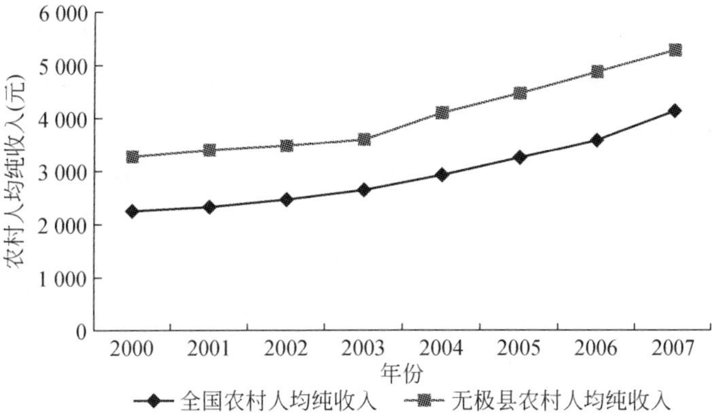

图 5-7　无极县农村居民人均纯收入与全国平均水平对比

资料来源：国家统计局，2001～2008；无极县人民政府，2001～2008

5.2.2　无极县产业结构演变特征

区域经济增长的实质，一是经济总量的增加，二是产业结构的进步（陆大道，1998），二者互为因果。无极县经济发展的同时带动了产业结构的转变。当前农村产业结构为“二、一、三”型，标志着由农业主导转变为工业主导，区域经济结构已经出现转变。

从无极县三次产业产值比重的变化看（图 5-8），第一产业的比重下降缓慢，10 年时间仅下降 3.89%；第二产业的比重上升趋势明显，由 1998 年的 42.26%

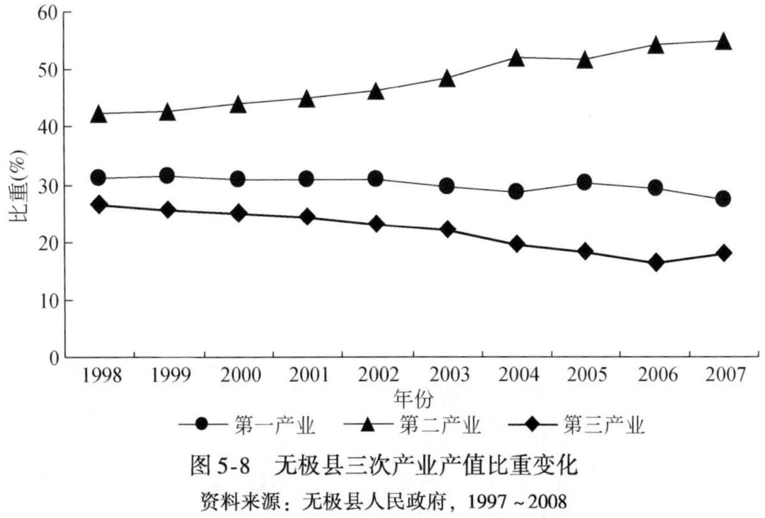

图 5-8　无极县三次产业产值比重变化

资料来源：无极县人民政府，1997～2008

上升到2007年的54.74%，上升了12.47%；第三产业的比重持续下降，到2006年到达极低值16.33%，2007年，第三产业的比重略有上升，10年间第三产业的比重下降了8.59%。表明无极县三次产业产值结构比的演变过程基本符合经济发展规律。

与全国三次产业产值比重变化的对比发现（图5-9～图5-11），无极县第一产业产值比重远高于全国平均水平，第二产业产值比重从2002年开始超过全国平均水平，而第三产业产值远低于全国平均水平，并且其产值比重逐年下降。无极县产业结构的变化表明，10年来全县第一产业地位依然重要，同时工业化发展趋势明显，但与其配套的第三产业发展明显不足。

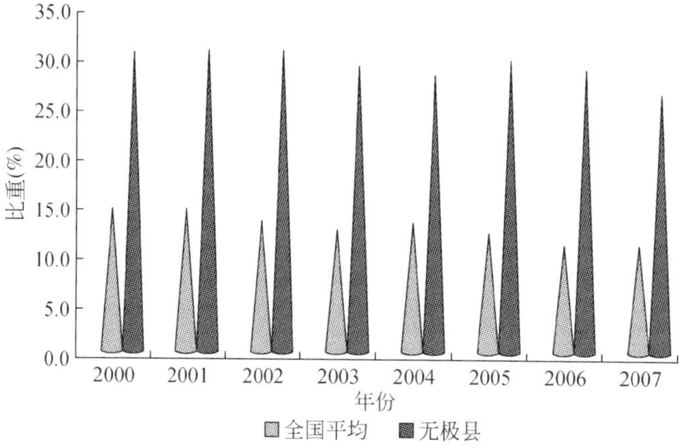

图5-9　无极县第一产业产值比重

资料来源：无极县人民政府，1997～2008

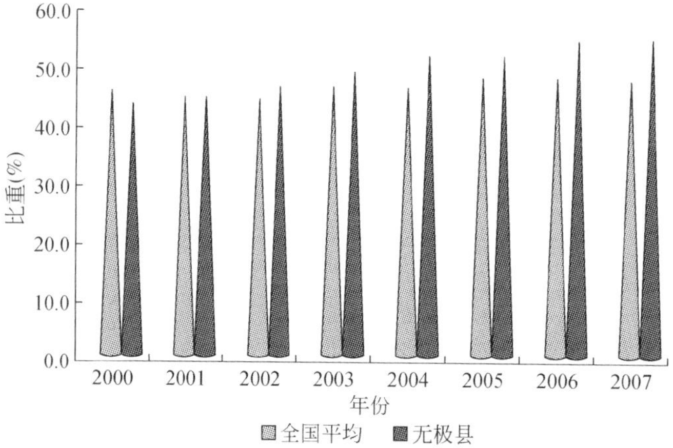

图5-10　无极县第二产业产值比重

资料来源：无极县人民政府，1997～2008

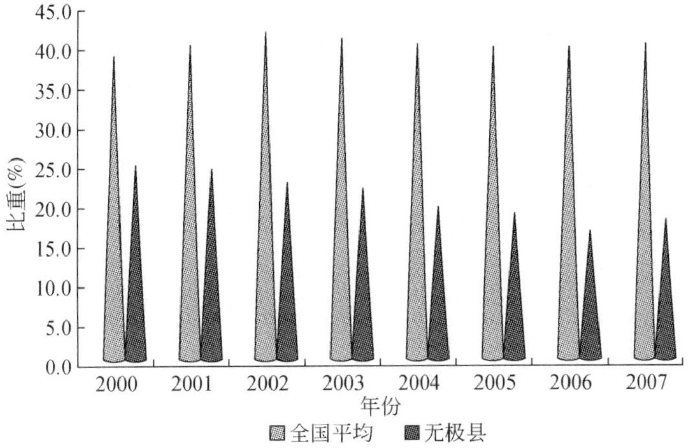

图 5-11　无极县第三产业产值比重

资料来源：无极县人民政府，1997 ~ 2008

第二产业的迅速发展说明该地农村经济已走向工业化发展道路，从而取代了第一产业占农村经济主导地位的状况。而从第三产业的产值来看，其比重的逐年降低与地区经济结构的变化规律不符，说明本地农村产业结构尚需进一步完善。

5.2.3　无极县农村劳动力就业结构的演变

表 5-3 说明 10 年间无极县农村劳动力就业结构的变化情况。总体上看，农业劳动力占农村总劳动力的比重变化很小，呈缓慢下降趋势；农村从事第二产业的人员有所增长；从事第三产业的人员变化幅度最小。无极县产业结构以第二产业的快速发展，而第一产业呈缓慢下降的态势为特征。虽然农村产业结构发生了较大变化，但从农村劳动力在三次产业中的就业比重看，仍以第一产业就业为主，同时可以看出农村劳动力就业结构的变化与农村产业结构变化存在时差，两者不是同步进行。

表 5-3　无极县农村劳动力就业结构变化

年份	农村从业人员（人）	第一产业就业比重（%）	第二产业就业比重（%）	第三产业就业比重（%）	其他非农就业比重（%）
1999	244 678	49.6	34.0	11.2	5.2
2000	245 062	49.3	34.1	11.3	5.3
2001	245 722	49.2	34.2	11.3	5.3

续表

年份	农村从业人员（人）	第一产业就业比重（%）	第二产业就业比重（%）	第三产业就业比重（%）	其他非农就业比重（%）
2002	245 809	49.0	35.5	11.5	4.0
2003	247 510	48.7	36.6	11.6	3.1
2004	247 510	48.4	36.9	11.6	3.1
2005	247 598	48.4	36.9	11.6	3.1
2006	247 598	48.4	36.9	11.6	3.1
2007	247 695	47.5	37.7	11.6	3.2

资料来源：无极县人民政府，2000～2008

卡拉克用劳动力和国民收入两个指标研究产业结构的演变，得出随着经济的发展和人均国民收入的提高，劳动力将逐渐由第一产业向第二产业随后向第三产业转移。所以无极县农村经济中三次产业的结构需要经过较大规模的调整才能符合区域经济综合发展的需求。农村信息化的推行或许会推动农村产业结构的调整与完善。

5.2.4 无极县城乡收入水平变化

1998～2007 年无极县农村与城镇居民收入水平有大幅提高。农民人均纯收入由 3 170 元上升到 5 320 元（图 5-12），增长 1.7 倍；城镇居民人均可支配收入增长 2.2 倍，城乡收入水平差距由 1.57 倍增长到 2.07 倍（图 5-13），城乡差异有扩大的趋势。总体上看，无极县城乡居民收入水平差异在 10 年间经历了由小变大又缩小的过程。但从河北省城乡收入水平及其差距看，无极县农村居民人均

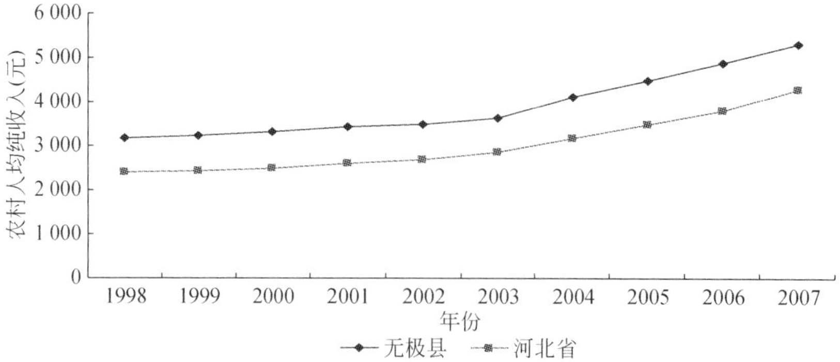

图 5-12　无极县农村居民人均纯收入变化

收入水平高，平均比河北省农村居民人均纯收入高22.3%；而城镇居民人均可支配收入却略低于河北省平均水平；尽管无极县城乡差异有扩大趋势，但其城乡差异远低于河北省平均水平。图 5-14 是河北省与无极县 10 年来城乡收入水平对比图，在城乡收入水平差异上，无极县的差距低于河北省平均差异水平。

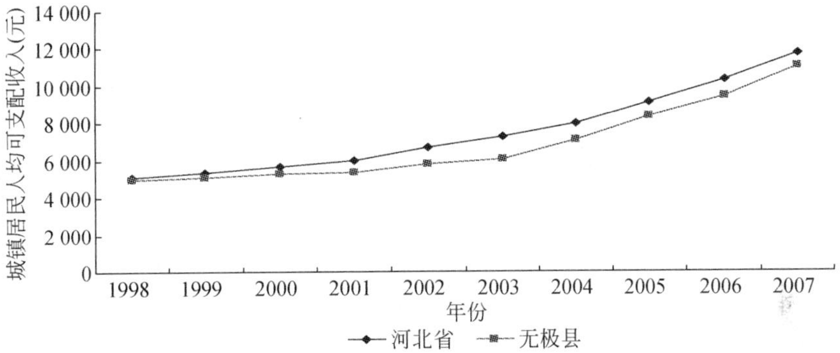

图 5-13　无极县城镇居民人均可支配收入变化

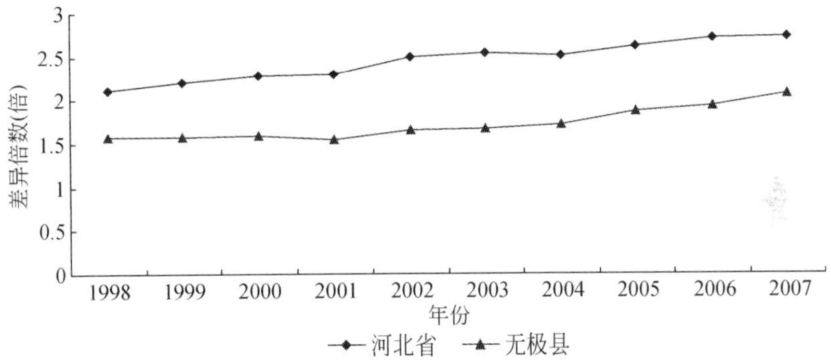

图 5-14　无极县与河北省城乡收入差异对比

资料来源：根据《无极县统计年鉴》、《河北省经济年鉴》相关数据计算

5.2.5　各乡镇经济发展特征

为了准确的反映 1998 ~ 2007 年无极县农民人均收入的差异水平，运用标准差进行分析。在分析过程中，这里采用三个等级单位，从不同范围来阐述农民收入的变化趋势：一是以县域内 11 个乡镇为单位进行考察；二是以全县所有 213 个行政村为单位进行考察；三是考察每一个乡镇内农民人均收入的变化。其中，x_i 为第 i 个研究区域（乡镇、村、各乡镇内部）年农民人均纯收入，x 为相应年

份研究区域相对应研究单元平均收入，N 为区域个数（分别为 $N=11$ 乡镇，$N=213$ 行政村，$N=$各乡镇行政村的个数），计算出相应年份的标准差（表5-4），从而测度无极县农民人均收入的变化水平（在计算过程中，以百元为计量单位）。

$$\sigma = \sqrt{\frac{1}{N}\sum_{i=1}^{N}(x_i - \bar{x})^2}$$

表 5-4　1998～2007 年不同研究范围的标准差

研究区域	1998 年	1999 年	2000 年	2001 年	2002 年	2003 年	2004 年	2005 年	2006 年	2007 年
全县乡镇	1.36	1.33	1.16	0.88	1.08	0.99	1.37	1.69	1.91	3.20
全县行政村	2.06	2.13	2.19	1.92	2.01	2.15	2.24	3.41	3.75	5.24
无极镇	3.43	3.40	3.37	3.41	3.50	3.45	3.56	3.54	3.46	3.86
七汲镇	0.29	12.71	0.80	0.71	0.43	0.87	0.05	0.65	0.85	0.69
张段固镇	1.83	1.74	1.52	1.95	2.18	2.51	2.95	3.03	3.92	2.51
高头乡	1.46	1.73	1.87	1.88	2.07	1.97	0.95	0.95	0.95	0.16
北苏镇	0.51	0.74	1.20	0.98	1.04	1.06	1.63	9.57	7.78	9.36
郝庄乡	1.20	1.31	1.67	1.35	1.35	0.9	1.45	1.08	0.91	3.16
郭庄镇	0.25	0.25	0.66	0.21	0.31	0.25	0.46	0.36	1.17	0.56
东侯坊乡	1.41	1.81	2.86	1.82	1.25	1.80	1.67	2.95	2.83	6.64
里城道乡	0.62	0.54	0.22	0.20	0.34	0.23	0.23	0.35	0.44	1.69
大陈镇	0.37	0.19	0.41	0.33	0.12	0.28	0.50	0.40	0.07	0.26
南流乡	0.76	0.76	0.77	0.92	1.05	2.70	0.35	1.00	1.15	1.71

资料来源：根据《无极县统计年鉴》（1997～2008 年）相关数据计算

从表中数据可以看出，随着研究范围和目标单元的不同，标准差有明显的变化：在以全县为研究范围中，可以发现无论是以乡镇还是以行政村为研究单元，2001 年都可以作为一个分水岭。1998～2001 年的标准差比较小而且基本上呈现递减趋势，2002～2007 年的标准差逐年增加。说明在县域内经济发展的空间差异始终存在并随着时间的演化其差异越来越大，而且村级经济的空间差异性远大于乡镇级的空间差异（图 5-15）。

在以乡镇为研究范围中，结果比较复杂，经济较为发达的乡镇的标准差都比较大，演化形态也不同。例如，无极镇的标准差最大，但在 1998～2007 年基本上没有变化；而张段固镇、北苏镇、东侯坊乡的标准差却逐年增加并且增加幅度很大，说明在这些乡镇范围内村级经济空间的差异显著；越是经济较为落后的乡镇，其标准差越小，且 1998～2007 年变化甚微，意味着在经济不发达乡镇村级

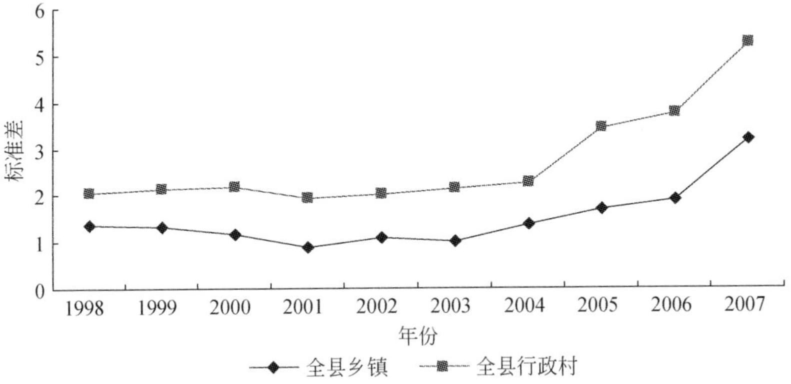

图 5-15　无极县不同研究单元的标准差变化

资料来源：根据《无极县统计年鉴》（1997～2008 年）相关数据计算

经济普遍落后，没有新的经济增长点，致使在空间上差异不大。

1998～2007 年，无极县经济格局具有明显规律性的动态变化。不同年份，空间作用力的表现不同，在不同的力的作用下，经济空间表现了不同的重心。第一阶段（1998～2002 年）表现为县城的聚集作用造成经济较发达的乡镇或行政村以县城为核心向西向南辐射，但辐射范围较小；第二阶段（2003～2007 年）表现为仍以县城为核心，沿着交通要道向西向南延伸，但县城的核心作用明显减弱，交通带的作用加强。在此变化的过程中，基本上形成了以经济发达村为核心的圈状形态和以主要交通干线为核心的线状形态（图 5-16），其中实线为交通要道，紫色条带为沿交通线形成的经济发达村分布区域。不难发现，经过 10 年的演化，无极县基本上形成了四圈三带的空间经济格局，集中分布在无极镇、张段固镇、北苏镇、东侯坊乡。也就是说，经济较为发达的村与经济发达的乡镇区位相吻合。

县城作为全县的政治、经济、文化中心，其经济发展的带动作用无可置疑，正是由于县城的及其周围各村的空间依赖性，形成了以县城为核心的圈层。除了沿交通线形成的经济发达村的聚集外，村级经济也有着强烈的空间依赖性，经济发达村为核心带动了周围村庄经济的发展，分别形成了以北苏镇史村、以张段固镇司家庄和齐恰村为中心的经济较为发达的村级聚集区域。同时，乡镇的空间依赖性远小于村级之间的空间依赖性，如与东侯坊乡毗邻的里城道乡、与无极镇接壤的大陈镇等乡镇其经济发展较慢。

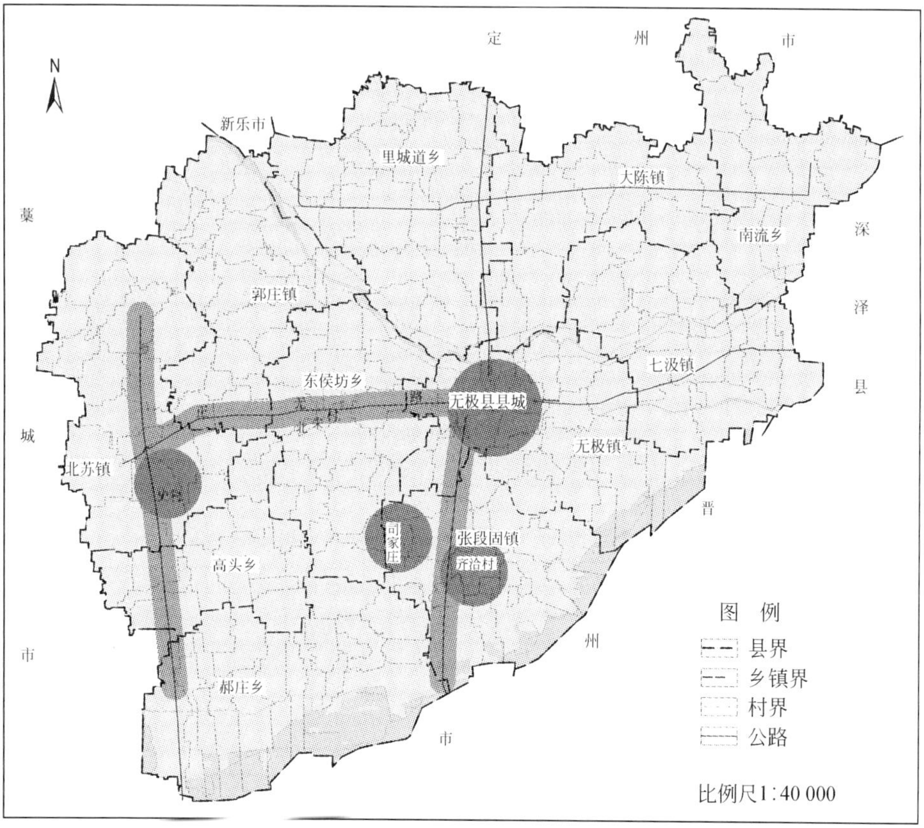

图 5-16　无极县经济发展的空间表现形态

资料来源：根据《无极县统计年鉴》（1997～2008 年）相关数据绘制

5.3　无极县农村信息化时空特征

无极县农村信息化发展的时空特征主要包括本县政府推动下农村信息化的建设过程，信息基础设施的拥有水平的时间演变及其区域特征，以及农村信息化总体水平的区域衡量。

5.3.1　政府推动下农村信息化发展过程

由于没有文字资料可查询，作者对负责无极县信息化建设的副局长进行了长达 2 小时的访谈，根据访谈录音整理了全县农村信息化发展过程。

无极县农村信息化过程可概括为两个阶段四个标志性时期，两个阶段分为 20 世纪的传统发展与 21 世纪的现代发展，四个标志性时期则为农村信息化经历的四个代表性时间。

所谓传统的发展指涉农信息传播主要由政府到农户的自上而下的单向传递；信息传播途径以书面通知为主，辅以收音机；信息使用效果反馈由政府派调研人员逐个进行统计。所以传统的信息化建设方式单一，效率较低，政府与居民之间没有直接的互动过程。信息化的现代发展指居民信息获取不再完全依赖政府相关部门，出现多样化趋势；信息获取渠道以电视机、电话、互联网等现代信息基础设施为主，并且农村居民与政府部门可以通过相关网络平台进行直接互动。

1. 20 世纪 90 年代传统的农村信息化发展

（1）联产承包前传统网络式农村信息服务模式——上下相通、左右相连、斜向互动

农村家庭联产承包责任制前，无极县农村信息服务曾经达到较高水平，形成了传统的“上下相通”、“左右相连”、“斜向互动”的网络式发展模式，此模式中信息与技术服务网络是一体的。其中“上下相通”指从中央到省市县乡到户的信息与技术服务的纵向连通；“左右相连”指农业相关各部门间的连接，各部门通过互相合作共同为农户提供涉农技术支持；“斜向互动”指县级农业技术员越过乡镇单元直接与农户建立联系，进行相关农业技术指导。当时的信息服务组织体系完善，县里由农业局生产股负责信息与技术服务，乡镇由农业科技副乡长负责，村里由科技副村长负责。总之，联产承包前无极县形成了纵横斜三维互通的网状农村信息服务体系（图 5-17）。当时的农村信息服务机构健全，人员配备充足，为农户提供的信息与技术服务效果明显。

联产承包前农村完善的信息传播与服务以非常传统的手段实现，当时信息的传递以纸质通知与收音机的广播为主，所以称为传统技术基础上的体系完善。家庭联产承包后，随着农业种植方式的改变以及县乡镇政府组织机构等的调整，健全的信息服务网络呈现出“线段、网破、人散”的局面，传统的网络式农村信息服务阶段结束。

（2）以电视机为信息传播手段的服务模式——农业科教制片中心

自家庭联产承包责任制后到 1995 年，随着传统信息网络的解体，无极县农村信息服务以选取信息点选派信息员定期汇总涉农信息并上报县农业局的模式进行。

1996 年，电视机在无极县基本得到普及，以此为基础，为改变当时农村信息服务体系不健全的局面，同时为了更好地把农业信息传播给农民，县农业局相

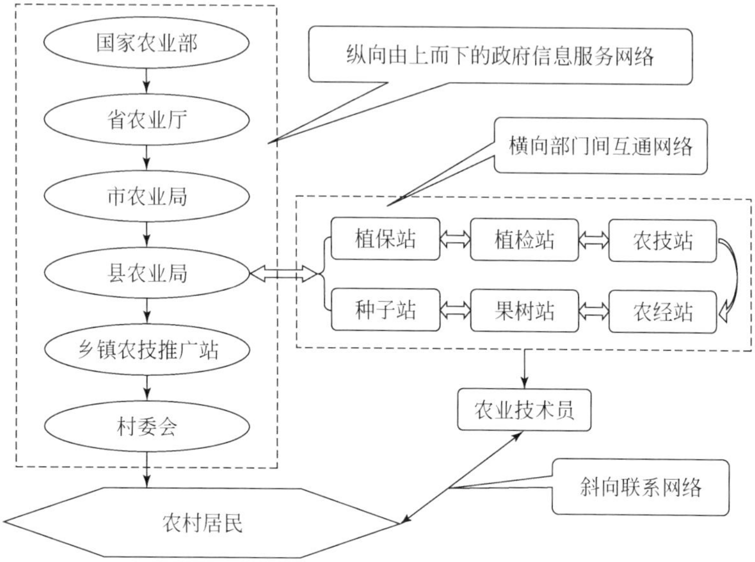

图 5-17　无极县传统农村信息化服务体系

资料来源：根据访谈资料绘制

关部门建立了农业科教制片中心。农业局负责中心的建设，当时中心基础设施齐全，电视节目每周制作 1 期，播放 2 次。农业科教制片中心以向农户推广农业技术信息为核心，通过各方收集相关信息，制作成电视节目进行播放。由于效果良好，当时媒体称为“田野上的及时雨，送到坑头的科技快餐”。

将电视机作为信息传播渠道与当时背景下电视机的大规模进入农民生活相呼应，对农村相关技术服务具有明显推动作用。

2. 新的信息通信技术支撑下农村信息服务体系

20 世纪末，在“村村通”电话工程的带动下，无极县农村固定电话拥有量迅速增加，固定电话成为农村信息获取与传播的重要载体。进入 21 世纪，随着计算机与网络的发展，县政府部门间及其各乡镇政府基本实现了计算机的配备，部分部门之间实现网络互通。在这两种新信息通信技术发展的基础上，无极县形成了新的农村信息化发展特征。

（1）2003 年——开通农业服务热线电话 96356

根据农村电话普及，2004 年开通农业服务热线电话，拨打 96356，即可获得所需信息，热线内含 8 000 条技术信息；同时热线也可转人工台，人工服务每天由两名专家值班提供咨询服务。

（2）2004 年——计算机普及，农业信息中心成立

在政府部门计算机逐渐普及的背景下，无极县农业局成立农业信息中心，并建无极县农业信息网，该网站是无极县政府部门最早的门户网站。

农业科教制片中心、农业热线服务中心、农业信息中心的信息传播渠道不同，最初三者相互独立，缺少联系。针对此情况，县农业局 2005 年开始进行整合，建立“三电一厅”服务中心，称为信息服务大厅。大厅中集合所有通过电视、电话、电脑的农业信息服务方式，试图达到“一站式”服务模式。例如，农业信息网设立 8 个区，网上信息查询区、专家咨询区、农产品展示区、信息发布区等。农民只要有需求，无论是信息还是技术，基本可以做到一站式服务。

因信息服务大厅建在农业局，从具体出行的角度考虑，会大大降低服务使用。为将信息与技术服务直接由大厅延伸到农户，2005 年开始县农业局将服务大厅能提供的信息与技术服务通过实物配送网络直接服务到农户（图 5-18）。其具体做法是依托县农业龙头企业的实物配送网同步配送信息与技术，如依托种子公司，设立种子配送中心，在种子配送过程中同时将与种子相关的信息与服务送达村服务站；依托植物医院，建立农药配送中心，同样在农药配送过程中为村服务站提供相关的信息与技术；依托生产公司，设立化肥配送中心，随着化肥由公

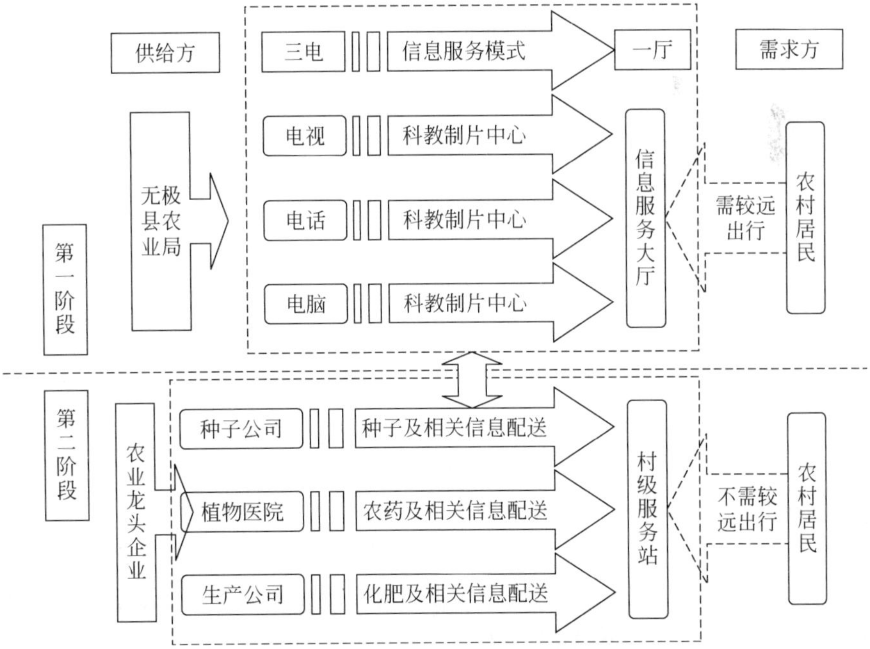

图 5-18 无极县现代农村信息化服务体系

资料来源：根据访谈资料绘制

司到村的配送过程信息与技术同时送达。由于各龙头企业的实物配送网络直接延伸到当时的186个村，所以依此网络进行的信息与技术服务实现了由大厅的功能直接延伸到村，服务效果大大提高。当时称为“一厅二线百村布战”。“一厅”指信息服务大厅；“二线”指天上的信息线、地上的物流线（配送中心）。“百村布战”指设立186个村级服务站，物资实行统一进货，统一价格，统一返利；信息与技术实现统一服务。为了村服务站功能的发挥，第一批在8个乡，20个示范村服务站配置电视、电脑、DVD、触摸屏，同时购买相关软件并逐步更新。

通过系列建设，农村信息服务水平达到一定高度，实现了较好的服务效果。农民在寻求信息与技术支持时实现了“三不”，即“购买农资不出村”、“咨询技术信息不出户（电话拨打）”、“行政审批不往返”。可见，无极县现代农村信息服务经历了两个阶段的发展，不仅应用了各种信息传播工具，而且将信息传播与实物配送网络较好的结合，基本实现了“一站式”农村信息与技术服务。农村居民无需较远出行即可享受较好信息与技术服务，实现了信息服务获取的快速便捷。

总之，无极县农村信息化发展经历了由完善的传统服务体系到体系破裂再到基于新信息通信技术的体系逐步形成的过程。在这个过程中信息服务的载体也由实际服务人员、收音机转变为电视机、电话和计算机。

从农民自身看，随着信息服务形式的多样化，农民获取所需信息的渠道增多可选择性增强。不仅在很大程度上方便了农民的生产生活，也提升了农村居民对信息服务的使用意识。

3. 信息化建设的成效与存在问题

在政府推动下，农村信息化建设成效主要体现在依托新的信息通信技术，农户、企业等在信息发布、农资服务、技术服务与产品销售方面的网络化特征。

互联网的信息服务功能促进了农产品销售。2004~2005年，河北省农业厅在无极县农业局农场种植200亩芦笋，因为之前的市场调查时该产品销售价格很贵，原打算产品用于出口。但等产品成熟时却无销售渠道，北京一家公司当时收购价2元/千克。后在农业信息网上发布产品信息后，另一公司以6元/千克全部收购，实现较大的获利。

在农资服务网络的构建上，推行信息服务结合实际销售网络，将种子，农药，化肥等农资通过186个农资服务站进行统一销售与服务，此物流网几乎覆盖了全县213个行政村。其中农民50%以上农资通过服务站购买。

依托农资服务站进行技术服务上，为服务站配备电脑等系列设施并接入互联网，根据统计，一年中服务站接受信息与技术咨询达0.6万~0.8万人次。在服务站可以上网查询，也可以通过触摸屏解决，这种服务模式为指导农业生产起到了较好效果。例如，小麦吸浆虫的防治，以前从开始向农民宣传到结束需要 20 天左右的时间（县—乡—村开各级会议），现在将信息公布于服务站，通过电视制片中心发布信息 1 天即可完成。

尽管农村信息化建设取得了一些成效，但问题依然很多。根据访谈资料汇总，主要有以下几个方面：①无具体的部门负责农村信息工作。农业信息化工作在政府无独立的部门分管，乡镇更无相关部门配置，大大限制了相关工作的推行。②相关人员对信息化建设认知不足。③缺乏相关人才，尤其是高层次高技能人才。④农民意识问题。农业局曾给服务站开通互联网，但有些服务站在第二年需要续交网费时将互联网断掉。总之，农村信息化建设还存在很多需要改进之处，借用被访者的话，“农村信息化建设中，信息更多地悬在空间，未落到实处，所以急需真正做到信息落地，使信息服务落实到使用者手中”。

5.3.2 信息基础设施拥有量的时空发展

从 20 世纪 90 年代开始，无极县农村信息化建设在政府的推动下经历了传统到现代的发展过程，其信息基础设施拥有量同样发生了较大变化。这种变化首先表现为时序上不同类型基础设施之间量的改变，其次表现为农村与城镇空间上质的差异。

1. 统计年鉴中信息基础设施拥有情况

由表 5-5 可见，从信息基础设施拥有情况看，无极县各类基础设施的拥有量均高于同期全国农村的平均水平。

表 5-5 无极县农村信息基础设施拥有与全国平均水平对比

［单位：台（部）/百户］

年份	家用电脑		固定电话		移动电话		彩色电视机	
	全国平均	无极县	全国平均	无极县	全国平均	无极县	全国平均	无极县
2002	1.1	5	40.8	60	13.7	9	60.5	98
2003	1.4	1	49.1	73	23.7	36	67.8	105
2004	1.9	2	54.5	76	34.7	44	75.1	98
2005	2.1	2	58.4	71	50.2	61	84.1	99
2006	2.7	1	64.1	73	62.1	67	89.4	101
2007	3.7	5	68.4	73	77.8	78	94.4	119

资料来源：无极县人民政府，2003～2008；国家统计局，2003～2008

县域信息基础设施拥有情况首先表现为城镇居民与农村居民间的差异，其次表现为农村地区及各乡镇的拥有特点。无极县信息基础设施的城乡差异表现为以下几点特征（表5-6）。

表 5-6　农村和城镇居民信息基础设施拥有情况　［单位：台（部）/百户］

年份	家用电脑		固定电话		移动电话		彩色电视机	
	城镇居民	农村居民	城镇居民	农村居民	城镇居民	农村居民	城镇居民	农村居民
2002	30	5	102	60	76	9	122	98
2003	33	1	102	73	87	36	123	105
2004	42	2	102	76	110	44	128	98
2005	42	2	102	71	114	61	130	99
2006	46	1	102	73	122	67	139	101
2007	78	5	80	73	176	78	134	119

资料来源：无极县人民政府，2003～2008

首先，2002～2007年无论城镇还是农村彩色电视机与固定电话拥有量变化均很小，尤其城镇固定电话拥有量在2007年出现大幅度下降；并且固定电话与电视机拥有量的城乡差异一直很小，同时两者差异呈缩小趋势。到2007年两者城乡拥有对比均为1.1∶1，说明在电视机与固定电话拥有水平上，农村地区与城镇几无差异，它们不再是城乡信息化发展的障碍因素。

其次，移动电话拥有量的城乡变化均十分明显。2000～2007年城镇移动电话拥有量从10部/百户发展到176部/百户，拥有量增加16.6倍；农村居民移动电话拥有量从5部/百户发展到78部/百户，拥有量增加14.6倍。同时移动电话城乡拥有水平从2000～2007年经历了由低到高再降低的过程。移动电话城乡差异缩小趋势很明显（图5-19），表明其有潜力成为农村信息化推进的重要基础设施。

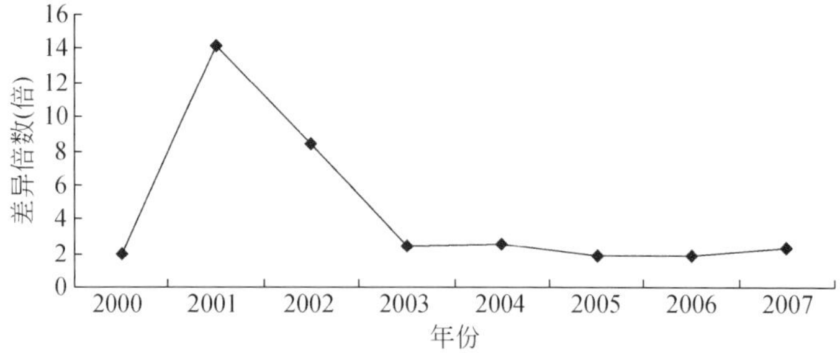

图5-19　无极县移动电话城乡差异变化曲线

资料来源：无极县人民政府，1999～2008

最后，城镇家用电脑拥有量增长速度远高于农村地区的增长。城镇家用电脑拥有量从2002年至2007年增加了2.6倍，而农村拥有量没有变化，始终处于较低的水平。在几种重要的基础设施中只有家用电脑的城乡差异最大，并且一直维持着较高的差异水平，2007年城乡差异达15.6倍。说明家用电脑在城市正处在迅速普及的状态，而农村家庭的拥有水平还很低，因此从基础设施上看，家用电脑拥有量城乡之间的巨大差异是农村信息化推进的主要阻碍，是造成城乡“数字鸿沟”的重要原因。

总之，从无极县信息基础设施拥有情况看，处于不同发展阶段的基础设施对城乡信息化差异的影响各异。固定电话与电视机都已经达到了较高的普及率，不是影响信息化差异的关键因素，作为传统的信息服务途径它们曾经对缩小城乡差异起到重要作用；家用电脑是目前农村地区拥有量最低的设施，所以它应该是目前造成城乡差异的主要因素，是农村推进信息化建设的主要瓶颈；移动电话在城乡的迅速普及使之正在成为缩小城乡信息化差异的重要潜力设施。

在农村地区，固定电话拥有量在2004年达到76部/百户的最高水平，此后拥有量开始下降。固定电话初装费用和通话费用一直较高，而且从2003年开始农村移动电话的迅速普及，这些因素都是造成农村固定电话拥有量下降的主要原因。移动电话在农村地区的普及速度最快并且继续呈增长态势，图5-20显示移动电话呈线性增长，而且趋势明显。在决定信息化程度的四个基础设施中只有家用电脑拥有水平很低，且变化不明显，说明将其作为农村信息化建设的主要基础设施还有一段距离。

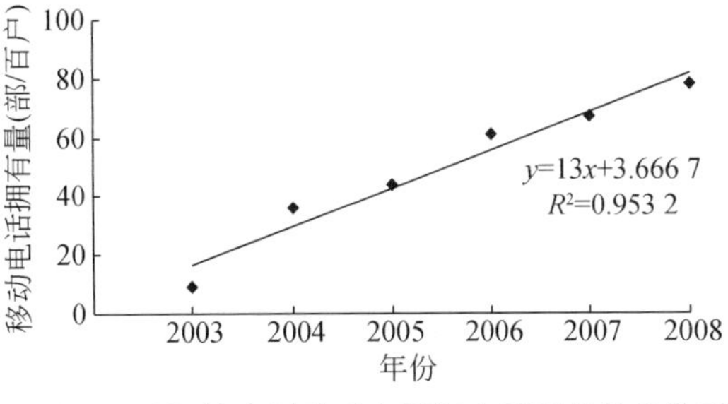

图5-20　无极县农村移动电话拥有情况变化趋势图

资料来源：《无极县统计年鉴》2003～2008年数据

2. 调研问卷中信息基础设施拥有情况

统计年鉴大致勾勒了无极县城乡信息基础设施的演变情况。为了更详细更准确地掌握农村信息化情况，作者对无极县11个乡镇进行了问卷调研，因本次调研涉及全县所有行政村，故调研数据具有较高的准确率。根据最后1 500份有效问卷进行统计，其结果见表5-7。从表中可以看出农村居民信息基础设施拥有率与统计资料数据有较明显的不同。

表5-7　农村居民信息基础设施拥有率

项目	电脑（台）	比例（%）	电视机（台）	比例（%）	固定电话（部）	比例（%）	移动电话（部）	比例（%）
有	439	30.3	1 290	100	500	40.4	1 172	94.7
没有	1 008	69.7	0	0	737	59.6	65	5.3
合计	1 447	100	1 290	100	1 237	100	1 237	100

注：综合有效问卷1 500份，单项分析中去除无效选项，故每单项合计数不一致

资料来源：调研问卷数据统计结果

调研问卷的统计结果显示以下特点：①农村家用电脑拥有量远高于统计年鉴数据。调研问卷中家用电脑拥有量为每百户居民30.3台，远高于统计年鉴5%的拥有率。②固定电话拥有率与统计年鉴差异显著。从表5-7看出农村居民固定电话拥有率为40.4%，而统计资料显示到2007年为73%，两者差距较大。③移动电话拥有率与统计资料同样存在差异，但差距相对较小。参加移动电话拥有调查的有效问卷1 237份，移动电话拥有率为94.8%，而统计年鉴资料显示农村移动电话拥有率为78%，两者之间存在较大差异。由于调研结果和统计资料存在较大差异，故本书后面涉及基础设施拥有情况的分析中主要以本次调研数据为依据。

根据调研数据的整理，表5-8显示了无极县各乡镇信息基础设施的拥有情况。随着无极县县城的扩展，无极镇一部分行政村并入县城，多数地区属城乡交互融合地区，城镇化特征更明显，故在分析农村信息化发展时，可将无级镇作为农村城镇化转移的实证材料。

表5-8　无极县各乡镇农村信息基础设施拥有情况

乡镇	住户情况		家用电脑		固定电话		移动电话		电视机	
	调查户数（户）	比例（%）	拥有量（台）	比例（%）	拥有量（部）	比例（%）	拥有量（部）	比例（%）	拥有量（台）	比例（%）
南流乡	42	0.67	5	11.94	22	52.385	40	95.24	42	100
里城道乡	100	0.99	21	21.00	37	37.00	92	92.00	100	100
东侯坊乡	68	0.49	12	17.65	29	42.65	67	98.53	68	100
郝庄乡	136	1.10	72	52.94	69	50.74	131	96.32	136	100
高头乡	143	1.56	31	21.68	85	59.44	134	93.71	142	99.30
大陈镇	62	0.77	16	25.81	21	33.87	56	90.32	60	96.77

续表

乡镇	住户情况		家用电脑		固定电话		移动电话		电视机	
	调查户数（户）	比例（%）	拥有量（台）	比例（%）	拥有量（部）	比例（%）	拥有量（部）	比例（%）	拥有量（台）	比例（%）
郭庄镇	186	1.61	48	25.81	58	31.18	180	96.77	184	98.92
北苏镇	106	0.73	32	30.19	34	32.08	99	93.40	106	100
张段固镇	194	1.78	74	38.14	74	38.14	183	94.33	191	98.45
七汲镇	166	1.62	27	16.27	52	31.33	156	93.98	165	99.40
无极镇	20	0.17	15	75.00	13	65.00	20	100	20	100

资料来源：调研问卷数据统计结果

从各乡镇信息基础设施拥有情况看，电视机的拥有几乎达到 100%，没有区域差异；移动电话区域拥有比例也达到 90% 以上，所以电视机与移动电话的区域特征不明显，是基于高拥有水平的区域一致性。而家用电脑、固定电话的拥有率在各乡镇均偏低，但出现此情况的原因不同。家用电脑的乡镇拥有量普遍较低，只有郝庄乡拥有比例超过 50%，属较低拥有水平的区域一致性；而固定电话经历了由少变多又由多变少的过程，制约这一变化过程的主要原因是国家的农村固定电话政策以及移动电话的迅速普及而不是居民的购买能力问题，所以不管某地区固定电话拥有情况如何，它不是制约区域信息化程度的关键因素。

5.3.3 无极县农村信息化程度

前面分析了无极县信息基础设施拥有量的时间变化及其城乡差异和各乡镇间的区域特征。根据农民生活信息化程度的计算方法 $Ic=0.15\times Tc+0.15\times Pc+0.35\times Cc+0.35\times Sc$，将统计年鉴数据与调研数据结合，计算无极县农村信息化程度的变化（表 5-9），其中将调研数据作为 2008 年拥有情况。

表 5-9　无极县农村信息化程度的变化

年份	信息化程度（%）				
	家用电脑 Cc	固定电话 Pc	移动电话 Sc	彩色电视机 Tc	信息化程度 Ic
2002	5	60	9	98	28.60
2003	1	73	36	105	39.65
2004	2	76	44	98	42.20
2005	2	71	61	99	47.55

续表

年份	信息化程度（%）				
	家用电脑 Cc	固定电话 Pc	移动电话 Sc	彩色电视机 Tc	信息化程度 Ic
2006	1	73	67	101	49.90
2007	5	73	78	119	57.85
2008	30.3	40.4	94.8	100	64.85

资料来源：无极县人民政府，2003～2008（其中2008年数据源于调研数据统计）

将无极县农村信息化程度与全国平均水平对比，如图5-21所示，本县农村信息化从2002年一直略高于全国的平均水平。在石家庄市域范围内，与17个县（市）对比，2007年无极县农村信息化程度排第11位（图5-22）。计算2007年石家庄各县（市）农村居民人均纯收入与信息化程度的相关系数为0.83，说明两者呈显著的正相关关系。从无极县农村人均纯收入程度看，2007年在石家庄市各县中排名第8位，而信息化程度排名第11位。可以初步得出无极县农村信息化程度落后于其经济发展，同时又将在较大程度上依赖于农村居民收入水平的提高。

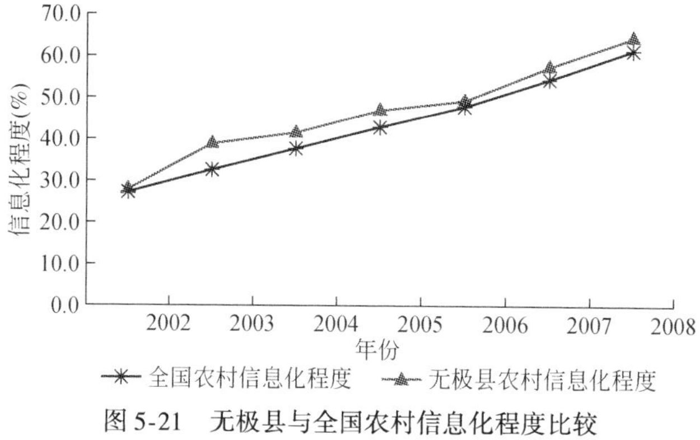

图5-21　无极县与全国农村信息化程度比较

资料来源：根据《无极县统计年鉴》、《中国统计年鉴》数据计算

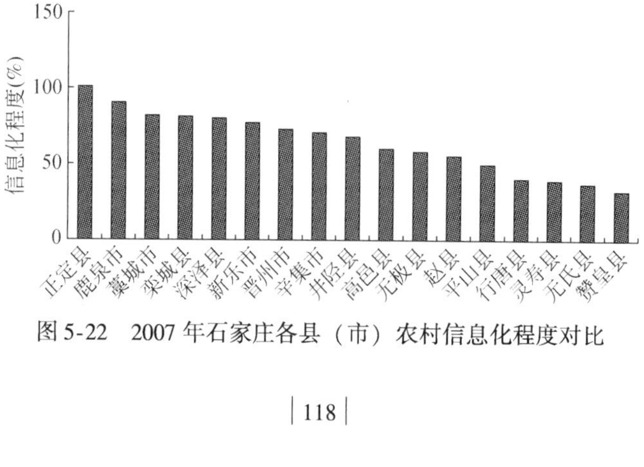

图5-22　2007年石家庄各县（市）农村信息化程度对比

从无极县城乡信息化程度看，城镇信息化程度高而且发展速度快，农村信息化发展程度虽有提高但增长速度低于城镇，两者之间的差距从 2002 年的 42% 增长到 2007 年的 63% 。图 5-23 是无极县农村与城镇信息化程度的发展趋势图，在 R^2 都大于 0. 9 的基础上，城镇信息化程度呈指数增长，而农村信息化程度呈线性增长，可以预计两者之间的差距会继续增大。

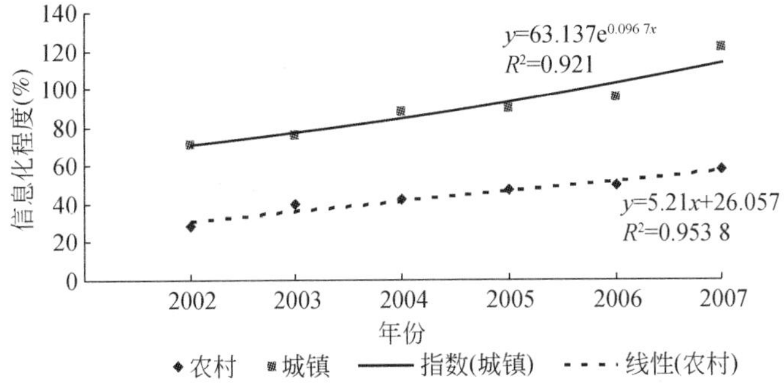

图 5-23　无极县城镇与农村信息化程度发展趋势

资料来源：根据 2008 年《河北省经济年鉴》数据计算

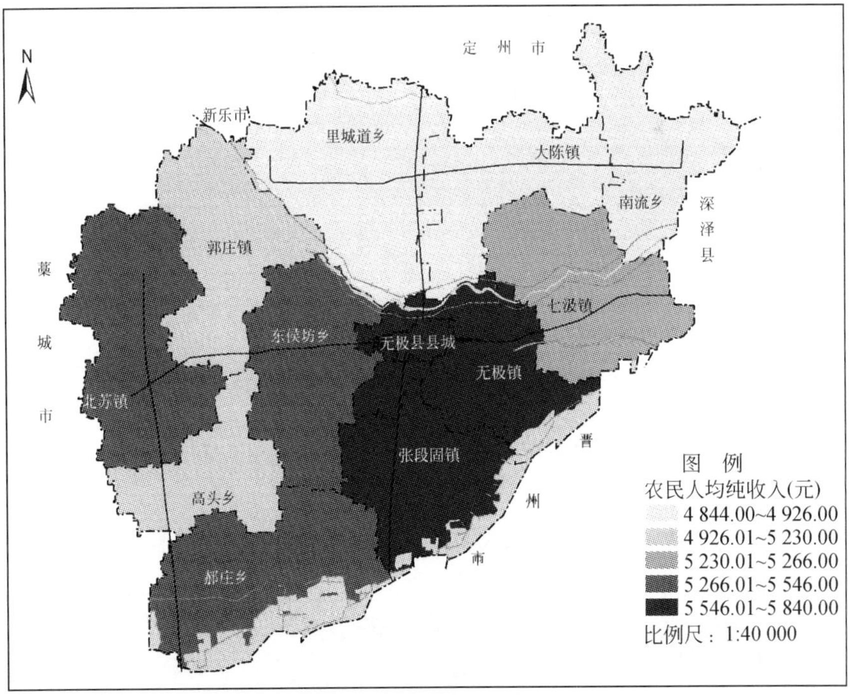

图 5-24　各乡镇农村居民年均纯收入空间分布

资料来源：无极县人民政府，2008

从无极县内部各乡镇看，无极镇的信息化程度最高达到86%，七汲镇最低为58.2%。如图5-24和图5-25所示，无极镇的农村居民纯收入在全县最高，其信息化程度也最高，两者体现出较大的一致性。七汲镇收入水平较高，但信息化水平最低，体现了收入水平与信息化的空间极大差异性。同时计算无极县各乡镇信息化程度与农村居民人均纯收入之间的相关系数为0.65，说明两者之间虽存在正相关关系，但收入水平不是唯一的决定性条件。

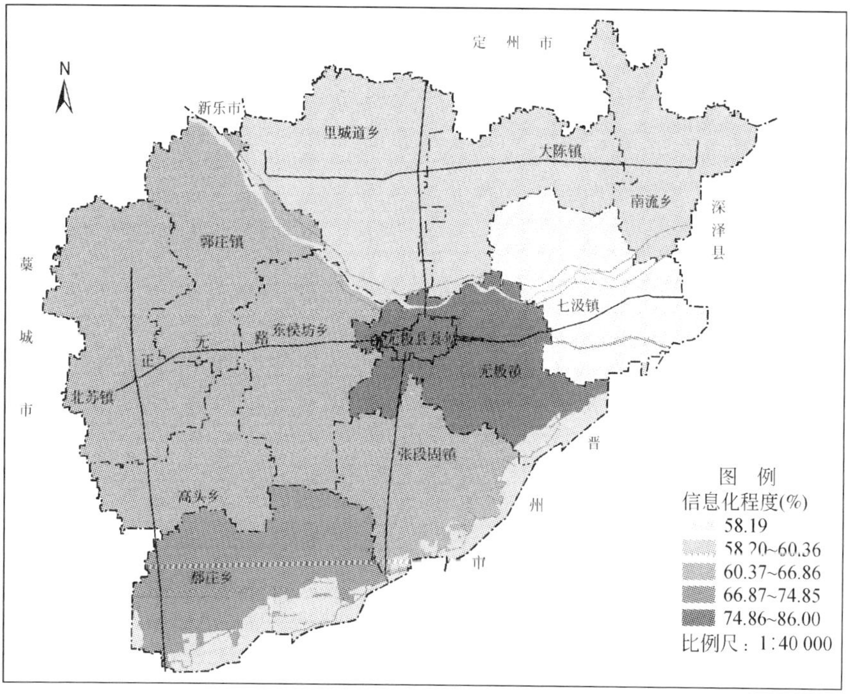

图5-25 各乡镇信息化程度空间分布

资料来源：调研数据计算

5.4 无极县农村居民个体特征与经济现状分析

基础设施的拥有为信息化建设提供了必要的硬件保障，而信息化程度本质上的提升则需要应用者（农村居民）信息化意识与技能的提高以及信息需求的增长。基于此，本节重点对调研数据中无极县农村居民的经济状况及个体特征进行分析，旨在剖析不同群体的信息化特征。

农村居民的个体特征分析强调整体特征与特殊群体的区别。整体特征主要分析问卷中农村居民的年龄、文化水平与经济收入支出等状况，其目的是为分析新的信息基础设施拥有家庭的特征奠定基础。特殊群体的分析包括移动电话拥有者与家用电脑拥有者两大群体。通过前文可知，无极县农村移动电话普及率达到95%，所以此群体特征基本可用整体特征代替，故本书重点分析农村家用电脑拥有家庭的特征。

5.4.1 无极县农村居民整体特征与经济现状

为客观反映当前案例区居民的基本现状，问卷中加入了居民基本状的选项，其中包括居民的年龄、文化水平、家庭人口数、家庭目前年收入状况以及主要收入来源、主要支出项目等。作者将案例区居民的年龄与文化水平作为农村居民个体特征的参数；而将农村居民收入与支出作为刻画当前无极县农村居民经济特征的变量。

(1) 农村居民个体特征分析

尽管调研是随机进行的，但参与信息通信技术应用问卷居民的年龄特征明显(图 5-26)。其中以 35 ~60 岁的居民为主体，占所有被调研者的 70% 以上，另外就是 18 岁以下的被调研者，占 22%。35 ~60 岁的居民收入较稳定，有潜力购买代表新技术的基础设施，18 岁以下的居民以中学生为主，在农村地区，他们对新技术尤其是计算机与互联网的接触概率最高。

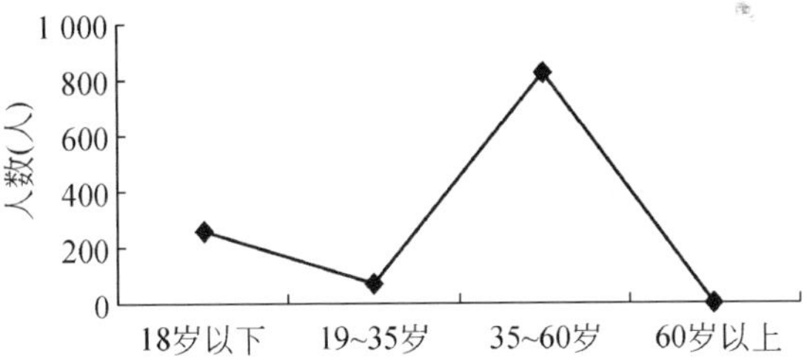

图 5-26 调研对象年龄组成

资料来源：调研数据整理

调研对象年龄以 18 岁以下和 35 ~60 岁两个年龄段居民为主，18 岁以下居民可以代表当前农村地区年轻群体的信息通信技术应用现状，是农村信息化推进中潜在应用群体，可以代表其未来发展趋势。对于农村信息化发展来说，这两个年龄组恰好是新的信息通信技术应用的主体。35 ~60 岁年龄段居民的经济特征代表了农村地区经济发展的水平，这部分群体的信息通信技术应用水平可以反映当前农村信息化的整体特征。

参与调研的 1 500 份问卷中，清晰回答自己文化程度的居民有 1 181 人。这些居民的文化水平集中程度非常高（图 5-27），以初中文化水平占主体，高中与小学文化程度的比例其次，各占 10% 左右比例；而没上过学的比例非常小，不到 0.6%。除此之外，较高学历如中专和大学文化程度的人也较少。

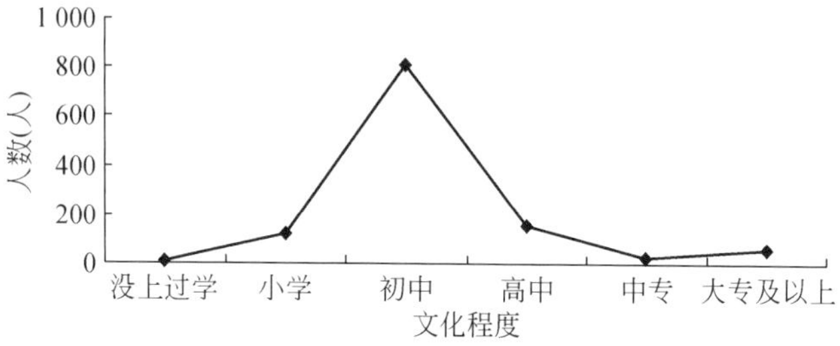

图 5-27　调研对象文化程度

资料来源：调研数据整理

（2）农村居民经济状况分析

关于家庭收入情况有效问卷 1 158 份。数据整理结果显示，目前无极县农村居民家庭年收入 3 万元以下的家庭占将近 90%，其中家庭年收入在 5 000 ~ 10 000 元的比例最高，见表 5-10。

表 5-10　无极县农村家庭年收入及其拥有电脑状况

家庭年均收入（元）	户数（户）	其中拥有电脑户数（户）	拥有电脑用户比例（%）
（A）0.5 万元以下	334	69	20.66
（B）0.5 万 ~ 1 万元	387	79	20.41
（C）1 万 ~ 3 万元	318	129	40.57
（D）3 万 ~ 5 万元	87	58	66.67
（E）5 万元以上	32	21	65.63
合计	1 158	356	30.74

资料来源：调研问卷数据统计结果

在家庭收入来源的问卷中，有效问卷 1 200 份，因该问题为多项选择，故最后统计结果多于问卷数量。根据统计结果，将家庭主要收入来源分类（表 5-11），以农产品作为收入来源的家庭最多，占 29%；其次是外出打工、家庭副业和本地打工；自己企业和工薪收入的比例最低。如果将外出与本地务工收入相加则两者比例将近 37%，超出农产品收入比例，可见在农村，务工正成为农村居民收入来源的最大补充。

表 5-11　家庭收入来源分类

家庭收入来源类型	户次数（次）	比例（%）
（A）农产品收入	579	29.02
（B）家庭副业（养殖，个体经营等）	385	19.30
（C）本地乡村企业打工	314	15.74
（D）外出打工	398	19.95
（E）自己的企业	132	6.62
（F）公家上班	187	9.37
合计	1 995	100.00

资料来源：调研问卷数据统计结果

农产品收入是农村传统的主体收入来源，近年来，随着农村外出务工人员的增多和本地企业的发展，家庭收入构成中务工收入部分逐渐增大。根据作者的 1 200 份问卷的结果分析，无极县农村当前单纯依靠农产品收入的家庭 138 户，仅有 11% 的比例；而近 40% 的家庭选择既要依靠农产品的同时又需要其他收入，在选择农产品之外的收入来源中，外出或本地企业打工占了绝大部分比例。

紧接居民收入来源的问题为农村居民主要支出项目，在本项问题的回答中有效问卷 1 197 份。作者将农村家庭支出项目分为最主要、次主要及次要三个等级进行统计，结果见表 5-12。总体来看，农村家庭子女教育支出的比例最大，其次为医疗费用，再次为购买生活资料费用。这三项费用的支出占所有选项的 73%。而用于购买高档消费品如汽车或用于人际交往的支出很少。

表 5-12　农村家庭支出情况

序号	支出项	最主要支出（户）	次主要支出（户）	次要支出（户）	合计（户、次）
A	子女的婚姻	163			163
B	子女教育	877	147		1 024
C	医疗	45	526	99	670
D	房子	39	119	163	321
E	购车	3	18	45	66
F	购买生活资料	34	141	301	476
G	购买生产资料	11	31	75	117
H	人际交往	7	14	79	100
I	其他	18	15	13	46
	合计	1 197	1 011	775	2 983

资料来源：调研问卷数据统计结果

从这部分居民的收入来源看，以农产品收入为主，同时务工成为家庭收入的最主要补充方式；子女的教育费用是农村家庭最大的支出，其次是居民的医疗和日常生活开支。

5.4.2 无极县农村电脑拥有者特征分析

将家用电脑拥有家庭作为特殊群体进行分析，目的一是解释此群体个体特征，如年龄，文化程度等，二是分析此群体的经济特征，如主要收入水平、收入来源等。此部分的最终目标在于揭示农村家用电脑购买的基础条件与潜力。

(1) 基本特征分析

从所有问卷中将有电脑的家庭单独分类进行统计，得出此类家庭的基本特征有以下几点。

首先，电脑拥有者文化水平普遍偏高（图 5-28）。尽管依然是初中文化程度的人占主体，但所占比例比总体居民中初中文化程度者所占比例低很多。同时电脑拥有者中低学历人群所占比例较低，而高中，中专及其以上高学历人群比例上升，如在 369 份有电脑的问卷中，大专及其以上学历者有 52 人，而全部问卷中大专学历人数为 57，可见高学历人员中家用电脑拥有率非常高。

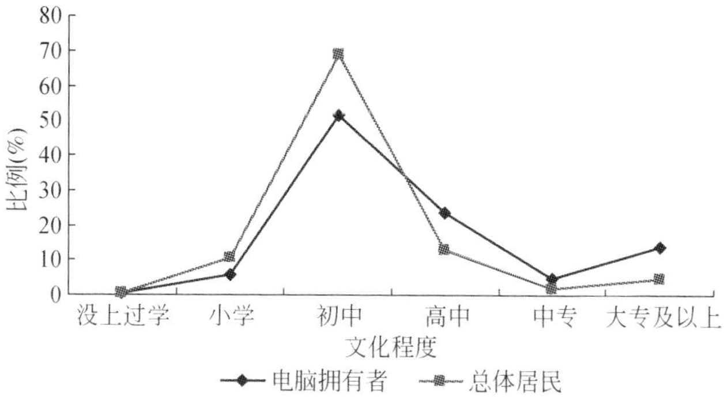

图 5-28 电脑拥有者文化构成

资料来源：调研问卷数据统计结果

其次，从年龄特征看，电脑拥有者的年龄段组成比例与总体居民的年龄组成相似（图5-29），都是以 35 ~ 60 岁人为主，且电脑拥有者中此部分群体所占比例更高；另一较高拥有率的是 18 岁以下的少年。正如前面分析，35 ~ 60 岁人员经济上趋于稳定，并且是家庭经济创收的主体劳动力，所以这部分人员中电脑拥有比例较高；另外，以获取更多知识达到促进学习的目的是家庭电脑购买的一个主要原因，也是促成 18 岁以下少年中电脑拥有率高的因素。

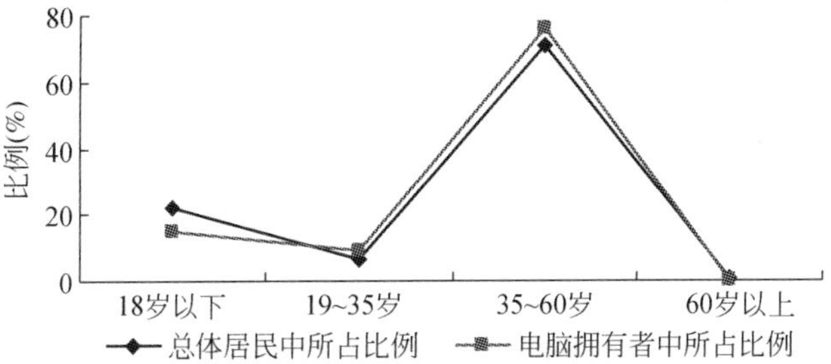

图 5-29　不同年龄段居民所占比例

资料来源：调研问卷数据统计结果

（2）经济特征分析

将电脑拥有家庭年收入情况进行统计，并与全体居民年收入情况进行对比，结果见表 5-13。从收入的分布看，有电脑家庭的年收入偏高，近 65% 有电脑家庭的年收入在 1 万 ~5 万元。与农村总体家庭相比，电脑拥有家庭的年收入具有以下特点（图 5-30）：①此类家庭的年收入以 1 万 ~3 万元为主，而农村居民收入的主体在 0.5 万 ~1 万元；②农村低收入家庭（年收入低于 0.5 万元）所占比例较高，而有电脑家庭中低收入者所占比例较低；③尽管农村高收入（年收入超过 3 万元）家庭总体比例较小，但近 80% 年收入超过 3 万元家庭有电脑。总之，较高或高收入家庭是电脑拥有的主体，农村家庭要达到较高的电脑普及率，收入水平是主要的限制性因素之一。

表 5-13　农村家庭年收入情况

家庭年收入（元）	电脑拥有家庭（户）	比例（%）	全体居民家庭（户）	比例（%）
（A）0.5 万元以下	69	19.38	334	28.84
（B）0.5 万 ~1 万元	79	22.19	387	23.42
（C）1 万 ~3 万元	129	36.24	318	27.46
（D）3 万 ~5 万元	58	16.29	87	7.51
（E）5 万元以上	21	5.90	32	2.76
合计	356	100.00	1 158	100.00

资料来源：调研问卷数据统计结果

从收入来源上看，此类家庭具有以下特征（表 5-14，图 5-31）：①将农产品作为收入来源的家庭比例下降，尤其是单纯依靠农产品收入的家庭非常少，仅占 5% 的比例；将农产品与其他收入方式结合作为收入来源的家庭所占比例也较低。②有较高而稳定的收入来源家庭电脑拥有率非常高。如农村居民有自己企业和工薪阶层可以作为农村高收入和稳定收入的代表，在 1 200 份有效问卷中，有自己企业的居民有 132 家，工薪阶层的 187 家，这些家庭中已经购买电脑的家庭分别

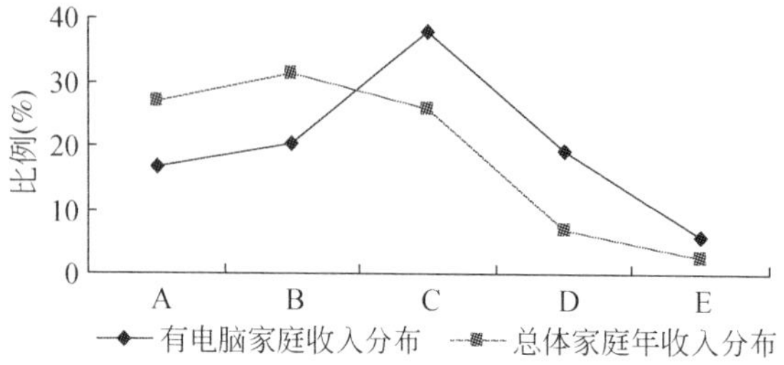

图 5-30 家庭年收入分布状况

注：字母含义见表 5-13

资料来源：调研问卷数据统计结果

有 81 家和 112 家，即 60% 的此类家庭已经拥有家用电脑。③务工收入也是此类家庭收入的重要来源。从表 5-14 中可见，有电脑的家庭中需依靠务工作为收入来源的占 25%，尽管这一比例低于总体状况，但仍旧是家庭收入的重点。

表 5-14 电脑拥有家庭收入来源

收入来源	各收入来源选择频次（次）	比例（%）
(A) 农产品收入	124	21.61
(B) 家庭副业（养殖，个体经营等）	112	19.51
(C) 本地乡村企业打工	72	12.54
(D) 外出打工	73	12.72
(E) 自己的企业	81	14.11
(F) 公家上班	112	19.51
合计	574	100.00

资料来源：调研问卷数据统计结果

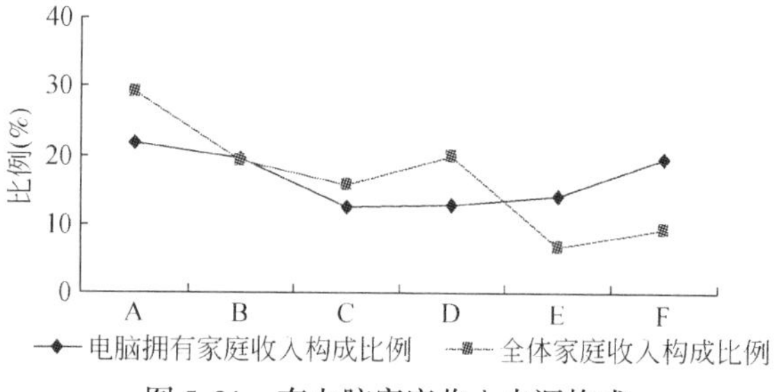

图 5-31 有电脑家庭收入来源构成

注：A. 农产品收入；B. 家庭副业（养殖，个体经营等）；C. 本地乡村企业打工；D. 外出打工；E. 自己的企业；F. 公家上班

资料来源：调研问卷数据统计结果

由以上分析可见，农村居民电脑购买率与收入水平之间关系密切，而收入水

平的提高则依赖于农村居民收入来源结构的变化。当前农村居民为提高收入已经改变了单纯依靠农产品收入的情况，将其他如家庭副业或务工作为其有益的补充。尤其是务工收入已经超过农产品收入成为农村居民主要的收入来源。

总之，有电脑的居民所体现的个体特征是学历高、年龄小；而经济特征则表现为收入高而稳定。

5.5 无极县农村居民信息通信技术应用特征

信息基础设施的拥有水平代表信息化的“量”，而居民的使用行为却是信息化的“质”的体现。本节通过分析无极县农村居民对不同基础设施的使用情况，旨在较准确地刻画居民的信息通信技术应用能力。从基础设施拥有特征的分析可见，尽管固定电话与彩色电视机是区域信息化建设的重要基础设施，但鉴于两者的普及水平在案例区已经很高，其拥有量和使用情况已经不是信息化建设的关键，故本部分只针对农村居民的家用电脑、移动电话及其互联网的使用进行分析。

5.5.1 农村居民家用电脑与互联网使用特征

关于家用电脑拥有和使用情况的有效问卷共 1 447 份。其中有电脑的用户共 439 户，超过 30. 33% 的比例，这些家庭中拥有 1 台电脑的共 408 户，占 28. 2%；有 2 台电脑的共 24 户，占 1. 65%；家中有 3 台电脑的有 7 户，占 0. 48%（图 5-32）。

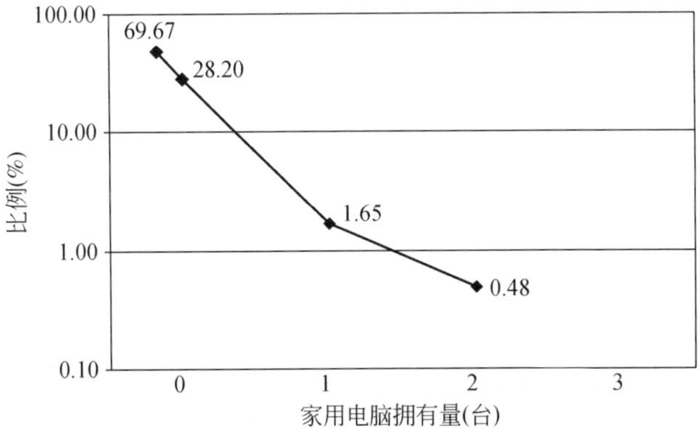

图 5-32 农村居民家用电脑拥有情况

资料来源：调研问卷数据统计结果

从时间序列看，农村家用电脑出现时间较早，但前期发展缓慢（图 5-33）。问卷显示家用电脑购买的最早时间为 1993 年，但 2000 年年前，其增长速度非常慢，2000 年年后农村家庭电脑购买速度加快，尤其是 2003 年年后，家庭电脑购买量迅速增加。2008 年是无极县农村家用电脑增长最迅速的一年，购买量接近总量的 30%，所以无极县家用电脑普及率在 2008 年后迅速增加。2009 年前 5 个月农村家用电脑购买量接近总量的 10%，所以 2009 年后期的购买量依然很高。

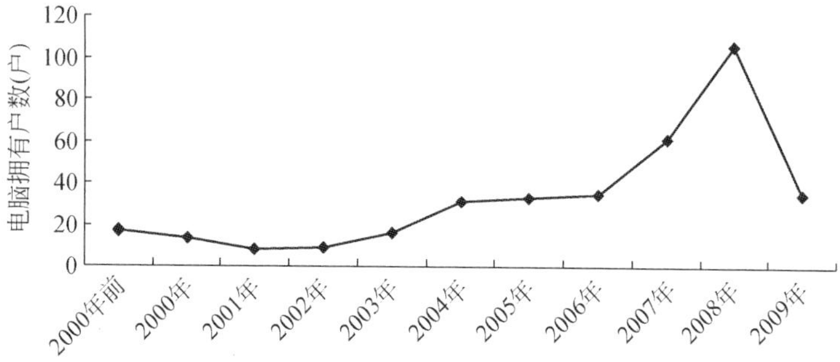

图 5-33　农村居民购买家用电脑时间特征

资料来源：调研问卷数据统计结果

统计结果显示家用电脑的入网率达 83%，说明家用电脑的最主要用途是接入互联网。而对于农村信息化建设来说，最基本的特征是将家用电脑或移动电话接入网络来获取信息与服务。所以本书不关注家用电脑的其他使用，而只强调与网络应用相关的行为特征进行分析。

所有参与调研的居民中，在对"是否听说过互联网"一题的选择时，超过 90% 的人为肯定选择，说明互联网对于农村居民来说已经不再是陌生的词汇；同样在"是否应用过互联网"这个问题的有效回答上，用过与没用过的人数各占 50%，说明使用过互联网的农村居民已经达到较高的比例（表 5-15）。本书将农村居民上网时间，上网目的作为网络具体应用的特征进行分析。

表 5-15　农村居民互联网使用程度　　（单位：人）

项目	是否听说过互联网	是否使用过互联网
是	1 125	581
否	96	582
合计	1 221	1 163

资料来源：调研问卷数据统计结果

在《2008～2009 年农村互联网统计报告》中，农村网民的平均上网时长约

13.1 小时/周，即 1.87 小时/天，与 2007 年相比，农村网民平均每周上网时间增加了近 1 小时。而在案例区，农村居民的上网时间要低于全国农村网民的平均水平，如图 5-34 所示，60% 以上的居民上网时间在 0.5 小时/天以内；其次就是接近 20% 的居民上网时长在 1～2 小时/天。

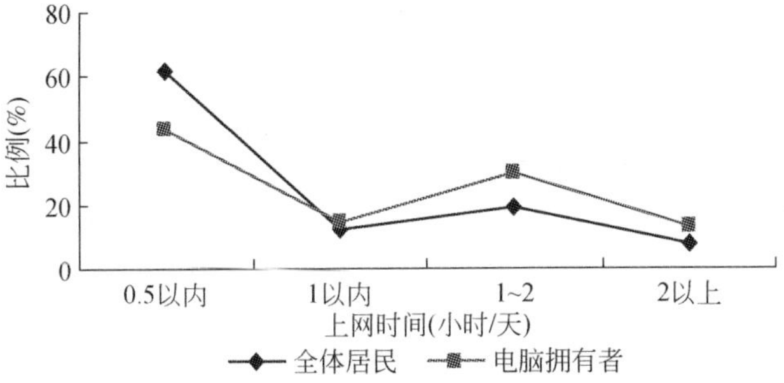

图 5-34　无极县农村居民上网时间情况

资料来源：调研问卷数据统计结果

无极县拥有家用电脑居民的上网时间高于全县平均水平。其上网时长的特点是，平均上网 0.5 小时/天的居民依然占绝大多数，但其比例较全县平均水平下降 18%；而上网时间在 1～2 小时/天的居民比例较全县平均增长 11%，其他如上网时长在每天 1 小时以内和 2 小时以上的居民比例均高于全县平均水平。

根据调研问卷设置的问题与中国互联网络信息中心（CNNIC）对农村居民互联网各种应用所做的分类，将农村网民的互联网应用分为如下几类：网络媒体、互联网信息检索、网络通信、网络娱乐、电子商务、网络金融等。有关网络应有部分整理有效问卷 867 份，据统计，农村网民的主要网络应用见表 5-16。

表 5-16　农村居民网络应用情况

类型	具体应用	全国农村使用率（%）	无极县农村使用率（%）	两者的差距（%）
网络媒体	网络新闻	68.7	48.0	-20.7
信息检索	搜索引擎	58.6	77.3	18.7
	网络求职	16.7	14.0	-2.7
网络通信	电子邮件	45.0	33.6	-11.4
	网络聊天	71.0	36.9	-34.1
网络娱乐	网络游戏	60.1	25.7	-34.4
电子商务	网络购物	15.4	10.4	-5.0
	其他形式	5.0	3.8	-1.2

续表

类型	具体应用	全国农村使用率（%）	无极县农村使用率（%）	两者的差距（%）
网络金融	网上银行	9.5	9.5	0.0
	网络炒股	4.2	5.0	0.8

资料来源：CNNIC，2009；相关调研数据整理

总体来看，无极县农村居民的网络应用深度远低于全国平均水平，只有搜索引擎的应用比全国平均水平高出 18.7%。其中，无极县 48% 的农村网民使用新闻浏览，比全国平均水平低 20% 多，说明农村居民的新闻信息来源仍然以传统方式为主；在各种应用方式中，信息检索功能依然是互联网最主要的应用。互联网具有信息储量大、信息全面、查询方便、信息更新及时等优势，对于地理位置较偏僻，交通相对不便利的农村而言，互联网无疑是给广大农村提供了方便快捷的信息获取渠道。

搜索引擎是网民在互联网上获取信息的重要工具，作为互联网的基础应用，搜索引擎在农村的使用率还不高，低于城镇使用水平。从全国来看，2008 年农村搜索引擎用户净增长了 1 976 万人，年增长率超过 60%，搜索引擎在农村网民中的使用率为 58.6%，比 2007 年提升了 2.0%。无极县农村居民搜索引擎的应用高于全国城镇水平，达到 77.3%。其中，在搜索引擎使用上有 55.1% 的人选择查询与学习有关的信息，为了给自己或孩子的学习提供方便是大多数农村居民上网的主要目的之一。

互联网对广大农民的吸引更多来源于网络的信息供给和休闲娱乐功能。在农村，网络音乐、网络视频、网络游戏以及网络聊天成为农村网民使用互联网的主要目的。其中，网络游戏的渗透速度较快，与 2007 年相比，中国农村网络游戏用户年净增长 2 022 万人，年增长率达 66.0%。无极县农村居民在互联网的娱乐功能上主要以聊天和游戏为主，而选择网络音乐和网络视频的比例很低。

互联网的娱乐功能的应用可以作为激发农村居民接入互联网的最初原因，但从长期来看，仅限于游戏、视频和聊天的应用会阻碍农村居民进一步深化网络应用，从而造成更大的城乡数字鸿沟。所以接入网络与深化应用两者应该相辅相成。

通过以上分析可见，尽管无极县农村信息化程度和居民家用电脑的拥有比例高于全国平均水平，但互联网的多数应用程度却远低于全国农村的平均水平。说明尽管本县信息基础设施配备水平已经较高，但实质的使用能力有限，因此提升农村居民的信息通信技术使用应是当前信息化推进的关键。

5.5.2 农村居民移动电话使用特征

除电脑外，农村居民普遍接触的另一新的信息通信技术手段便是移动电话，根据调查问卷显示，到 2008 年年底，无极县农村移动电话拥有率超过 90%，同时城乡差异很小。从信息基础设施配备的空间视角看，移动电话在农村地区比电脑更具有推进信息化的潜力。基于此，本书对无极县农村居民的移动电话使用情况也进行了详细调查（表 5-17）。

表 5-17　移动电话各项功能使用分析

移动电话功能分类	使用人数（人）	比例（%）
通话	948	78. 54
短信	1 030	85. 34
音乐	705	58. 41
视频	229	18. 97
上网	359	29. 74
其他	85	7. 04
合计	1 207	—

注："各项功能使用"统计时为多选，总计不等于加和

资料来源：调研问卷数据统计结果

在移动电话日常功能的选择上，有效问卷 1 207 份，此选项人数高于移动电话拥有的真实量 1 172 户（农村居民问卷中拥有移动电话的总户数），在数据处理中作者未剔除没有移动电话而选择使用功能的部分问卷，而是作为有效问卷处理，因为这部分选项也能代表人们对移动电话的使用倾向。

移动电话功能中短信的使用人数最多，达 1 030 人，占有效问卷的 85. 3%；而移动电话的通话功能则排名第二，占 78. 5% 的比例；再次是手机音乐功能的使用，移动电话除基本通信外，其娱乐性功能的使用越来越多；选择通过移动电话上网的有 359 人，在日常功能的选择中排第四，占 29. 7% 的比例，比《2008 ~ 2009 年中国农村互联网调查报告》中农村居民手机上网 23% 的比例高 6 个百分点。可见，通过移动电话接入互联网将是农村居民认识与应用网络的便捷途径。

针对农村居民日常联系所使用的通信工具的问题中，问卷选用多项选择的方法，回答者根据联系方式的重要程度进行选择，校正后有效问卷 1 198 份。

根据汇总结果可见，10 年来居民通信工具的选择发生了明显变化(图 5-35)。42% 的居民选择 10 年前主要靠登门拜访进行联系，另外是普通信件联系，占 32%，除此以外，随着固定电话的普及，通过固定电话进行联系的比例达 22%；

5 年前，情况发生比较明显的变化，以固定电话作为日常通信工具的人迅速增长，超过 56%，而传统联系方式的比例迅速下降，选择移动电话的比例趋向上升；当前，78% 的人选择通过移动电话作为日常联系的通信方式，16% 的人选择固定电话，仅有少数人选择传统的登门拜访或普通信件，还有 2% 左右的人选择通过电脑上网进行联系。

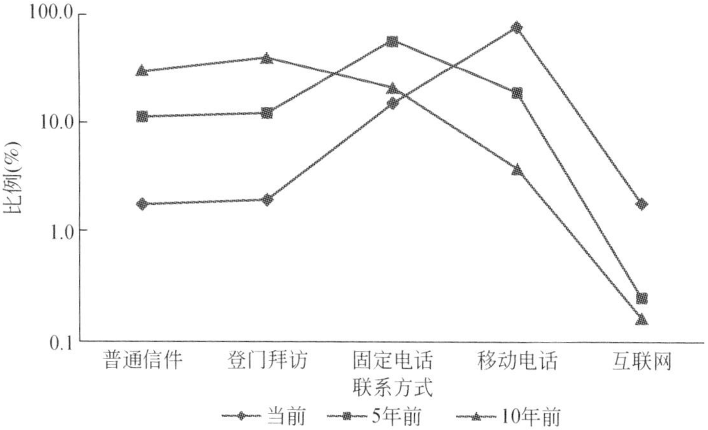

图 5-35　10 年来无极县农村居民日常联系方式变化图

资料来源：调研问卷数据统计结果

总之，10 年时间，人们日常联系的通信方式发生巨大变化，表现为 10 年前的以多样化传统通信方式向及时高效单一通信方式的转变。

移动电话上网成为农村信息化推进中发展潜力较大的上网终端设备。《2007 年中国农村互联网调查报告》中指出，农村外出务工人员上网的两个途径是网吧和移动电话上网。根据 CNNIC 调查结果，三成（30.3%）的农村外出务工网民在使用其他设备上网的同时，选择使用移动电话上网。这一比例比总体网民的移动电话上网比例高了 3 个百分点（总体网民中使用移动电话上网的比例为 27.3%）。2008 年互联网发展报告中将农村移动电话上网作为单独一节加以分析，说明其已经成为农村居民使用互联网的重要终端设备。截至 2008 年年底，中国移动电话上网用户达到 1.2 亿人，城镇移动电话上网用户 7 789 万人，占城镇网民总体的 36.5%。农村移动电话上网用户约为 4 010 万人，占农村网民总体的 47.4%。

无极县农村居民中通过移动电话上网的比例为 29.7%，比《2008～2009 年中国农村互联网调查报告》中农村居民手机上网 23% 的比例高 6 个百分点。可见，通过移动电话接入互联网将是农村居民认识与应用网络的便捷途径。

随着移动电话拥有率的快速增加，以及中国移动上网技术的发展，农村移动电话在信息化推进中的作用不容忽视，它可以成为衡量农村信息化程度的重要标志。

10 年来，无极县农村居民移动电话的拥有增长率和使用特征的时空变化明显。从时间上看，随着居民移动电话拥有量的增加，移动电话极大地替代了农村传统通信方式，成为人们日常联系的主要工具。从空间上看，移动电话对缩小信息化城乡差异具有极大的推动作用。在信息基础设施配备差异显著的情况下，农村移动电话拥有量的快速发展成为农村居民接受信息化服务最有利的基础设施。因此，移动电话及其服务功能的挖掘将成为农村信息化发展的重要方面。

5.5.3 农村青少年学生网络应用特征

根据中国互联网统计报告中的数据显示，学生逐渐成为农村网民非常重要的一个构成群体，2008 年，农村 8 460 万网民中，18 岁以下网民所占比例为 34.4%，即有 2 910 万未成年农村网民，与 2007 年相比，中国未成年农村网民净增长了 1 537 万人，年增长率超过了 100%。随着互联网的快速发展，网络已经深入到人们生活的各个层面，将个人的学习和生活与互联网充分结合是社会发展的趋势所在，所以青少年学生使用互联网是不可避免的。

刘卫东（2002）曾对北京高中学生在使用互联网后其空间行为的变化做了问卷调查，最后总结了具有显著空间意义的统计结果。例如，电子邮件大大减少了青年学生去邮局的频率，部分学生认为电子邮件会取代普通邮件；互联网增加了自己对其他区域的了解等。总之，作为正在成长的“互联网代”，他们的生活将越来越依赖于互联网技术；年轻的互联网一代容易接受新的教育、工作、交流、购物和营销方式；互联网正在成为重要的学习知识和接受信息的途径。

青少年群体同样是农村信息化发展中新技术应用的主体力量，可以直接影响未来农村信息化推进的水平。故在之前分析无极县成年网民的基础上，有必要对当前的青少年学生的网络应用情况进行详细了解。

作者根据分布在无极县 11 个乡（镇）政府所在地的每个中学均进行问卷调查，每个学校发放问卷 150 份，共发放 12 所中学（其中张段固镇两所中学），回收有效问卷 1 650 份。根据问卷统计整理青少年网络应用特征。

从学生群体应用网络的时间看（表 5-18）。绝大部分学生每天用电脑的时间不超过 1 小时，90% 的学生每天上网时间不超过 2 小时，与全体网民每天使用网络时间相似。

表 5-18 农村中学生互联网应用时间特征

每天平均用电脑时间	选择人数（人）	比例（%）
1 小时以内	892	74.27
1 ~2 小时	186	15.49
2 ~3 小时	79	6.58
3 小时以上	44	3.66
合计	1 201	100.00

资料来源：调研问卷数据统计结果

根据《2008 ~ 2009 年农村互联网报告》的统计，农村未成年学生网民中，有 61.6% 的未成年网民在网吧上过网。而无极县农村青少年学生中，66% 的学生选择在家上网，32% 的学生选择在网吧上网，还有 2% 的学生同时选择在家和网吧上网。可见其网吧上网比率远低于全国平均水平。

在互联网的具体应用上（表 5-19 和表 5-20），无极县青少年学生倾向于使用即时通信而不是互发 e-mail。在有无邮箱账号的选择中，拥有邮箱的学生比例仅为 23.1%，低于全县 33.6% 的比例，更低于全国平均水平。农村中学生中没有网络聊天的比例较低，占有效问卷的 28%，而大多数学生都使用网络聊天，并且使用时间多数集中在周末空余时间段；说明青少年学生群体更倾向于使用网络进行即时通信。

表 5-19 中学生网络使用特征分析

项目	网吧上网（人）	比例（%）	电子邮箱（人）	比例（%）	上网聊天（人）	比例（%）	网络游戏（人）	比例（%）	网络交友（人）	比例（%）
有	480	33.4	332	23.1	1 032	71.3	972	67.6	665	46.2
没有	957	66.6	1 107	76.9	415	28.7	466	32.4	773	53.8
合计	1 437	100	1 439	100	1 447	100	1 438	100	1 438	100

资料来源：调研问卷数据统计结果

表 5-20 农村中学生互联网应用与时长特征

项目	上网聊天情况（人）	比例（%）	上网玩游戏情况（人）	比例（%）
平均每天玩 1 小时以上	115	7.95	73	5.08
平均每天玩 1 小时以内	119	8.22	73	5.08
周末空余时间玩一下	798	55.15	826	57.44
从来没玩过	415	28.68	466	32.41
合计	1 447	100.00	1 438	100.00

资料来源：调研问卷数据统计结果

同样，中学生中没有玩过网络游戏的人也很少，只占 32% 的比例，而近 70% 的学生曾玩过网络游戏，从时间上看，多数学生选择周末空余时间玩。虽然学生多数选择周末时间使用网络游戏和即时通信，但看以看出，用互联网进行交流与娱乐已经广泛渗入到学生群体中。

在有无通过网络结交朋友的选择中，选项几乎各占一半，说明青少年学生认同通过互联网来开拓人际关系，并通过网络来加强联系。

因调研问卷由各学校老师负责收集，故学生在填写网络应用时不排除保留或掩盖真实情况，所以学生群体中出入网吧比例、实际玩网络游戏或即时通信者会更多。

为了解青少年学生如何应用互联网帮助其学习的情况，问卷预设几个问题：①任课老师是否要求课外时间上网查找有关学习资料；②完成老师布置的搜集资料作业的方法；③你认为上网对学习的影响。

其中关于问题①的回答如下：在 1 436 份有效问卷中，有 1 036 人选择有老师要求通过互联网查找学习资料，其中 170 人选经常有老师留相关作业，而 866 人选择偶尔有老师留相关作业；除此之外，28% 的人选择从来没有老师要求通过网络查找相关学习资料。总体来看，不管是学生还是教师对网络的信息供给作用都有较大的认同。

在关于问题②的选择中，请教家人的选择比例最高达到 71%，其次是选择通过互联网查找资料，达到 50%，选择去图书馆查询或去书店查找相关资料的比例远低于前两者。可见互联网已经成为学生学习过程中资料查询的重要手段。

在有关问题③的 1 415 个有效回答中，498 人认为上网的负面影响较大，占 35% 的比例，而 917 人认为上网与学习可以相互促进，其正面影响大于负面。在互联网与学习的关系上，多数学生还是认为互联网有助于促进学习，所以在如何正确看待并评价当前农村青少年学生上网的问题需持客观态度。

5.6 小　　结

典型研究区河北无极县的农村信息化发展过程表明，农村信息服务模式的推出与同时代背景下的技术发展紧密相关。农村地区信息推广经历了由传统的实际出行到借由收音机、电视机、电脑推广的过程，可见信息化的发展首先会依托于信息通信技术设施的配备。

无极县农村各种信息基础设施的拥有量均高于全国平均水平，尤其是 2008 年，无极县家用电脑拥有量迅速增加，远远超过同期全国农村的拥有水平，说明该地的信息化硬件设施已经处于较好的发展态势。在信息基础设施中，农村居民移动电话拥有量迅速增增加，移动电话上网成为信息化推进的另一重要方式。

从农村居民家庭特征的统计结果显示，家庭年收入在 1 ~3 万元，拥有自己的企业或工薪收入的群体是购买家用电脑的主体。

从网络总体应用看，无极县居民在互联网的多数应用上程度远低于全国农村的平均水平。说明尽管该县信息基础设施配备水平较高，但实质的使用能力有限，因此提升农村居民的信息通信技术使用水平应是当前信息化推进的关键。

从互联网的应用主体看，成年网民与青年网民对网络应用表现出不同的特点。成年网民的网络应用时间短并且应用水平较低，尤其在网络聊天、游戏方面远低于全国平均使用水平。而在青年网民群体中，互联网在网络游戏和聊天中的使用比例大大提高，均超过全国平均水平。说明不同年龄群体间互联网的使用深度存在较大差异，作为当前农村信息化的主体力量成年居民的网络应用能力尚需提高；而作为未来信息化推进的潜在主体，青年网民的网络使用方式需要加强引导。

在农村家用电脑拥有比例较低的现状下，移动电话以其低廉的费用，功能的多样迅速在农村地区普及，从而成为信息化推进的重要力量。移动电话上网功能的使用成为弥补农村家用电脑上网缺失的主体。

第 6 章　信息通信技术应用对农村经济空间的影响

信息通信技术（ICTs）不只是简单的作为一种工具使已经存在的事情效率更高，而是帮助人们重新定义经济行为，并打开一种做事、生产商品和提供服务的新途径（Malecki, 2003）。信息和通信技术的飞速发展，影响到社会生产、社会生活的各个方面（陆大道，1995）。总的来看，信息化对社会经济发展的作用更体现在 ICTs 动摇了传统经济的交易模式、改变了人们的消费方式和空间认知、加快了知识创新的过程，即它正在对经济和社会的组织方式产生革命性影响（刘卫东和甄峰，2004）。

已有的文献表明，新的 ICTs 在经济空间变化中起着越来越重要的作用（刘卫东等，2004），它所造成的空间变革是一个复杂的过程，它的趋势可以从不同的部门和不同的空间层级来观察。Gillespie（1993）解释说，通过“压扁场所间的相对距离（尽管不平等并有差异），ICTs 必然会被牵连到新空间相互作用和新形式空间组织的构建中”。农村作为区域空间的重要组成部分，发生在其中的经济活动同样受到新的 ICTs 的影响。本章核心内容是通过具体案例探讨新的 ICTs 如何影响农村地区经济活动的空间组织。

6.1　信息通信技术与农村经济空间组织转变

6.1.1　信息通信技术与农村地区面临的机遇与挑战

许多国家和地区发展的实践已经表明并将继续表明：信息已成为影响生产力发展和经济增长的重要因素，而且意义在不断提高。有学者指出，地理学对新 ICTs 研究的贡献之一是对于它在城市区域重构中作用的探讨。也有学者提出了 ICTs 对城市空间作用的四大效应，即协作、替代、衍生和增强效应。在 ICTs 对城市空间重构作用提出的同时，研究者同时发现信息时代城市与乡村均将面临新的机遇与挑战，农村地区经济活动的空间集聚与扩散、区域空间组合形态都会因此而发生改变，或者说 ICTs 同样重构着农村地区的经济和社会空间。

几十年来农村地区经历了经济形式与产业结构的变化，使自己不断地融入国家或全球市场体系中，其中农村企业的变化较为明显。有学者认为农村地区在技术带来的经济和社会空间组织方面的变化如下：农业生产重构，农业企业和工业系统的重新组织；通过技术革新提高生产力；经济国际化，使具有生产、管理和控制的最佳区位地获得利益；服务行业，尤其是信息处理行业的增长；电信技术的进步。Kitchin（2000）认为农村地区旧的产业体系已经被信息通信技术改变，就像全球经济景观被重新刻画一样，农村形成了一个具有复杂性的新区域。

交通和通信设施的升级同样具有消极影响。首先，那些缺少信息基础设施接入的地区会导致其经济行为与具有各种集聚优势的城市中心地区相脱离（Bachtler，1996；Copus，2001）；其次，当农村经济变成不断进化的数字经济的一部分时，农村市场区域可能会暴露在激烈的外界竞争环境中。在各种新技术的作用下，农村地区越来越多地融入到大的经济系统，对外开放程度的增大使一些地区的弱点变得明显并且会在短时间内受到竞争的影响。Hetland 和 Meyer（1998）认为这些地区会变成“远程空间”中弱势地区。

总之，不管是信息通信技术为农村地区带来了发展机遇还是使其面临了巨大的挑战，农村的经济活动及其经济联系的地域范围和组织形式均将受到信息通信技术的影响。

6.1.2 信息通信技术影响农村经济空间组织的理论框架

农村经济空间指以聚落为中心的经济活动、经济联系的地域范围及其组织形式；农村经济空间组织指在一定的约束条件下，对区域内或区域之间经济发展的各种资源和经济要素进行空间优化配置的过程，是区域经济的一种重要组织形式。农村经济空间中各因素在经济、技术与空间关系的作用下形成了空间组织的外在表现形式，即农村企业、农村合作组织（协会）、农村产业部门等。这些经济空间组织实体的形成与发展即体现了农村经济空间组织的演变过程（图 6-1）。

尽管演变过程中会受到各种因素的影响，但随着农村信息化的推进，新的信息通信技术在这些组织实体演变过程中的作用逐渐受到研究者的重视。人们开始关注各种农村的经济组织实体在应用信息通信技术的过程中对自身产生的影响，这些影响包括农村企业空间组织变革、农业生产方式与农业产品种植方式的变化，农村产业结构的变化等。地理学尤其关注各经济实体在信息通信技术影响下的空间转变过程与特征及其带来的区域效应。从目前来看，信息通信技术的空间重构作用在农村企业空间组织中的作用最为明显，农村企业的空间演变直接影响了区域经济格局。

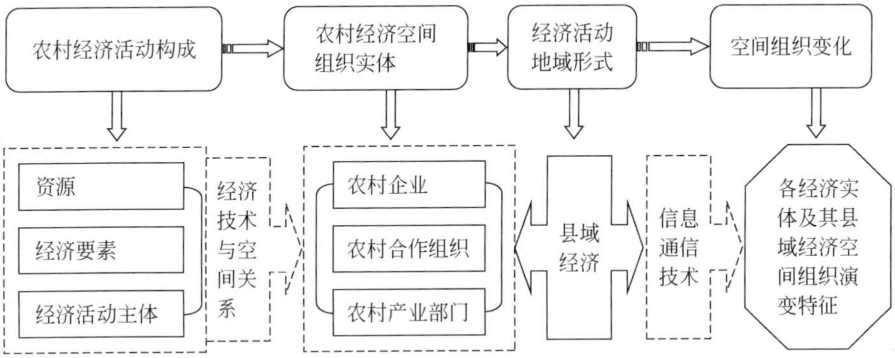

图 6-1　农村经济空间组织构成及其演变

6.1.3　信息通信技术下农村经济空间演变的实证基础

农村企业、农村合作组织与农村各产业部门为农村地区主要的几种经济组织实体，这些经济实体在当前信息化趋势下的发展与演变是农村地区经济空间组织演变的基础。对信息通信技术影响下农村经济空间组织演变的认知来自作者2008年3月24日对四川白家食品有限公司（简称白家食品）的深入访谈。

1. 白家食品发展概况

四川白家食品有限公司是一家以农副产品加工为主的民营企业，于2001年6月正式成立，是国家级农业产业化重点龙头企业之一。2001年成立后年销售即达到亿元，2008年销售收入达到6亿元。企业产品涉及方便粉丝、方便米线、方便水饺、调味品等众多领域，尤其是粉丝的在国内市场占有率达40%左右，对于食品行业来说，市场占有率达到30%以上就可成为全国第一品牌。

白家食品采用典型的农业产业化龙头企业的运作模式，即企业、基地加农户，产供销一条龙的模式。公司以自身原辅料需求为导向，通过“公司+农户”、“公司+基地+农户”、“公司+协会+种植户+加工户”的模式提供产前、产中、产后服务，采取订单农业、土地托管、成立协会等方式与农民形成良好的利益联结机制，进行农产品基地建设，推进农业产业结构调整。每年从种植基地收购鲜活农副产品和粗加工产品达20万吨，收购价值达1.2亿元，为每个农户平均每年创收2 000元。

经过几年发展，目前公司主要有3个基地，成都龙泉基地、四川宜宾高县基地和北京密云基地。其中龙泉基地最大，为总厂。除此之外，公司在华中地区的基地正在建设，而西北地区的基地正在西安进行选址。各基地的发展及其产品特色如下。

1）成都龙泉基地。位于成都经济技术开发区内，2005 年年初建成，主要生产白家方便粉丝系列产品，这是全国最大的方便粉丝生产基地。龙泉基地为白家食品的总部，集企业研发、生产、管理于一体。

2）四川宜宾高县基地。四川高县为全国红薯大县，依据资源优势所建的前端产品——粉饼加工基地，是宜宾市场范围内唯一的、规模最大的以红薯深加工为主的农业产业化龙头企业。高县基地为企业原料的主要供给地。

3）北京密云生产基地。2005 年 6 月建成。密云基地主要生产白家方便粉丝，为东北和华北提供充足的产品供应。密云基地的主要原料来源华北当地。

2. 企业市场销售状况

（1）国内营销网络

在国内市场，白家食品已拥有六百余家经销商，销售网络遍布全国三十一个省（市、自治区），并渗透到县、镇（乡）等三、四级市场。白家食品以省级中心城、副省级城市为营销重点，重心逐步下移到二级城市和县级城市，并有序地渗透到乡级市场。截至 2009 年，白家食品旗下多个品牌的产品进入全国 10 000 多家大型商超，进店率达 96%，成功进入 12 万多家终端零售小店，进店率达 70% 以上。与此同时，在全国的各大车站、码头、机场、景点、学校均有白家方便粉丝销售。

（2）国外销售网络

公司依托雅士集团外贸公司进行国外销售，出口覆盖 30 多个国家。从 2001 年开始，产品逐渐进入美国、英国、日本、加拿大、澳大利亚等国，并且在国家内部销售范围逐渐扩大，如在英国白家方便粉丝逐渐从伦敦向其他地区辐射，先后进入了曼城、利物浦和伯明翰等一些城市，商场超市数量达到 100 余家，包括新龙门、阳光超市、等知名华人超市。

3. 企业信息基础设施配备与应用

（1）企业内部信息通信技术应用

访谈中发现，公司信息通信技术的应用主要集中在内部各部门的局部运用，目前在物流、人力资源、财务、办公自动化、仓储等方面均有软件在支持其运作，但这些部门的信息化还处于相互独立状态。公司管理中心总监说："从公司目前发展看，这些部门软件的应用可以满足企业需求。"作为北方大区中心北京引入 CIPS（computer integrated producing system，计算机集成生产系统），即软件集中控制平台，在该平台上可将公司现有的局部软件进行整合，实现数据的共享。企业信息化的发展目标是保证目前各版块的顺畅运行，同时通过企业 CIPS 将版块数据集成化，以满足自身生产经营的需要（表 6-1）。

表 6-1 企业信息基础设施配备

项目	信息基础设施与应有	拥有与应用情况
部门设置	独立的信息化管理部门	√
企业内部管理软件	物流软件	√
	人力资源管理软件	√
	财务管理软件	√
	办公自动化软件	√
	仓储管理软件	√
	生产管理软件	√
	ERP 系统	×
网络建设	企业内部网站	√
	企业外部网站	√

注：√表示拥有；×表示没有；ERP（enterprise resource planning）为企业资源计划系统

资料来源：访谈资料整理

从企业内部信息通信技术应用来看，各部门分别通过技术革新实现了内部管理与运行的现代化，提高了各部门的运行效率。但从整体看，部门间的信息化尚处于相互独立状态。

（2）企业间信息通信技术应用与整个供应链响应时间

尽管企业现有的业务流程依然是传统的从购买原材料到生产到销售的过程，但在此过程中不同部门各有自己的信息通信技术应用，所以其产品的市场响应能力大大提高。企业对市场变化的响应能力主要取决于产品市场信息获取时间、产品订单处理时间、产品生产周期以及原料采购过程。从理论上，信息通信技术可使企业通过“倒流程”达到最短的市场响应时间（表 6-2）。据此，作者具体分析了白家食品在整个生产链中的信息化程度。

表 6-2 企业对外联系方式的应用

企业内外联系	面谈为主	固定电话	手机	传真	即时通信	e-mail
企业内部各部门间联系		√			√	√
企业与经销商之间的联系		√	√			√
企业与原料供应商的联系		√	√			√
老客户的下订单方式						√

续表

企业内外联系	面谈为主	固定电话	手机	传真	即时通信	e-mail
新顾客的下订单方式						√
与物流公司的联系		√	√			

资料来源：访谈资料整理

首先，从产品订单处理时间看。白家食品目前还没有完善的信息化客户关系管理系统，所以订单是经销商通过 e-mail 上传给各大区办事处，办事处汇总后通过互联网传到公司计划部，最后由计划部将生产任务下达到生产部门。在此过程中，信息通信技术手段的应用是办事处订单电子化汇总与通过网络上报，以及计划部门应用软件对总订单的处理过程。因有了部分信息通信技术手段的应用，公司终端销售商的订单一般 1 天内可到达计划部，而计划部会再次天下达生产计划，所以公司能保证订单的响应时间是 1 ~2 天。

其次，从原料供应看。尽管企业还没有实现根据订单进行生产的业务流程，但其自身实现了原料的零库存。其原因主要有两点：①原料管理的实时监控系统和快速的网络通信功能，使企业可以做到原料的按需购买；②企业的原料供应商多数分布在本地，能保证快速运达。

再次，从产品终端销售信息获取看。目前企业的销售模式主要有现代渠道和传统渠道两部分。所谓现代渠道，主要指终端销售商具有现代化基础设施，可以通过新的信息通信技术与企业进行沟通。具有这些设备的销售商一般是位于中心城市的销售代理或大型超市。通过现代渠道进行销售可以使企业较快掌握产品的市场信息，极大缩短企业的市场响应时间。传统销售主要指销售代理通过传统的通信手段与企业进行沟通。传统销售商一般位于较小城市或乡镇，这些经销商一般不具备新的通信基础设施来与企业进行交流。所以企业对此类市场信息的获取速度较慢，因而该市场变化的响应时间变长。

最后，企业除了传统的销售外，已经开始尝试全新的网络销售模式。白家食品在自己外网主页上新加了网络销售页面的链接，消费者可以登录白家商城（http：//www. scbaijia. com/shop/）了解白家食品的主要产品类型，并可以通过此网站直接购买商品。白家食品外网中除了企业对外宣传外，另外一个非常重要的版块就是网上商城。根据网站统计订单信息可见，网上销售的第一笔订单是 2009 年 5 月 14 日，到 2009 年 11 月 13 日，共生成 87 个订单，其中有效订单 65 个，在无效订单中有 12 个因为地址不详细而取消，另外 10 个因购买产品不足 60 元而不能成交。在有效的 65 个订单中，顾客地域分布广泛，但以北京、上海、广州三地居多。虽然网上销售量很小，但它说明企业商务运作模式的转变，同时说明信息通信技术对企业商务模式的变革性作用。

从企业信息基础设施配备现状及其各项应用看，企业内部各种信息化软件的应用有利于企业提高效率；而互联网的信息传递与互动功能则使企业能够与外部建立快速联系，并推动企业实行新的商务模式。

4. 信息通信技术影响下企业空间组织演变

根据企业信息通信技术应用现状可见，信息化技术手段已经在企业各部门推行，同时对企业工作效率的提高起了巨大推动作用。但是其应用程度较信息通信技术应用成熟的企业还有很大距离。例如，在服装行业信息应用较好的美特斯邦威，信息化发展经过几个阶段后，不仅实现了企业内部各部门间的信息共享与一体化管理，而且实现了企业业务流程的完全再造，个性化定制生产取代了传统的批量生产（丁疆辉等，2009）。根据企业信息化的需要，美特斯邦威自身的空间组织也发生巨大转变，首先总部迁移到区位优越地区；改变企业运行模式，压缩加工，增强研发和中心控制功能，使代工厂大规模扩散；直销和代销网点同样急剧增加，网上销售日渐成熟。

刘卫东曾指出，“对市场变化的更快的响应”和“更高效的产品配送”是决定着“硬部门（物质产品）”企业空间重构的两个重要力量。尽管白家食品在信息通信技术应用中所产生的空间组织问题尚不明朗，但根据企业产品特性及其当前发展状况可以预测其空间组织变化特征及其与信息通信技术间的相互关系。首先，由于白家食品产品特性所决定市场覆盖率是企业发展的关键。其次，要快速响应市场需求，高效的产品配送对企业的发展同样重要。要提高产品的配送效率，对于此类生产企业来说生产地的空间扩散是其发展的必然趋势。事实上，企业自身也正经历大规模的空间扩散过程。空间信息通信技术为企业“虚拟集聚，实体空间扩散”提供了可能。

可以预计，对白家食品来说，如果企业的信息通信技术应用逐步完善与深入，企业空间组织变化过程应首先是加工地的扩展，这是保证产品快速配送各地市场的基础。其次是围绕各加工地的原料供应商的增加，这是缩小企业原料库存同时缩短产品生产周期的前提。最后才会真正使企业产品的市场占有率极大提高，并快速促进产品的网络销售。信息通信技术在企业一系列的空间扩张中起到了极其重要的连接作用，不管企业的实体在空间上如何扩散，信息化手段则可以保证他们的“虚拟集聚”，这是实现企业高效管理的根本。

作者在访谈过程中发现，企业管理者对信息通信技术的认同感很高，普遍认为企业信息化发展是提升自身竞争力的必要手段。但在认知水平上还有欠缺，因为一些管理者在认同的同时存在认知误区，多数企业家认为企业各部门实现了办公自动化，连上了互联网，企业部门间数据可以电子化汇总即是实现了信息化过程。而少有企业家会将信息通信技术应用同企业流程再造联系起来，当然也就更少的人会将企业的空间集聚或扩散过程与信息通信技术的作用相联系。也就是说，多数企业家对信息通信技术应用的目标与作用尚不明确，这应该是制约企业快速信息化的根本因素。

个体案例为本书研究提供了基础和视角，深入探讨信息通信技术对农村经济空间的影响，还需要更多案例的支撑。基于此，作者选择性地对无极县内不同类型经济实体进行了较详细的访谈。其中，访谈企业主要有两类，一类是农村的农业产业化龙头企业；另一类是农村的非农企业，以皮革初级加工企业为例。在农村合作组织的访谈中，主要选择无极县蔬菜交易市场，无极县万鸿源蔬菜专业合作社以及无极县养殖专业合作社为例。

6.2 无极县农村企业信息通信技术应用及其空间组织演变

随着信息通信技术在全球经济和社会领域的广泛扩散，农村中小企业逐渐意识到需要面对信息经济带来的机遇与挑战。不像基础优越的大企业或区位条件、服务条件好的城市企业，位于边缘农村地区的中小企业面临巨大的挑战以确保他们可以利用新技术带来的潜在利益来增强竞争力，而不是成为信息社会的淘汰者。由于农村地区缺少信息化的具体设计与规划，因此就有很多关于信息通信技术基础设施和应用的复杂模式。本书只能通过有限的案例来刻画农村企业在信息化影响下其贸易范围超越本地或相对固定的市场的程度，并尝试解释信息通信技术对这些经济实体自身运行的影响。本小节主要的一个论题是，农村地区的企业如何看待信息化发展，以及信息化趋势给企业带来的影响。

6.2.1 信息化与农村企业空间组织演变理论基础

信息化加速了经济活动全球化过程，因此，农村地区在快速融入大的经济空间系统时同时面临机遇和威胁（Grimes and Lyons，1994）。研究者对农村企业与信息通信技术发展之间的关系上主要有以下论点：①Graham 和 Marvin（1996）认为，我们不能臆断新技术仅仅具有一种简单的扩散效应。因为新技术的接入需要地区政策的支持，需要物质交通条件的成熟，同时需要人们认知水平的提升等。所以信息基础设施在农村地区尤其是在农村企业的发展是不平衡的。②信息通信技术在一定程度上可以改变农村企业远离中心市场的现实，但是这并不一定意味着为农村企业提供了接入市场的便利，因为这些企业可能不具备开发某些市场的能力。也就是说，技术可以改变物理距离的局限，但由于企业自身能力的局限，所以不一定能进入广阔市场。③在理论上，如果农村地区具有足够高素质企业家和高技能的员工来真正使用新的信息通信技术，那么农村企业就可以在竞争中获得优势。实际上，尽管很多农村企业尝试从新的信息通信技术提供的便利条件中获利，但是这些企业却面临严峻的挑战。因为城市和中心区域的企业规模大，收入高，在数字经济中具有超越农村企业的内置优势（Malecki，2003）。总之，除了距离遥远的劣势外，农村企业已经面临着来自他们外界的较大组织的竞争，这些组织具有有效使用新技术来剥削他们市场的能力。因此，他们没有选择，只能参与到信息化经济形式以确保自身的生存。

虽然信息通信技术对不同类型、不同规模企业的作用方式与效果不同，但它对企业空间组织的影响已经逐渐明朗，研究者将其归结为信息通信技术通过提高效率和节约时间成本实现企业流程再造，同时通过企业流程再造实现内外部空间组织的重构（图 6-2）。

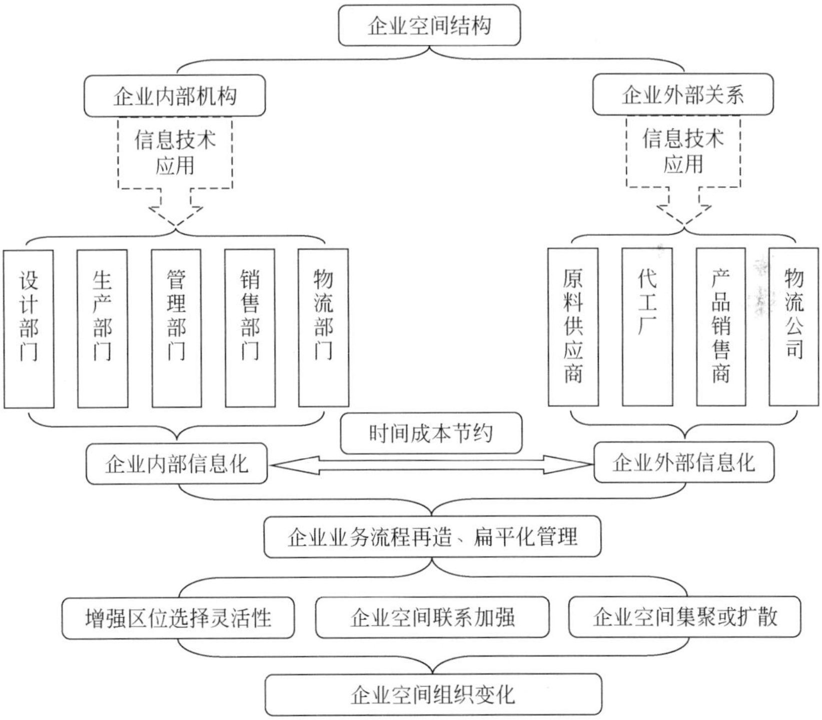

图 6-2　企业各空间构成部分的信息化过程及其空间组织变化

资料来源：作者总结绘制

企业流程主要包括自身业务流程和管理流程的再造。理想的业务流程再造是完全颠覆传统模式，实现信息通信技术支撑下的“倒业务”模式，即企业的生产不是盲目进行而是根据订单来制订生产计划和原材料的采购，这样既可以同时实现原材料和产品的零库存，又能快速响应市场需求。只有实现这样的流程模式才能将真正满足“订单式生产”和“个性化生产”的市场需求。管理流程的再造是指企业管理理念从以生产为核心到以消费者为核心，管理框架从垂直分层（金字塔形）变为扁平化（流的管理）、管理范畴从内部管理变为供应链控制的过程（刘卫东，2004）。

流程再造是信息通信技术应用的最终结果，企业只有实现了运作流程的更新，才能将内外各部门的空间组织效率最大化。例如，海尔经过几年的信息化发展，各部门信息通信技术应用逐渐成熟，于是企业完全颠覆了之前的运作模式，在业务上实现了由终端订单决定前端生产的流程，在管理上通过减少企业中间管理部门实现了扁平化管理（孙中伟，2009）。信息化对海尔流程再造的结果如下：①实现了企业自身的空间扩张；②重构了供应商的空间格局，实现了供应商“虚拟与现实”集聚的结合；③实现了企业管理者与客户的“零距离”接触。

总之，不管企业内部各部门还是企业的对外联系，都会将信息通信技术视为实现快速联系与响应的手段；而企业在信息化过程中将逐步实现自身流程再造，流程再造的结果势必会使企业区位选择灵活性增强、企业空间联系快速便捷，同时根据企业类别会出现集聚或扩散等新的空间组织模式。

从农村企业行业属性来看，主要可以分为两类，一类为与农业及农产品相关的加工、经营企业；一类为与农产品无关的非农企业。与农产品相关加工、经营企业因其根植于农村地区，属推动农村地区经济增长的内生因素。这类企业可以充分利用当地农业资源与初级农产品，带动当地农业向产业化方向发展。此类企业中对地区经济推动较大的是地区农业产业化龙头企业。另外一类则是生产或经营与当地农产品无关的企业，此类企业多数具有外来性，主要是为了利用当地农村的某种便利条件（如廉价劳动力，廉价地租等）而发展起来，它的本地根植性差，所以对农村地区的发展具有积极和消极的双重作用。

通过四川白家食品有限公司的案例看出，与所有企业一样，农村产业化龙头企业在参与信息化的过程中同样会经历空间组织的演变过程，信息通信技术推动下企业基地的空间扩散便是最好的证明。除了企业自身受到信息通信技术影响外，同样值得注意的是为企业提供原料的农户、基地或初级农产品企业在信息化过程中的发展。这些参与者似乎对农村经济的影响会更直接，所以有必要进一步研究分布在农村地区企业信息化情况。可以肯定，农村产业化龙头的信息化过程不仅会影响企业自身的发展，同时会带动相关地区农村企业或农户的信息化参与水平与经济发展。但农村地区因其自身信息化发展水平以及农村企业所固有的一些特征（行业属性、企业规模，企业家认知水平等），使得其在信息化过程中的空间组织演变可能具有一些独特特征，需要进一步深入探讨。

为进一步探讨信息通信技术对农村企业的影响，作者主要以访谈形式对无极县内不同类型企业进行调研。访谈企业主要有两类，一类是农村的农业产业化龙头企业，以石家庄广威农牧有限公司为例（访谈时间为 2009 年 5 月 22 日；接受访谈人为石家庄广威农牧有限公司总经理助理）；另一类是农村中的非农企业，以皮革初级加工企业为例（访谈时间为 2009 年 10 月 1 ~ 5 日，接受访谈者为企业管理者或技术人员）。

6.2.2 案例区农业产业化企业信息通信技术应用及其影响

1. 石家庄广威农牧有限公司概况

石家庄广威农牧有限公司（简称“广威农牧”）成立于 1992 年，公司坐落在无极县北苏工业园区，占地 120 亩，是一家集饲料厂、种鸡场、孵化厂、奶牛养殖科技示范园区于一体的综合性农业产业化企业。现有职工 125 人，其中 110 人来自周边农村。该公司是“河北省农业产业化重点龙头企业”、“河北省饲料行业三十强企业”。2007 年被河北省中小企业局评为“河北省放心农资企业”。公司 2001 ~ 2007 年连续七年被石家庄市委、市政府评为“石家庄市农业产业化重点龙头企业”。公司先后被吸纳为河北省饲料工业协会会员单位、河北省家禽协会会员单位、河北省奶牛协会会员单位、中国林牧渔业经济学会饲料经济专业委员会会员单位。

公司下属的种鸡孵化厂占地 30 亩，年存栏父母代种鸡 5 万套，每年可向社会提供种蛋 600 万枚，年孵化 300 万只健康母雏。2001 年公司率先在当地投资 100 多万元建立了“奶牛养殖科技示范园区”。当时养殖小区规划占地 60 亩，吸纳奶农 30 户，奶牛存栏 300 多头。目前，公司下属的奶牛养殖科技示范园中的养殖小区由原来的 1 个发展为 3 个，占地 150 亩，吸纳养殖户 100 多户，养殖奶牛 1000 多头。把原来一家一户的散养奶农集中起来，实现了“公司+基地+农户”的产供销一条龙的产业化经营模式，达到了“分户喂养、统一管理、集约经营”。

公司于 2003 年投资 1000 多万元新建了现代化的大型饲料厂，占地 40 亩，拥有时产 50 吨的自动化饲料加工机组和现代化预混料生产设备，年产饲料 20 万吨，使公司生产规模进入了河北省饲料加工行业前列。“广威牌”饲料产品以省内销售为主，主要包括石家庄、保定、衡水、沧州、邢台、廊坊、邯郸等地区，产品同时拓展了一些省外市场，如云南、山东、河南、山西等省份。

公司在发展过程中根据产品特点逐步完善了自身产业发展，延伸了各个产品的产业链条，力争使企业较好地完成纵向一体化的过程。

首先，公司延长了其基础产业——蛋鸡产业链。将蛋鸡产业链从种鸡孵化→饲料加工→品牌蛋销售→淘汰鸡屠宰与深加工形成一条龙产业化发展模式。2009年，重点启动“品牌蛋”和“淘汰鸡屠宰与深加工”项目。

其次，完善奶牛养殖产业链。充分发挥公司拥有标准化奶牛养殖小区的资源优势，重点开展“奶牛健康养殖模式”。积极配合奶农实施统一管理、统一饲养、统一防疫、统一提供饲料，以保证鲜奶的安全、优质，并能保证奶农的利益。

最后，公司2008年与河北圣农生态科技有限公司和北京神农庄园饮食服务有限公司合作，打造了河北省首家“人类经典生活集合体——零季节度假中心”。该中心位于滹沱河新区太平湖畔的石家庄农业科技园内，占地23 000平方米。中心不仅引领了石家庄生态酒店的新时尚，同时也为公司打造从农场到餐桌的食品安全供应链奠定了良好的发展基础。

经过几年发展，该公司不仅努力完善自身的横向、纵向一体化经营，而且开始尝试多样化产业经营，试图将种植、养殖与餐饮结合，达到增强企业经济实力的目的。

2. 公司信息基础设施配备及技术应用

广威农牧有限公司是无极县农业产业化企业的代表，其信息通信技术应用水平在县域范围内较高，所以对它的分析能较好的代表全县同类或同等发展水平企业信息化现状。

从信息通信技术基础设施配备看（表6-3），目前拥有计算机9台，主要用于企业生产管理、设计研发与对外宣传。企业目前没有具体的信息化管理部门，与信息化相关工作由接受访谈的总经理助理负责。在计算机辅助软件使用上，企业利用最多的是财务管理软件，其次是仓储管理和生产管理软件，目前没有引进ERP的计划。在网站建设上，目前已经建立了内部局域网和对外交流宣传的外网。局域网主要用于公司的财务和产品管理，而外网主要用于对外宣传。

信息通信技术应用除了最基本的软件系统外，另一重要的应用便是互联网。根据企业管理人员的描述，互联网最大的益处是通过相关涉农网站查询原材料的供应信息以及产品的需求信息。这两项信息的获取可以让企业及时地掌握相关行业的市场动态，从而把握自身的发展。例如，企业管理者每天都会登录中国饲料行业信息网，来了解当天原料和产品行情，并寻找相关的技术信息。

在整个供应链环节上，基于互联网的信息通信技术应用很少，见表6-4，企业在原材料购进、产品销售过程中，与客户的联系仅限于传统的通信方式，而没有通过互联网进行沟通。在企业整个供应链上，电话和面对面交流是主要的沟通方式。

表 6-3 企业信息基础设施配备与应用

项目	信息基础设施	拥有与应用情况
硬件设施	计算机	9 台
部门设置	独立的信息化管理部门	×
企业内部管理软件	物流软件	×
	人力资源管理软件	×
	财务管理软件	√
	办公自动化软件	×
	仓储管理软件	√
	生产管理软件	√
	ERP 系统	×
网络建设	企业内部网站	√
	企业外部网站	√

注：√表示拥有；×表示没有

资料来源：根据访谈结果汇总

表 6-4 企业对外联系方式的应用

企业内外联系	面谈为主	固定电话	手机	传真	即时通信	e-mail
企业内部各部门间联系		√				
企业与经销商之间的联系	√	√	√			
企业与原料供应商的联系	√	√	√	√		
老客户的下订单方式		√				
新顾客的下订单方式	√					
与物流公司的联系		√				

资料来源：访谈结果整理

从企业外网网站功能看，网站主要用于对外宣传和技术推广，互动功能使用率基本为零。企业外网共设 9 个栏目，其中 6 个企业对外形象宣传；1 个技术推广栏（养殖技术）；1 个需求信息发布栏；1 个互动栏。作者分别登录各个栏目发现，企业在对外形象宣传和技术推广两方面的信息更新很快；而需求信息栏只有两条 2008 年的信息；在唯一的网上互动栏目——在线留言上没有与企业相关的任何互动内容。总体上看，企业网站的功能非常简单，仅起到了网络平台最初级的信息展示功能。

尽管企业管理者认同电子商务具有“相互间联系方便快捷，产品流转速度加快，节约时间，降低企业成本”的益处，但本企业目前没有实行电子商务。因为他们认为产品特性决定目前还不具备条件实行电子商务，同时也同样担心网络交易的“信任问题和网络交易安全问题”。

作者通过访谈发现，目前制约企业信息通信技术应用的主要障碍，首先是当地信息基础设施不健全；其次是由于缺少相关的教育和培训使得企业缺少推进信息通信技术应用的专业人才；同时，由于企业产品主要面对广大农村地区，市场特性也是制约企业信息化发展的一个因素。

3. 信息通信技术对企业的空间影响分析

基于以上分析可见，尽管广威农牧的总体信息化程度较低，但信息通信技术正在成为企业生产管理中的重要辅助工具，新的信息通信技术在企业的很多环节起到了重要的作用（表6-5）。从应用水平和信息通信技术所产生的影响看，农村企业有其自身特点。

表6-5　信息通信技术应用的作用分析

信息通信技术作用	有（明显）	有所提高	一般	没有
产品研发中通过网络学习新知识、技术	√			
企业原料供应商的地域范围		√		
原材料库存减少				√
产品生产周期		√（缩短）		
产品市场因信息通信技术而拓展				√
企业内部管理效率		√		
业务流程再造	√			
提高企业收入			√	

资料来源：访谈结果整理

（1）信息通信技术总体应用程度低，企业管理部门有向中心城镇集中的趋势

对于成长在农村地区的企业，为获得更好的基础设施条件（以交通和市场条件为主），企业往往要经历由低级向高级行政单元搬迁的过程。广威农牧成立之初位于无极县北苏村，之后搬迁到交通条件较好的北苏镇工业园区，并且在访谈中得知，为获取更优越的基础条件，企业管理机构将搬迁到省会城市石家庄。由此可见，虽然从理论上信息通信技术可以使企业克服空间障碍，达到所有信息和服务共享；而实际上信息通信技术还没有为农村企业提供足以弥补其他区位劣势的能力。所以对农村企业来说，要获得更好的发展，必须向区位条件良好的地区迁移，其中最重要的是交通条件和信息条件。总之，尽管信息通信技术可以使农村企业内部各部门间运作高效，并且可以使企业及时获取行业信息，但还不能替代其他基础设施条件对企业的影响。

(2) 信息通信技术与企业产业链空间转移

在生产模式上，企业现在还是以批量生产为主。传统生产方式的特点决定企业的仓储环节非常重要，企业原材料和产品的仓库管理不仅占用空间同时费用支出也较大。受生产模式的影响，信息通信技术还没有在企业整个供应链上的产生明显的空间效果，只是在不同环节体现出不同的作用。

首先，信息通信技术促进了企业原料供应市场的扩散。近几年，企业原料供应商处于不断变化中，企业建立之初，所需原料一般从本地购进，随着规模的扩大，本地原料远不能满足需求，所以开始向外地寻求原料供应，目前其原料的来源主要为东北各省市。其中，信息通信技术在原料供应商地域范围的扩展中起了很大作用。因为“如果没有互联网上原料供应信息，企业不会那么快找到好的供应商”。

其次，信息通信技术在产品销售中体现出不同以往的特点。从产品市场特征看，广威农牧的产品具有很强的行业特点，主要以省内市场为主，市场相对稳定，故企业管理者认为，信息通信技术对产品市场的拓展没有太大作用。同时，受消费群体特点的影响，信息通信技术的市场宣传作用有限。由于企业主要以饲料、种鸡等产品为主，其产品消费市场主要面对农村居民，所以产品质量的宣传仍旧以传统的口头相传为主。管理者认为“广威”品牌已经在同行业中得到认可，产品市场的拓展主要通过原有销售商来拉动，而不是信息通信技术。总之，与白家食品需求广泛的市场地域不同，饲料或饲养的市场范围较窄，顾客群体集中，所以在企业发展初期似乎不需要构建较大的市场网络体系。

对于广威农牧而言，信息通信技术在产业链扩展中的主要作用是寻找外地供应商并与之建立快速的联系，而对于销售市场来说，信息通信技术的作用有限。

(3) 互联网上“虚拟集聚”是企业突破农村地区区位劣势的直接体现

互联网信息获取的“无空间性”和“瞬时性”使企业管理者对信息通信技术的认知逐步提高，尤其对企业在获取本行业相关信息方面的认可最高。同时，专业化门户网站为同行企业建立“虚拟集聚与互动”提供了基础。如广威农牧的企业管理者认为“中国饲料行业信息网”对本公司“帮助非常大”，公司主要通过此网站来了解原料行情和技术与人才信息。所以在相关信息的获取以及同行间“虚拟互动”方面，农村企业实际上已经克服了“物理距离”的约束，实现了与同行业公平享有信息的权利。

（4）信息通信技术是企业纵向一体化发展的根本推动力

访谈中作者发现，企业管理者将信息通信技术与企业的一体化扩散过程紧密联系起来。他认为企业之所以能较快的实现一体化生产，新的信息通信技术作用非常明显。例如，企业对品牌蛋的生产主要受当前消费市场需求的拉动，而对市场信息的把握则主要因为“互联网功不可没”。再有企业通过现代化技术进行奶牛的养殖，在饲养过程中，统一的技术管理服务既“需要新的管理系统”又“需要不断地从互联网上获取技术支持”。正如企业管理者所说，“如果没有新的技术与互联网的支持，企业的一体化过程不会这么快。”

总之，通过对广威农牧的分析可见，农村企业的信息通信技术应用水平远低于城市中的企业，所以农村企业使用信息通信技术的目的也不同。如果说当前多数发展水平较高的城市企业为了更快速的响应市场需求，或者说为了节约企业的时间成本而选择应用信息通信技术的话，那么如广威农牧一样的农村企业对信息通信技术应用的目的要原始和简单得多，他们使用信息通信技术的直接驱动力就是为了获得相关行业的信息和对外的形象宣传。

因为广威农牧的产品面向的是农村市场，所以企业管理者没有认识到产品的市场开拓与现代信息通信技术之间的关系。造成这种状况的原因主要是当前中国农村信息化程度普遍偏低。既然企业可以通过互联网络来扩大原料供应商的地域范围，相信随着企业的发展，信息通信技术会对其产品市场拓展起到积极作用。

6.2.3 案例区非农企业信息通信技术应用及产生的影响

除了涉农企业外，在农村非农企业的发展中信息通信技术的作用同样值得注意。其中皮革业是无极县非农企业的重点，因为皮革业自 20 世纪 90 年代开始成为无极县的支柱产业，其发展规模大，经济带动作用明显，故信息通信技术在此行业中的地位与作用值得探讨。

无极县制革业历史悠久，自 20 世纪 80 年代初以家庭作坊式生产，历经转鼓出村、公司制改造等发展阶段，通过不断治理整顿和规范发展，生产规模不断扩大。涉及城南无极、张段固、郝庄、东侯坊 4 个乡（镇）82 个村，从业人员最多达 5 万余人，主要产品牛皮沙发革、牛皮软面鞋面革、牛皮服装革等其质量达到亚洲先进水平，产品销往全国各地及美国、俄罗斯、韩国等国家和地区，全国市场占有率 5% 左右，是全国最大的皮革加工基地之一。表 6-6 显示中无极县皮革行业的发展情况及其对当地农户的经济带动作用，到 2007 年皮革行业发展中涉及的农户超过 1 万户，接近全县农户数的 10%。表 6-7 为 2007 年皮革行业的几个主要龙头企业的基本情况，其中，河北天同齐盛皮革股份有限公司的规模最大、利润总额最高。

表 6-6　无极县皮革行业基本情况

年份	销售额（万元）	上缴税金（万元）	联系农户数（户）	联系农户的户均纯收入（元）
2002	274 020	3 714	12 570	19 640
2003	358 249	6 228	13 016	20 071
2004	478 114	9 917	10 815	22 318
2005	555 133	9 495	10 815	24 590
2006	595 584	12 974	10 814	21 340
2007	918 257	19 267	10 815	22 920

资料来源：无极县人民政府，2003～2008

表 6-7　2007 年无极县皮革龙头企业基本情况

单位名称	销售收入（万元）	利润总额（万元）	销售产品消耗的农副产品原料价值（万元）	联系农户数（户）
天同齐盛皮革股份有限公司	166 341	10 577	149 068	506
金牛皮革有限责任公司	72 702	7 600	66 370	1 345
无极张段固镇皮革有限公司	62 015	6 572	55 813	200
同泰皮革工业有限公司	50 346	4 009	48 711	145
无极县店尚皮革有限公司	49 290	4 509	46 700	1 200
福瑞德皮革工业有限公司	40 978	4 209	40 023	1 100
无极金马皮革有限公司	40 402	2 633	38 770	1 000
无极县东风皮革有限公司	36 709	2 907	33 087	801

资料来源：无极县人民政府，2008

因皮革业在无极县经济发展中的作用突出，政府各部门均把其作为发展县域经济的一个重要支柱，故此行业的信息通信技术发展情况可以作为本县非农企业的代表。作者于 2009 年 10 月对无极县张段固镇皮革行业信息通信技术应用情况进行了深入调研，旨在剖析信息通信技术对此行业的运行所产生的影响。作者选取 4 家企业分别与其负责人进行了访谈，其中 4 家企业的基本情况见表 6-8。在 4 家企业中两家为皮革初级加工企业，其中一家是初级加工与成品加工相结合的企业，另一家是皮革化工原料供应企业。

表 6-8 访谈企业基本情况

企业名称	企业类型	成立时间	员工人数
正宏化工厂	制革药剂	1994 年	30
齐盛皮革皮件总公司	制革，皮革加工	2000 年	60
鸿飞皮革有限公司	制革	2003 年	70
新天昆皮革总公司	制革	1998 年	100

资料来源：根据访谈资料整理

接受访谈的 4 家企业员工均不超过 100 人，从规模上看均为小型企业，但从制革业在当地发展的现状看，此规模水平属发展较好、规模较大的企业，故访谈结果应该具有典型的代表性，见表 6-9。

表 6-9 访谈企业信息化基本情况

编号	计算机拥有（台）	计算机使用人员	内部管理软件	网络平台建设
1	2	聘请技术人员	财务软件	内外网站均有
2	4	自己家人	财务软件	只有外网
3	4	聘请技术人员	财务软件	没有网站
4	6	聘请技术人员	没有	内外网站均有

资料来源：根据访谈资料整理

从 4 家企业的经营模式看，除正宏化工厂外，其余 3 家企业的产品生产模式均为完全订单生产；而产品的销售主要是国内市场，只有 1 家有国外市场。

从各企业的信息基础设施基本配备看，每个企业均配有计算机，计算机配备的最初目的都是做财务报表并进行人员工资管理。从管理人员看，其中 3 家企业选择聘请专门技术人员进行计算机的相关操作与管理，只有 1 家是自己家人负责，但此人受过专门的电脑专业教育。

在对计算机和互联网认知上，所有负责人均对计算机的办公自动化功能和互联网的信息查询功能给予较大的肯定。一位负责人说“计算机在我这主要是财务应用，再就是查找相关的行业信息”。作者将各负责人对计算机及互联网作用的认知汇总，见表 6-10。

表 6-10 计算机及互联网对企业产生的影响

编号	主要用途	互联网使生产技术	供应商空间范围	产品市场开拓	经济效益
1	信息查询	有提高，产品生产周期缩短	增大，互联网作用明显	本地市场扩大，互联网作用不太明显	有所提高
2	办公自动化，信息查询	生产技术提高，产品生产周期缩短	增大，互联网作用明显	国内市场扩大，互联网作用明显	一般

续表

编号	主要用途	互联网使生产技术	供应商空间范围	产品市场开拓	经济效益
3	办公自动化，信息查询	没有提高技术	增大，互联网作用一般	国内市场扩大，互联网作用一般	一般
4	信息查询，企业对外宣传、办公自动化	生产技术未提高	增大，互联网作用明显	国外市场扩大，互联网作用非常大	有所提高

资料来源：根据访谈资料整理

由 4 家企业的信息化情况可见，当地小皮革企业多数实现了计算机与互联网的基本配备，并且有了基础的应用。因有了财务管理软件，企业负责人均认为企业内部管理效率较以前大为提高；而在对互联网的经济效益的评价时，很多负责人则说“比较难衡量”，因为几乎没有直接来自于互联网的收入。

6.3 农村社团组织信息通信技术应用及其影响

6.3.1 农村社团组织（协会）概况

农村社团组织，也称农民专业合作经济组织（专业协会），是由从事同类产品生产、经营的农民、企业、组织和其他人员自愿组织合作，并在技术、资金、信息、购销、加工、储运等环节实行自我管理和经营，以提高产品竞争力，增加成员收入为目的的一种组织形式。

社团组织的主要模式有“政府农业部门+协会+农户”，“村组集体组织或专业生产大户+协会+农户”等。第一种模式中以政府力量为主导，通过政府的组织和引导成立协会组织，从而带动农户的参与。此模式因为有了政府相关部门的参与，资金、技术和信息比较顺畅，一般会较快成为带动农户经济发展的主导力量。第二种模式中的主导力量是农村村委会或当地的专业化生产大户，通过自发组成某个团体，并吸纳当地农户的参与。此模式多属个人自发，往往因为资金、技术的缺失而限制其发展。

农村社团组织（协会）是完全根植于农村地区，其专业化发展对当地农村的经济发展以及农村产业结构模式的转变具有巨大推动作用。社团组织因其经济能力和对外发展的需要，已成为农村信息化推进中的重要参与者。《中国农村信息化发展报告》中形象描述了社团组织在农村信息化中的作用：社团组织是农民跨越数字鸿沟的桥、社团组织是农村信息化通向农村的路、社团组织是集散信息的站、合作组织是运载信息的车。总之，社团组织是促进农村居民参与信息化的中间环节，它们起到了带动、支撑、辐射等多种作用。与此同时，因有了信息通信技术的推动，社团组织也表现出不同以往的运作与发展特点（李道亮，2007）。

近些年来农民协会组织发展速度加快，但仍有很多制约其发展的因素。首先，农村经济发展水平的不平衡带来农民协会发展的区域不平衡性非常显著。其距主要经济中心的距离与农民协会数量的关联最大。随着村庄日益远离主要经济中心，农民协会的活动水平迅速下降。其次，法律的约束。当前，农民协会在中国没有法律地位，成员不能签订合同成为一个组织。再次，没有合适的组织机构来充当农民协会发展的媒介成为其又一个制约因素。农民协会内部组织与合作通常需要外部力量的推动的介入与引导，这一“外部”力量可以是高校、专门合作社或政府部门等。最后，农民协会发展的制约因素还与协会负责人拥有的资源不足相关（黄季焜等，2006）。

为客观认识农村社团组织在信息通信技术影响下的转变，作者于 2009 年 6 月 12 日对无极县王村无公害蔬菜交易市场、无极县万鸿源蔬菜专业合作社以及无极县新农资养猪专业合作社进行了访谈。旨在客观分析信息化趋势下社团自身运作的模式的转变及其对当地农村发展的影响。

6.3.2 无极县社团组织发展现状

1. 无极县蔬菜交易市场

无极县“设施蔬菜”生产起步于 20 世纪 80 年代中后期，是河北省首批九大无公害农产品生产基地之一，以七汲镇王村为中心，向周边无极、大陈等乡（镇）扩展，截至 2008 年，总播种面积达 13.8 万亩，产量 66 万吨，其中设施蔬菜播种面积 42 840 亩，成为较大的日光温室韭菜-黄瓜茬口生产基地，产品远销北京、天津、石家庄、保定等地区，2008 年销售收入达到 2 亿元。目前蔬菜生产与交易被看做带动全县种植结构调整的“龙头”。在蔬菜生产交易中主要以王村无公害蔬菜交易市场和万鸿源蔬菜专业合作社为主。

（1）无极县无公害蔬菜交易市场

无极县无公害蔬菜交易市场位于蔬菜生产中心区域——七汲镇王村，系蔬菜产地批发交易市场，占地面积 110 亩。交易市场由七汲镇政府发起，1999 年开始建设，投资 260 万元建交易大厅，设立了无公害蔬菜专卖区，进行了配套的餐饮、住宿等服务设施建设。2003 年开始二期工程建设，投资 395 万元新修了通往市场的东罗尚村——王村公路；新建交易大厅 4 座，市场内交易大厅面积达到

5 000多平方米，配备了完善的蔬菜速测和定性检测仪器设备；与县农业信息中心实现了微机联网，建筑面积500平方米的市场综合服务楼已开始使用；与蔬菜包装加工配套的纸箱厂、配菜车间开始建设。2004年完成1 000万元的固定资产投资，建成集产品交易、农资供应、产品检测、净菜包装和信息服务五位一体的大型批发交易市场。

为保证市场健康发展，七汲镇政府组织成立了管理委员会，实行科学的经纪交易制度和总会计结算制度，有效地防止了交易纠纷和欺行霸市现象。吸引了北京、天津、石家庄、保定、太原、内蒙古及周边市县的大批蔬菜经销商，交易高峰时期各地购菜车辆每天保持在百辆以上，市场年交易量、交易额“双超亿”(交易量超亿千克、交易额超亿元)，2009年因黄瓜产量高，价格也高，市场交易额达到3亿多元。市场营销积极推行现代营销方式，与省农业厅机关服务中心和石家庄十余家大型超市建立了长期合作关系，从2000年起推出包装配菜。无公害蔬菜交易市场已成为带动全县种植结构调整，促进农业增效、农民增收的强力“龙头”。

王村无公害蔬菜交易中心的成立迅速带动了周边农户加入蔬菜种植与经营。主要带动七汲镇11个村，大陈乡、安国、定州部分农户进行蔬菜种植。访谈中，交易中心副主任形容说“交易中心带动了周边几个乡镇进行蔬菜种植与经营，尤其是王村，600多户家庭，90%以上农户种植蔬菜，其他农户都有不同程度的参与与蔬菜经营有关的经济活动。”这些农户或从事直接蔬菜种植，或从事蔬菜的深加工，或从事蔬菜交易的经纪，或从事蔬菜运输等，总之，当地因蔬菜交易中心的建立和发展，其农业结构发生了重大转变。当地蔬菜加工产业链延伸有限，以蔬菜初步加工为主。蔬菜加工主要有净菜包装和酱菜生产两部分。净菜主要在节假日销售，市场有限；而酱菜受其消费量和本地蔬菜品质的影响，生产规模有限。

（2）万鸿源蔬菜专业合作社

万鸿源蔬菜专业合作社（简称万鸿源合作社）2004年10月成立，大陈镇赵户营村支部书记为发起人。万鸿源合作社现有社员525户，基地面积5 000多亩，日光蔬菜大棚1 123个，种植农户主要分布在无极、定州、新乐等县市的9个乡镇，35个自然村。年产黄瓜、韭菜、西红柿、芹菜等各类新鲜蔬菜3万吨，交易额2 500多万元，社员人均收入1.5万元。蔬菜主要销往北京、湖北、山西、江西、广东、内蒙古等地区。

随着万鸿源合作社的不断发展，种植面积和蔬菜产量、产品品种不断增加，原来的路边市场和地头交易已不能满足客户的需要。为进一步推动蔬菜种植规模化、产业化，更大范围地满足市场经济的需要，在无极县供销合作社等单位的帮助下，万鸿源合作社在赵户营村东紧邻羊曲线公路建设占地30亩的蔬菜交易、净菜加工、检疫检验和科技培训为一体的蔬菜交易市场，总投资 213.6 万元。市场交易区和净菜加工区两大部分，年可交易各类蔬菜 5 万余吨，加工净菜 1 000 多吨，实现销售收入 8 000 万元，带动周边 5 000 余户农户。

专业合作社集市场管理办公室、农业生产资料供应部和蔬菜农药残留检测、土壤检测技术服务部等功能于一身，为社员提供从优质种子、化肥、农药到生产全过程技术指导、到产品销售的一条龙式服务，使广大社员免去了后顾之忧。

在蔬菜交易市场内，社员可以看到全国各地蔬菜市场的价格行情和供求信息，以及生产资料的价格行情，也可以在这里通过合作经济网，向外发布各类供求信息。同时，社员还可以在交易市场内免费接受新品种、新技术、病虫害防治的知识培训，听取专家、教授的现场指导。

为实施“他无我有，他有我优，他优我新”的品牌战略，万鸿源合作社主任积极为广大农户增加优良农产品品种。在查阅大量资料和上网搜寻后发现永甜七号香瓜很适合错季种植，并且在周围地区还没有大面积种植。万鸿源合作社直接与齐齐哈尔永合甜瓜经济作物研究所取得联系，咨询种植技术，并进行试种。

万鸿源合作社一头面向农民，一头连着市场，将蔬菜生产的各个环节有机结合。作为农业和农村经济发展的一种组织创新和制度创新，万鸿源合作社的组织理念、发展规模、信息服务的模式，社员活动形式对于发展农村经济，实现生产经营的规模效益的作用非常明显。

(3) 两个合作社对比分析

两个蔬菜交易市场都属于合作社形式带动当地农村参与的经济模式，但两者之间存在一些差异（表 6-11）。

表 6-11　两个蔬菜交易市场对比

组织体系、规模与效益	王村无公害蔬菜交易中心	万鸿源蔬菜专业合作社
组织者	镇政府	个人
参与者	所有蔬菜种植户	525 户农村住户
交易市场占地	110 亩	30 亩
延伸服务	不提供农资供应	为社员提供农资供应
带动效果	周边村镇	周边村镇
交易种类	黄瓜、韭菜；西瓜、苹果	黄瓜、韭菜、西红柿、芹菜；香瓜
交易旺季	12 月 ~ 次年 1 月；3 ~ 5 月	12 月 ~ 次年 1 月；3 ~ 5 月
年销售额	超过 1 亿元	2 500 多万元
商品销售范围	北京、天津、石家庄、保定、太原、内蒙古及周边市县	北京、湖北、山西、江西、广东、内蒙古

资料来源：根据访谈资料整理

在组织形式上，无极县王村无公害蔬菜交易基地（七汲镇王村蔬菜交易市场）是由政府发起，负责人由镇政府副镇长挂职，并定期在交易中心处理事务。万鸿源蔬菜专业合作社由大陈镇赵户营村支部书记个人发起，通过合作社的形式组织当地农户。因万鸿源蔬菜专业合作社属个人发起，并组织农户参加，是改变目前农村传统落后经济结构，带动农村经济发展与产业化推进的代表，所以它在成立初期就受到相关部门的大力支持与宣传。万鸿源蔬菜专业合作社的形象宣传优于王村无公害蔬菜交易市场。王村无公害蔬菜基地属于逐步推进式发展，没有过多的媒体宣传。

因组织者的不同使两者之间在建立初期的规模就存在巨大差异。王村无公害蔬菜交易市场规模大，占地广，交易量大。而万鸿源蔬菜专业合作社规模相对较小。同样两者的年销售额也差异巨大。

从两个蔬菜市场进行交易的产品种类看，都是以黄瓜-韭菜茬口交易为主，其他种类蔬菜或水果交易量较小，产品种类的相似性很大。受黄瓜-韭菜生长时间的限制，两个交易市场均具有很强的季节性，交易市场一般在每年 12 月 ~ 次年 1 月，3 ~ 5 月为交易旺季。因为产品的相似大，而且两个交易市场的距离很近，故两者存在较强的竞争性。

从产品交易范围看，两者的相似性也较大。主要集中在河北省内一些地区，京津地区，山西、内蒙古等地区。

2. 无极县新农资养猪专业合作社

无极县新农资养猪专业合作社成立于 2007 年 12 月，是无极县第一家养猪合作社。该合作社的运作模式非常传统，由“志同道合”的几个人联合出资建立，此后再通过各自的社会关系网络带动更多农户参与生猪养殖。该合作社的发起人形容其对当地农户的带动作用犹如“传染扩散”：成立合作社的 6 户家庭，分别带动其邻里和亲朋的加入，然后依次发展，最后形成大规模养猪的现状。

无极县新农资养猪专业合作社最初由 6 个养猪专业户协商成立，经过发展，现养猪场达到每年万头生猪出栏水平。在技术上，无极县新农资养猪专业合作社自己聘请技术员，并向其他农户提供指导。无极县新农资养猪专业合作社依托自己大规模的猪场吸引各地收购商，同时对各农户实行生猪统一收购，统一外销。销售地以北京为主，其次为石家庄、保定和江苏部分地区。

6.3.3 社团组织信息通信技术应用现状

1. 王村无公害蔬菜交易市场信息通信技术应用

王村无公害蔬菜交易市场管理中心配备电脑 4 台，其中 2 台上网。计算机主要用于统计每天蔬菜的销售情况和在网上上报当天市场蔬菜的交易价格，无专门网络管理人员。交易中心无自己的内外网网站。与蔬菜交易市场相关信息可以通过无极县农业信息网和中国食品商务网查询。该蔬菜交易中心已加入中国食品商务网的蔬菜行情实时发布系统，每天向商务网发布市场交易信息。信息通信技术对蔬菜交易市场的作用主要集中在蔬菜价格和相关技术信息查询。

根据作者对王村无公害蔬菜交易市场管理中心主任的访谈资料，作者将交易中心的信息通信技术应用与认知总结为以下方面。

(1) 信息通信技术已经成为交易市场和农户获取信息的主要来源

1）交易中心通过加入相关行业网站，不仅可以实时发布自身交易信息，还可以即时获取其他企业信息，实现了即时的信息互动。

2）管理中心大厅安装有县农业局提供的农业信息查询设备，为农户提供相关信息查询。主要用于蔬菜交易价格和种植技术的查询。

3）查询相关网站信息。交易市场经常浏览的网站主要有中国农业信息网、河北农业信息网及其各地市农业信息网。

4）农户自己通过网络查询信息。在已有电脑和网络设备的家庭，居民会自己通过互联网查询相关信息。

(2) 信息通信技术成为合作组织与外部技术支持机构即时联系的媒介

王村无公害蔬菜交易市场主要借助无极县农业信息中心为其提供技术和产品价格信息方面的支持。无极县农业局通过农业信息网与河北省农业科学院、河北农业大学等部门机构联系，聘请相关专家到蔬菜种植地进行现场讲解和指导，以解决农户蔬菜种植中的技术难题。同时县农业信息中心借助自身设备、人员与技术优势可以为蔬菜交易市场提供蔬菜价格信息。蔬菜交易中心借助信息通信技术实现了政府、高校与科研机构等外推力量的支持，与“外部”力量的即时联系对合作组织的健康发展意义重大。

(3) 交易市场管理者对信息通信技术的认知

1）目前市场管理中心电脑与网络的配备可以满足日常信息查询与报价的需求。

2）电脑与网络对整个市场有较明显的推动作用。例如，市场每天上网公布的价格信息就是客户最好的参考。客户可直接根据公布的价格信息作参考，决定收购量，然后委托管理中心收购，并直接发货即可。网络起到较好的调节作用。中心管理者认为“网上价格公布非常重要，它是客商了解当地行情最直接的一扇门”。

3）因蔬菜以近距离市场为主，同时有蔬菜经纪人在销售中的中介作用，所以根本没必要实行电子商务形式

4）因本地主要蔬菜品种已经固定，客户群也相对稳定，所以信息通信技术

对市场开拓影响不大。他们认为“如果有了新品种的种植，或许在市场开拓中会应用信息通信技术”。

总体上看，互联网尤其是政府相关网站已经给交易市场带来了明显的推动作用，但其应用还是以被动接受信息为主，总体程度较低。

2. 万鸿源蔬菜专业合作社的信息通信技术应用

万鸿源蔬菜交易中心是该合作社的中心机构，在交易中心办公室配备一台电脑，并通过 ADSL 接入互联网。万鸿源蔬菜专业合作社没有建立自己的对外宣传网站，也没有内部管理软件的应用。万鸿源蔬菜专业合作社的信息可以通过石家庄供销合作信息网、无极县供销合作社联合社网站和无极县政务网查看。总体上，其信息通信技术使用非常有限，基本没有针对该合作社的具体应用。

根据对万鸿源蔬菜专业合作社组织者的访谈，作者将该合作社对信息通信技术应用进行总结。

1）管理者认为该合作社主要的功能是帮助农户进行作物种植、管理、销售与农资供应。由于针对的主体是农户，故电脑和互联网的作用不大。

2）蔬菜种植信息来源主要依靠菜农之间定期的面对面交流；各地市场信息主要依靠派人亲自跑市场获取。这样可以与附近地区种植的蔬菜品种错开，避免重复。

3）蔬菜销售市场则主要是通过销售人员亲自跑各地市场带来客商。销售市场的扩大，只要销售人员多跑几个地方即可。蔬菜购买的客商基本都是固定的，比如保定客商主要在万鸿源蔬菜专业合作社，都是销售人员跑下来的固定客户。一句话形容蔬菜种植与销售“没有卖不出去的菜，没有装不满的车，面积越大，客户越多”。

4）管理者认为，因为有了固定和移动电话，不用电脑和网络信息同样可以很快到达。例如，太原客户直接打电话询问本地与山东黄瓜价格，对比之后即可作出选择，没必要用电脑查询。而且认为电话的作用要远远大于网络，因为“电脑操作起来非常麻烦，所以电脑实际上没有作用”。

5）对于蔬菜价格的变化。由于蔬菜价格的变化非常快，每天都会有变化，甚至随时都会有变化。蔬菜价格不能跟工业产品比，其波动较大，只能“随行就市”。所以管理者认为，蔬菜价格只能随着市场变化而变化，个人没办法决定。但同时他们又认为，价格的变化会受当天蔬菜产出量与客商多少的制约，如果收菜客户少，菜产量多，价格就低；相反如果当天菜产量少，而客商多，则蔬菜会随时涨价。由此可见，尽管他们认为蔬菜市场的价格变动很大，是没办法调控的，但同时也反映出万鸿源蔬菜专业合作社和多数菜农并不能完全把握大市场的变动，只能根据短时间的供需决定蔬菜价格的现状。

6）蔬菜没有进行网络宣传主要受以下原因制约：蔬菜产量有限，满足不了太多需求。受产品品种的制约，种类以黄瓜、韭菜为主，产品单一。再有受到蔬菜成本的限制，不太可能吸引远地客户，远距离运输成本太高。

由以上分析可见，可以将万鸿源蔬菜专业合作社信息通信技术应用程度低的主要原因总结为两点：首先，该合作社规模小，运营过程传统，影响了信息通信技术作用的发挥。其次，该合作社组织者对信息通信技术的认知程度直接决定其应用水平。

从目前两个蔬菜基地的发展看，王村无公害蔬菜基地的发展水平远远超过了万鸿源蔬菜专业合作社，并且万鸿源蔬菜专业合作社的竞争力在逐渐下降。

3. 新农资养猪专业合作社信息通信技术应用

新农资养猪专业合作社（简称新农资合作社）没有对外宣传网站，也没有在其他相关网站做宣传，故网上无法查找到相关信息。新农资合作社主任认为："生猪销售中，猪场设备与规模对其实际销售影响很大。生猪收购商一般会直接根据猪场规模确定收购计划，网上宣传对实际销售的影响很小。"生猪收购商主要依托当地长时间养猪历史逐渐发展起来。这也是新农资合作社一直没有进行网上宣传的主要原因。

虽然没有对外宣传，但新农资合作社组织者对互联网的认可度非常高，网络应用也相对深入。合作社的6户中有4户有家用电脑并接入互联网。他们之间通过互联网联系起来，实时交流养猪市场信息。主要通过饲料网、中国猪e网查询原料与生猪等的价格信息和养殖技术信息。

新农资合作社社员每天晚上都会通过QQ与全国各地养殖户或客商交流当地生猪价格信息，通过各地价格的对比确定自己生猪销售价格与销售地区。同时网络互动应用增加，不仅通过QQ群进行信息交流，还使用中国猪e网上的论坛版块发布信息、发表意见或发布技术支持请求。

通过网上及时通信（QQ为主）与论坛互动，新农资合作社成员不仅掌握了饲料与生猪销售价格行情，还可以及时得到相关技术指导。同时通过网络聊天，可以与收购商达成初步的收购协议，并吸引其到本地收购。

6.3.4 农村社团组织信息化产生的影响

通过上面分析可以看出，无极县农村社团组织信息基础设施总体拥有水平较低，见表6-12。除了拥有最基本的计算机和网络接入外，各社团组织均没有较高水平的应用。

表 6-12　社团组织信息基础设施配备

合作组织＼基础设施配备	硬件设施（计算机）（台）	内部管理软件	独立的信息化管理部门	网络建设	
				内网	外网
王村无公害蔬菜交易市场	4	√	×	×	×
万鸿源蔬菜专业合作社	1	×	×	×	×
新农资养猪专业合作社	4	×	×	×	×

注：√表示拥有；×表示没有

资料来源：根据访谈结果汇总

根据调研过程中作者的主观认识和各合作组织的发展现状看，王村无公害蔬菜基地的发展规模远远大于万鸿源蔬菜专业合作社，市场管理中心也规范很多。新农资养猪合作社的猪场发展态势也不错。可以初步断定，合作组织的发展水平与发展潜力是决定其信息通信技术应用的重要因素。

合作组织管理者的信息意识直接决定其信息化应用程度。从对信息通信技术的认知上看，新农资养猪专业合作社的组织者认可程度最高，他们认为互联网已经成为生猪交易不可缺少的支撑，所以有电脑的成员“每天晚上都要上网查找信息并相互交流，一天都不能少”。王村无公害蔬菜交易市场管理者也很认可相关行业网站提供的信息对自身交易的重要指导作用，他们认为“有了互联网上的价格信息就可以比较好的调节市场蔬菜的价格，不会出现随意涨价或降价的情况，可以较好的保障老百姓的权益”。相反，万鸿源蔬菜专业合作社管理者对信息通信技术应用的认可程度最低，他认为蔬菜价格完全“随行就市”，价格的高低取决于客商的多少或当天蔬菜供应量的多少。而互联网上蔬菜价格信息没有多少参考价值。

各合作组织“无空间障碍”的获取相关行业的市场信息是信息通信技术在农村合作组织中最突出的空间作用。从目前各合作组织对信息通信技术的应用看，基本限于通过网络进行信息查询和初步互动。王村无公害蔬菜交易市场每天在商务网上公布价格信息。在新农资养猪专业合作社，合作组织成员会应用互联网上的即时通信与同行或客商进行实时联系。所以消除信息获取的“空间障碍”在农村经济组织中的作用最大。

从产品市场销售看，信息通信技术的作用已经开始显现。一方面，信息通信技术可以更好地调节产品销售市场，从而获取更高利润。例如，新农资养猪专业合作社中通过互联网上公布的信息可以及时掌握养猪市场动态，因生猪销售市场各地价格差异大，同时生猪销售受距离因素的影响较小，所以对全国各地销售价格的实时掌握可以为合作社确定生猪销售地提供即时的参考。另一方面，信息通信技术可以拓展产品市场范围。尽管王村无公害蔬菜交易市场和万鸿源蔬菜专业合作社的信息通信技术应用水平均较低，但已经有客商通过网上了解并与管理中心取得联系，发展为固定客户的实例。所以，不管管理者的认知程度如何，信息通信技术对产品市场的开拓作用已经显现。

在信息通信技术支撑下，农村合作组织逐渐与相关的“高校”或“科研机构”建立了合作关系，这种合作关系的建立对推动其技术服务具有重要作用。高校或相关科研机构成为合作组织良性发展的外推力量。

总体上看，尽管每个合作组织的应用程度都很低，但互联网为农村社团组织提供了平等接触各级信息的可能。这对农村经济团体来说是走出闭塞认知外部世界的第一步。

6.4 农村居民信息通信技术应用及其产生的经济影响

随着我国经济社会的快速发展，农村的经济水平也得到了大幅度提高，社会主义新农村建设取得了明显的成效。以互联网为基础的信息通信技术逐步渗透到农村生活中的方方面面，成为社会、经济、文化活动和个人生活的重要平台。其中最突出的变化就是深刻影响了农村居民的经济行为与经济活动，并改变着人们的生活方式与生活形态。作者利用问卷调查的方法，于 2013 年 6 月选择冀中南传统农区作为研究对象，较全面地分析了农村居民信息通信技术的应用水平及其对经济活动的影响。

6.4.1 农村居民的家庭经济状况影响互联网的使用条件

家庭经济条件的改善与生活水平的提高，有利于为互联网的应用提供较好的物质基础。为了更好地了解农村家庭经济条件与互联网使用条件之间的关系，作者在调研问卷中设计了家庭收入与支出情况与互联网应用情况两部分。主要涉及 4 个问题：①家庭目前年收入；②有没有用过互联网？③目前上网方便吗？④在哪儿用过互联网？

根据居民选择，家庭目前年收入的最终有效问卷为 1 443 份，其中，年收入为 0.5 万 ~1 万元的比例最大，为 33.7%；其次，年收入在 0.5 万元以下的占 28.1%；1 万 ~3 万元的占 25.1%。而年收入较高的家庭所占比例很低，如年收入 3 万 ~5 万元的家庭占 8.9%；5 万元以上的仅为 4.2%。总体上，农村家庭的收入水平较低，在一定程度上会限制互联网的应用水平与普及程度（表 6-13）。

表 6-13　农村居民家庭目前年收入情况

家庭目前年收入	人数（人）	比例（%）
0.5 万元以下	406	28.1
0.5 万 ~1 万元	487	33.7
1 万 ~3 万元	362	25.1
3 万 ~5 万元	128	8.9
5 万元以上	60	4.2
合计	1 443	100.0

数据来源：根据问卷调查结果汇总

针对问题②“有没有用过互联网”，此项回答的有效问卷为 1 383 份，用过互联网的居民为 650 人，占 47%；没用过互联网的有 733 人，占 53%。为了了解有没有用过互联网与家庭收入之间是否有关系，对用过互联网的居民进行家庭年收入情况的分析，整理结果如图 6-3 所示。可以看出，家庭年收入越高，用过互联网的比例就越大。其中，家庭年收入在 0.5 万元以下的 29.1% 的居民用过互联网；家庭年收入 3 万 ~5 万元的有 79.7% 的居民用过互联网。当年收入在 5 万元以上时，81.7% 的居民用过互联网。可以看出，当家庭收入达到较高水平时，互联网的使用率就趋向于稳定。总体上，农村互联网的普及程度仍较低，这与其经济发展水平相一致。

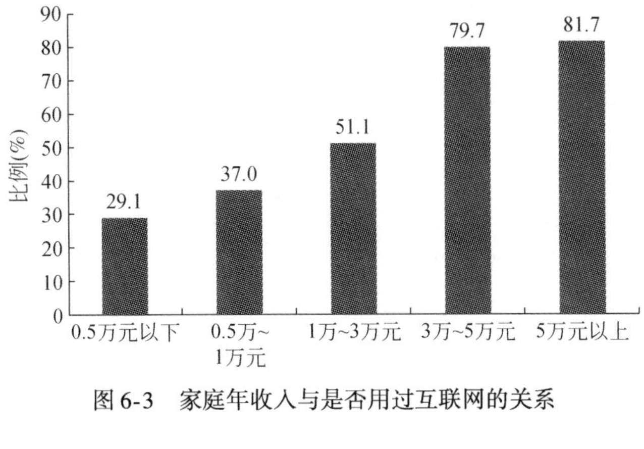

图 6-3　家庭年收入与是否用过互联网的关系

针对问题③“目前上网方便吗”，此项回答的有效问卷为 1 446 份（图 6-4）。上网很方便与比较方便的分别占 20.9% 和 23.3%；一般方便的占 22.6%；不方便与很不方便的各占 23.1% 和 10.1%。为了进一步分析上网方便程度与家庭收入的关系，选择“上网很方便或比较方便”的居民并分析其家庭年收入情况。年收入 0.5 万元以下的居民，30.3% 的认为上网方便，而年收入 5 万元以上的居民，则95.0%认为目前上网方便。可以看出，家庭收入越高，居民的上网条件越便利。

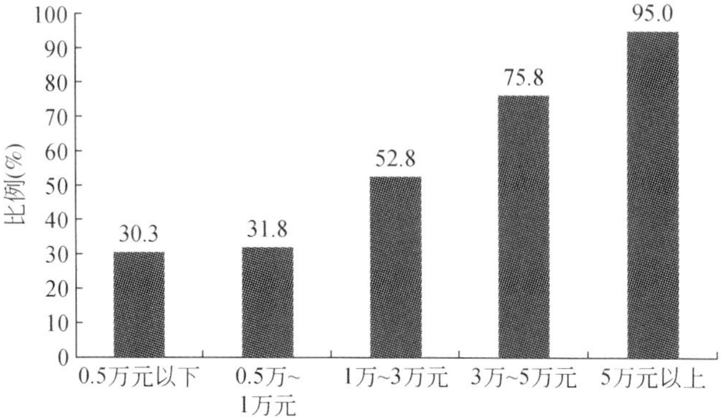

图6-4　家庭年收入与上网方便程度的关系

针对问题④“在哪儿用过互联网”，此项回答的有效问卷为1 367份。在家里用过互联网的比例最高，有719人，占52.6%；用手机上网的有485人，占35.5%；在村支部和网吧上网的比例相对很低，仅为5.2%和6.7%。值得注意的是现在农村手机上网的比重很大，一是同电脑一样，手机具有各种信息查询与娱乐学习等功能；二是与电脑相比，手机更方便快捷，而且负担的网络费用较低，易于农村居民接受。因此，手机上网不仅是未来移动互联网发展的方向，也是减少城乡信息化差异的重要手段。

6.4.2　农村居民互联网应用目的多样化，但参与经济活动少

互联网具有信息查询、即时通信、学习娱乐、网上购物等多种功能，为了分析农村居民是否参与网上经济活动以及利用互联网的水平，作者在问卷调研中预设了问题⑤上网目的是什么，主要有玩游戏、查询农产品信息、聊天与浏览新闻等、炒股、电子商务、学习及其他6个备选项。

根据居民的填写，此项回答有效问卷1 808份。其中，37.1%的居民上网目的为聊天与浏览新闻等；28.3%的居民为学习与其他；查询农产品信息的占19.6%；玩游戏的占10.7%；以电子商务和炒股为上网目的的比例很低，分别为3.0%和1.2%。一方面，农村居民上网目的呈现多样化特征，基本涵盖了当前互联网的所有功能。可以说，农村居民已经具有利用互联网优势从而为自己服务的意识与能力。另一方面，农村居民利用互联网的水平较低，仍以基础的信息查询与即时通信为主，很少参与网上经济活动（表6-14）。

表 6-14　农村居民的上网目的情况

上网目的	人数（人）	比例（%）
玩游戏	193	10.7
查询农产品信息	355	19.6
聊天、浏览新闻等	671	37.1
学习及其他	512	28.3
炒股	22	1.2
电子商务	55	3.0
合计	1 808	100.0

资料来源：根据问卷调查结果汇总

造成这一结果的原因有很多，其中之一就是居民的职业与收入结构会影响其上网目的。为了验证这一点，作者在调研问卷中分析了两个问题：⑥被调查者的职业；⑦被调查者的收入主要来源。通过对问卷结果进行整理，结果如图 6-5 和图 6-6 所示。可以看出，农村居民 72.7% 的人职业为农民，仅有 8.8% 的人为个体经商人员；45.3% 的人收入主要来源为农产品，只有 5.6% 的人拥有自己的企业并作为收入的主要来源。因此，农村居民以务农为主，仅有少数人从事经商或在企业工作，这在一定程度上限制了其从事网上经济活动的意愿。

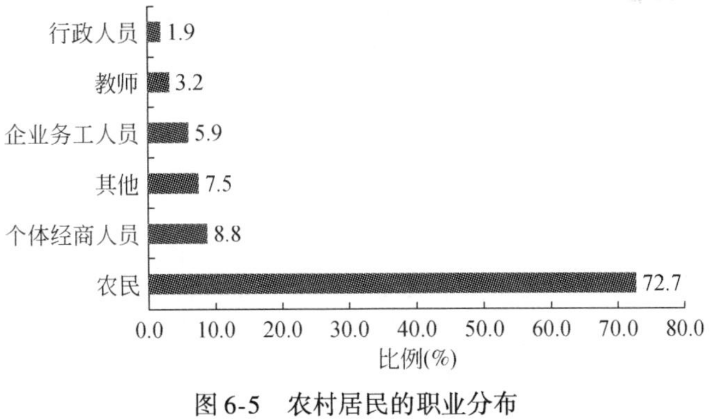

图 6-5　农村居民的职业分布

就居民的职业而言，以农民为主，其中 40.5% 的农民以聊天或浏览新闻为上网目的；其次是学习或其他，占 26.9%；以炒股或电子商务作为上网目的的比例最低，仅为 2.9%。从居民收入的主要来源看，以农产品收入为主的居民中把炒股或电子商务作为上网目的的占 3.7%；以自己企业收入为主的居民把炒股或电子商务作为上网目的的占 19.5%。

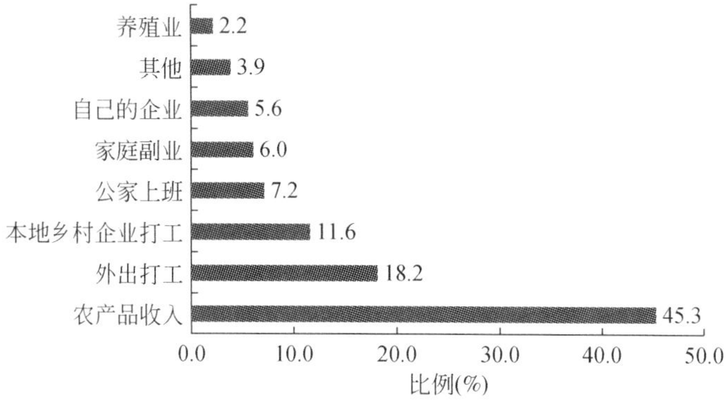

图 6-6 农村居民的主要收入来源

6.4.3 农村居民较少关注涉农网站，互联网对产品销售作用不明显

涉农网站是指所有涉及“三农”信息并提供信息共享服务的互联网网站，包括农业生产、加工、销售、调控和科研以及农民生产生活、农村建设等各方面信息。涉农网站旨在更好地整合农村资源，为农民、农村企业、农业专业合作社、农产品批发市场等提供市场供求、销售价格等信息。随着互联网应用水平的不断深入，涉农网站也正在向电子商务方向发展，并逐渐形成网上的农业营销交易平台，从而改善农产品生产经营的现状，提高其综合竞争力，增加农民收入。因此，涉农网站是农村信息集成化与网络化服务的载体，是实现农村信息资源共享与服务的基础设施，对于促进农村经济社会的可持续发展具有重要意义。

为了了解农村信息与技术服务的供需情况，作者在调研问卷中预设了如下问题：⑧从网上登录过涉农网站关注农产品生产供销信息吗？⑨产品的主要销售方式？⑩产品主要销往什么地方？⑪互联网对您产品销售的作用明显吗？⑫互联网对产品销售的主要作用是什么？⑬互联网是否会增加您的收入？问题⑧的目的是直接了解农村居民对于涉农网站的利用情况；问题⑨和⑩是了解现在农产品的主要销售方式与销售范围；问题⑪～问题⑬则是分析互联网技术是否对产品的销售有作用以及主要表现在哪些方面。

首先，针对问题⑧的有效问卷为 1 333 份。其中，经常关注的为 114 人，占 8. 6%；偶尔关注的为 537 人，占 40. 3%；基本不关注与从来不关注的人各占 22. 1% 和 29%。可以看出，虽然涉农网站可以为农产品的流通提供新的契机，但农村居民的利用比例很低，没有充分发挥其信息共享与技术服务等作用。

其次，针对问题⑨的有效问卷为 1 427 份，结果如图 6-7 所示。其中 26. 3%

的产品销售方式为买主上门求购；24.0%的产品在集市上卖；乡和村有统一销售渠道的占 15.8%；而通过网络发布消息进行销售的比例仅占 3.9%。说明农村产品的销售模式以传统的面对面买卖方式为主，互联网参与的程度仍然很低，但已经开始向农村地区扩散。

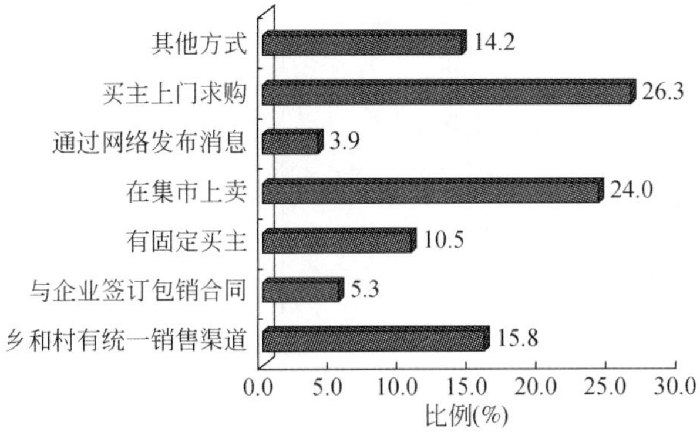

图 6-7　产品的主要销售方式

问题⑩的有效问卷 1 552 份，汇总结果如图 6-8 所示。46.8%的产品销往在本县城；销往本省其他县市和本地级市的比例分别为 16.1%和 15.3%；此外，销往国外及其他地方的比例为 13.2%，高于销往外省 8.8%的比例。可见，产品销售的地域范围不仅限于本地，已有向远距离扩展的趋势。

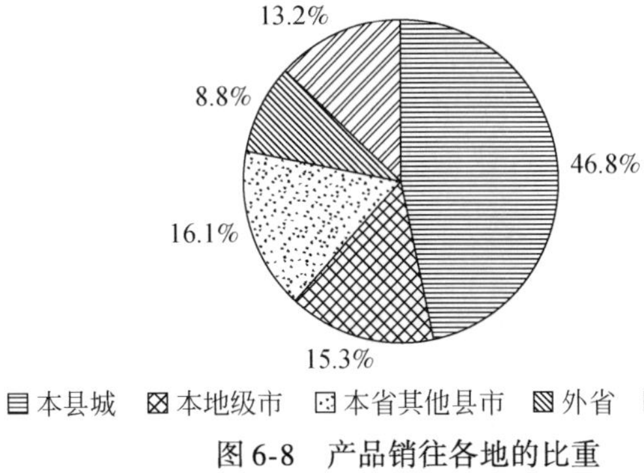

图 6-8　产品销往各地的比重

最后，针对问题⑪互联网对产品销售的作用如何，获取有效问卷 1 222 份。其中，56.2%的人认为作用一般，35.3%的人认为没作用，仅有 8.5%的人认为有作用。说明互联网对农村产品销售的作用十分有限，还没有得到广泛的应用。

在问题⑫互联网对产品销售作用的具体表现中，有效问卷 1 394 份，其中 23.8%的人认为会增加产品销量；21.9%的人认为扩大了销售距离；选择会提高产品价格的人比例相对较少，占 15.6%。还有 38.7% 的人认为互联网对产品销售作用不明显。总之，互联网在一定程度上增加了农产品的销量，并扩大了销售市场，这对农村经济的未来发展方向具有重要意义（表 6-15）。

表 6-15　互联网对产品销售与增加收入的作用情况

问卷内容	备选项	人数（人）	比例（%）
互联网对产品销售的作用	销量增加	332	23.8
	距离增大	305	21.9
	价格提高	217	15.6
	作用不明显	540	38.7
	合计	1 394	100.0
互联网对增加收入的作用	很明显	101	8.3
	一般	664	54.4
	没有作用	455	37.3
	合计	1 220	100.0

资料来源：根据问卷调查结果汇总

在问题⑬互联网对增加收入的作用中，有效问卷 1 220 份。仅有 8.3% 的人选择有明显作用，54.4% 的人认为作用一般，37.3% 的人认为没作用。因此，农村大多数人并没有享受到互联网带来的“实惠”，信息与技术服务在农村地区的供需情况极不平衡（表 6-15）。

造成这种的状况的原因主要有两方面。一是农村居民的文化水平普遍较低，不具备应用网络的能力，同时缺乏应用互联网从事经济活动的意识；二是农村网络通信的基础设施不发达，应用互联网的费用较高，这在某种程度上限制了互联网的普及。

6.4.4　网络购物与网上银行逐渐渗透到农村地区

随着互联网发展重心由“广泛”转向“深入”，网络应用对居民生活的改变从点到面，渗透程度进一步增加。中国互联网络信息中心发布的《2013 年中国农村互联网发展状况调查报告》显示：农村网民在互联网的使用中，娱乐应用趋于饱和，商务交易类应用比重不断扩大，使用率得到一定提升，农村电子商务未来存在较大增长潜力。农村网上商务交易应用主要体现在两个方面：网络购物与网上银行。

为了解农村网上银行的使用情况，问卷设置问题如下：⑭有无网上银行账户？此项回答的有效问卷 1 373 份，其中有网上银行账户的为 281 人，占 20. 5%；没有的为 1 373 人，占 79. 5%。总体上，当前农村居民拥有网上银行账户的比例较低，但一部分人的使用必将扩展其在农村地区的发展空间。此外，有网上银行账户且经常进行网络购物的有 55 人，占经常进行网络购物总人数的 82%。可见，拥有网上银行账户对于促进网络购物的发展具有积极作用。

为更好地研究冀中南农区居民对网络购物的使用情况，作者在调研问卷中预设了三个问题：⑮有无网络购物经历；⑯网上购物的原因；⑰不进行网上购物的原因。问题⑮的设计目的是了解农村居民网上购物的总体情况，从而反映出其应用互联网的水平。问题⑯和问题⑰则是进一步分析农村居民进行或不进行网上购物的原因，从而看出其对网上交易行为的认知与态度。

针对问题⑮，有效问卷 1 365 份，其中 72. 7% 的人从来没有过网上购物的经历；而偶尔进行网上购物的比例为 22. 3%，远高于经常进行网上购物的比例 5. 0%。可以看出，虽然参与网上购物的比例较低，但其已经渗透到农村居民中，这将影响农村居民消费习惯与生活方式。

在问题⑯网上购物的原因中，有效问卷 1 064 份，调查结果如图 6-9 所示。其中 26. 4% 的人选择价格便宜；21. 4% 的人认为可选择性强；11. 7% 的人是因为感觉时尚；出于其他原因进行网上购物的占 40. 5%。从已知原因分析，网上商品的价格低与种类全是促使农村居民网上购物的主要原因。

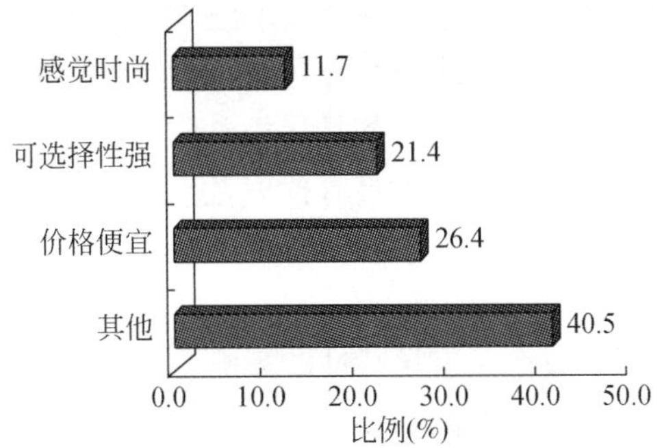

图 6-9　农村居民进行网上购物的原因

针对问题⑰，分析农村居民不进行网上购物的原因，此项回答有效问卷 1 282份，调查结果如图 6-10 所示。其中，认为网上商品不保险的所占比例最高，为 37. 1%；其次是不会操作，占 34. 4%；认为寄送速度太慢的占 6. 7%；还有 21. 8% 的人是由于其他原因。可见，互联网商品的可靠度及其安全的购物环境以及自身网络技术的缺乏是制约农村居民不进行网络购物的主要原因。因此，在推进农村经济信息化的过程中，既要确保整个互联网购物环境的安全问题，也要注重对居民进行计算机知识与网络技能的培训，增强其利用互联网解决实际问题的能力。此外，加大对农村物流业的投入与基础设施建设，提升物流效率，缩短配送时间，对于扩大网络购物规模具有重要意义。

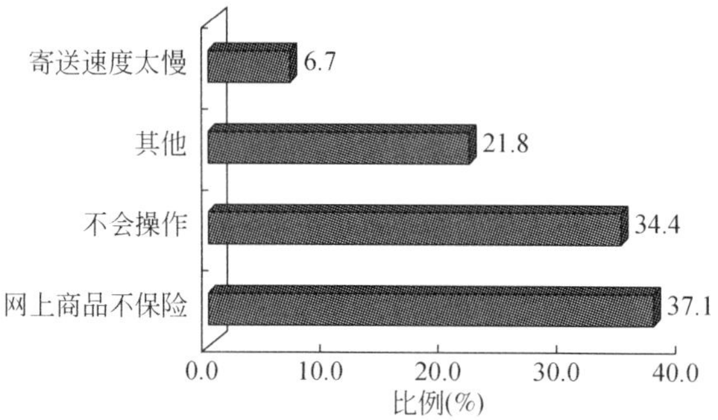

图 6-10　农村居民不进行网上购物的原因

6.5　小　　结

由前面的分析可见，新的信息通信技术对农村各种经济实体的空间影响因经济实体类型及其发展水平而不同。

(1) 信息通信技术对农村企业的影响不同于城市企业

广威农牧有限公司是无极县农业产业化企业发展的代表，而无极皮革是带动全县经济发展的支柱产业。两类企业都是无极县农村企业发展的典型，所以这两类企业信息化发展在全县农村企业中具有代表性。通过问卷和访谈分析可见，虽然各企业均有了不同程度的信息通信技术应用，但对比成长在城市中的企业（白家食品），它们的信息化程度还较低。

受企业自身发展水平及产品市场特性的影响，农村企业使用信息通信技术的目的也不同。如果说当前多数发展水平较高的城市企业为了更快速的响应市场需求，或者说为了节约企业的时间成本而选择应用信息通信技术的话，那么如广威农牧一样的农村企业对信息通信技术应用的目的要原始和简单得多，他们使用信息通信技术的直接驱动力就是为了获得相关行业的信息和对外的形象宣传。因为广威农牧的产品面向的是农村市场，所以企业管理者没有认识到产品市场开拓与现代信息通信技术之间的关系。造成这种状况的原因主要是当前中国农村信息化程度普遍偏低，农村市场与信息通信技术应用似乎还有很大距离。

尽管信息通信技术对企业的影响只是体现在某个应用环节，还没有在整个产业链产生较明显空间作用。但同样可以看到，企业发展水平越高，信息通信技术的作用程度越大，所以可以肯定，随着农村企业的发展，信息通信技术的作用将日渐明显。

（2）信息通信技术为农村各专业化合作组织提供了共享各级信息的平台

通过接入互联网消除信息获取的“空间障碍”在农村经济组织中的作用最大。突破信息闭塞是农村合作组织把握自身发展的重要前提，也是推动农村专业化经营的必要条件。从目前各合作组织对信息通信技术的应用看，基本限于通过网络进行信息查询和初步互动。同时信息通信技术推动了组织内农产品销售市场的发展，依靠即时的信息获取，销售商可以选择获利最多的市场出售产品，同时通过网络的宣传又可以拓展产品的销售范围，增加产品销售量。

（3）管理者的素质决定企业或组织信息化程度

尽管各经济组织的信息通信技术应用水平都相对较低，但新的信息通信技术对农村各种经济组织的重要意义逐渐得到认同。尤其是广威农牧和新农资养猪专业合作社的负责人，他们普遍认同信息通信技术对自身发展的重大推动作用。他们认为信息通信技术尤其是互联网提供了支撑自身发展的各类信息，有了对信息的把握，自己的发展才“更有自信和方向”。

（4）信息通信技术应用促使农村居民参与网上经济活动

农村居民的家庭经济状况仍是制约其应用互联网的主要原因之一。根据上述分析可知，家庭年收入越高，用过互联网的比例就越大；反之，利用互联网的机会就越少。随着互联网应用的逐步扩展，农民作为农村居民的主体部分，上网目的已经开始由最初的即时通信与信息查询向电子商务方向发展。虽然只有少数人关注涉农网站，并利用互联网进行产品销售，但互联网在产品交易中的作用已经凸显。此外，以个体经商人员与企业工作人员为主的农村居民参与炒股或电子商务的比例较高。随着农村居民对互联网认知的加深以及应用水平的提高，农村电子商务将会发挥巨大的经济作用，并逐渐改变人们的消费行为与生活方式。

（5）信息化促进区域经济专业化空间分工格局

信息通信技术在各经济实体发展中的带动作用逐渐明朗，尤其是信息通信技术对发展状态良好的经济组织的巨大促进作用是可以肯定的。因为有了各类经济组织的良好发展态势，使无极县经济的空间分工格局逐渐明确。例如，无极县城南的皮革加工从无极镇沿石黄高速无极段一直延续至张段固镇南端，带动当地绝大多数农户参与；七汲镇的蔬菜生产与加工，带动王村 90% 以上的村民参与，同时吸引周边村镇农户进行蔬菜种植，蔬菜种植改变了当地农业种植结构形成增收较多的蔬菜专业化种植与交易基地。除此之外，无极县还形成了养殖、化工等的专业化生产地域。

基于上述认识，作者总结了信息通信技术对经济实体与区域经济的空间作用关系（图6-11）。根据农村各经济组织信息通信技术发展特征，可大致归纳为三个阶段，每个阶段以其信息通信技术应用水平而定。在对无极县各经济组织的调研中发现，从信息通信技术应用上看，大多数处在第一阶段，少数刚刚进入第二阶段。因信息通信技术应用水平的不同，最后对经济体产生的空间作用各异。概括来看，第一阶段中，信息通信技术的空间作用主要体现在信息获取的“无空间”化、产品市场拓展、经济组织间虚拟互动等，对于各经济组织来说最直接的效果便是自身规模的扩大；同样随着信息通信技术应用水平的提高，到第二阶段时，信息通信技术的作用主要体现在经济体内部运行效率的提升，并伴随分支机构的地区扩散；而到第三阶段，信息通信技术则推动经济体实现了规模扩充和效率的最大化，从而使其影响迅速扩散，并带动周边相关农户或企业的参与。总之，对于县域经济发展来看，信息通信技术应用的最终效果将是推动区域经济实现专业化空间分工格局。因无极县各经济组织自身信息化发展水平的制约，现有资料还不能充分证明信息通信技术影响下经济的专业化空间分工格局，但这种趋势已经开始出现。

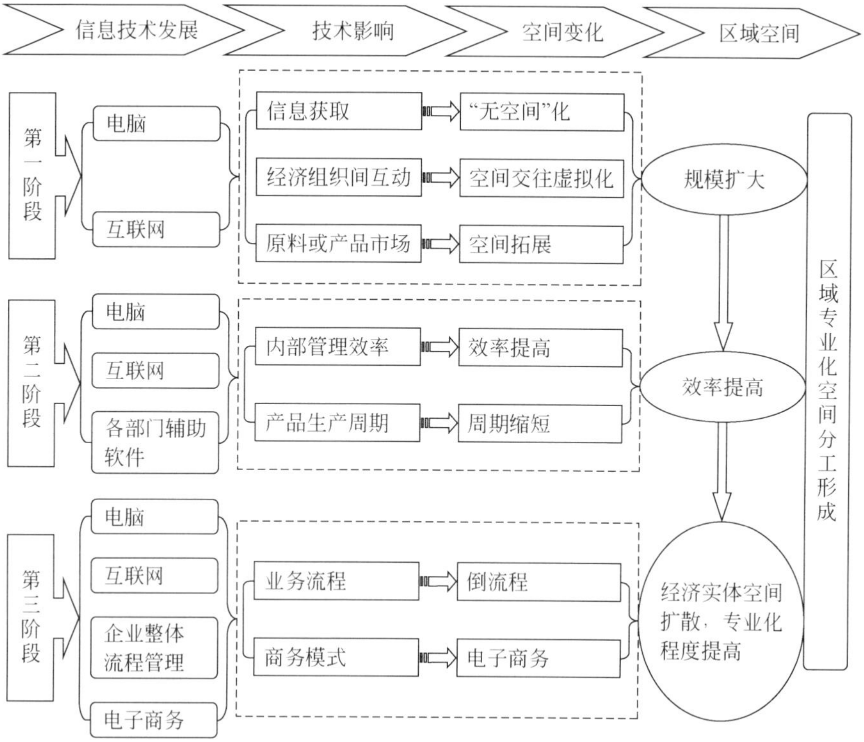

图6-11　农村信息通信技术发展及其对经济发展的空间作用

资料来源：作者总结绘制

第 7 章　信息通信技术应用对农村社会空间的影响

社会空间指的是农村居民社会活动、社会交往的地域结构。新的信息通信技术尤其是互联网的应用不仅影响农村经济活动的空间组织，作为一种新兴的信息渠道、互动媒介和生活平台，互联网逐步渗透到农民生活的各个层面，势必对人们日常行为空间产生影响。作者于 2008 年在成都龙泉驿区就农村信息化建设的访谈中发现，农村信息化服务的推进，在很大程度上改变了农村居民传统的行为模式和社会习俗，并影响了居民的社会认知和自身活动空间。这样农村的社会空间被新的信息通信技术重新塑造。本章的核心命题是从社会空间的视角探讨在信息通信技术的影响下居民社会行为空间的变化趋势。

本章命题缘起于对成都龙泉驿区信息办主任的访谈，故本书先将龙泉驿区农村信息化推进过程及其产生的效果进行总结，以作为其后研究的基础。

7.1　信息通信技术与农村社会空间演变的实证基础

7.1.1　案例区概况与信息化推进

成都市龙泉驿区：面积 558 平方千米，包括 12 个街道（镇），85 个村，40 个社区，52 万人。2001 年开始全面推进农村信息化建设，到 2007 年年底，区财政累计投资农村信息化建设费用达千万元，2007 年投入资金 80 多万元，主要包括硬件建设与软件更新等。其农村信息化建设主要包括以下几个方面。

(1) 信息基础设施建设

在所属的每个村/社区配备一台电脑、打印机、扫描仪。2007 年在失地农民聚集区和城镇居民聚集区新建两个便民服务中心：每个中心配备 11 台电脑，1 台投影仪等设备，提供信息查询，信息发布等服务。进行网络连接：根据山区、坝区、丘区等不同的地貌类型分别以 ADSL 和电信光纤等不同方式接入互联网。到 2007 年年底实现 85 村全部通宽带。

(2) 信息化组织机构建立与网络平台搭建

在区（区信息化办公室）、镇（镇信息化办公室）、村（信息化领导小组）

不同的行政单元分别建立信息化管理机构，并配备专门的管理人员。其中大学生村官是村级单元信息化推进的主要力量。大学生村官在农村信息化建设中的作用多重，既是信息化管理员，又是便民代办员、劳动力转移服务员、社会救助员、远程教育工作员、农技培训员，在信息化建设中实现了一岗多能、一角多用。为推进信息化服务，龙泉驿区首先建立便民服务中心网站，此网站的便民服务一直延伸到各村，并且通过此网站的共建、共享实现了各部门资源的整合，解决各部门各自为政的局面。例如，龙泉驿区政府8个主要职能部门通过各自的服务器与信息化办公室服务器连接，主要涉及与农民相关的部门，如社保、就业、民政、农业、卫生、医保等。

(3) 个性化服务提供

根据农村发展实际情况，龙泉驿区信息化建设中推出多种个性化服务。其中主要包括通过网络观看相关的政策法规宣传或视频，为养殖农户提供技术培训并帮助农户通过网络进行交易，帮助农村龙头企业进行信息化改造，为当地农业龙头提供电脑等硬件设备，并为企业建立对外联系和宣传的网站，同时龙泉驿区为企业搭建生产、经营、管理、销售的内部网络化平台，使企业在信息通信技术的支持下得到极大发展；同时龙泉驿区信息化办公室还推行系列便民服务，其中最有特点的便是村民生育证的申请与领取过程。

根据访谈资料可见，农村信息化影响下龙泉驿区农村社会空间正在发生的变化，主要体现在农村居民出行行为与对外联系的空间变化。

7.1.2 网上便民服务改变村民出行行为

新的信息通信技术支撑下农村便民服务同样出现高效快捷的特点，并且在此过程中从根本上改变了村民的出行行为。以龙泉驿区信息化便民服务模式中二胎生育证申请与领取过程为例。表7-1、图7-1和图7-2为当地二胎生育证申请与领取的传统模式与信息化服务模式的对比。

表7-1 传统申领方式与信息化申请方式特点比较

项目	申请办证所需时间	出行次数	交通通信方式	花费
传统申请方式	至少3天	出村3趟	汽车	20～30元
信息化服务方式	几分钟	无出村行为	互联网、移动电话	无花费

资料来源：根据访谈资料整理

从图7-1中看到，传统申领过程不但周期长而且花费多。村民在申办二胎生育证明过程中，首先要到所在乡镇咨询并确认是否符合条件，如果条件符合再到

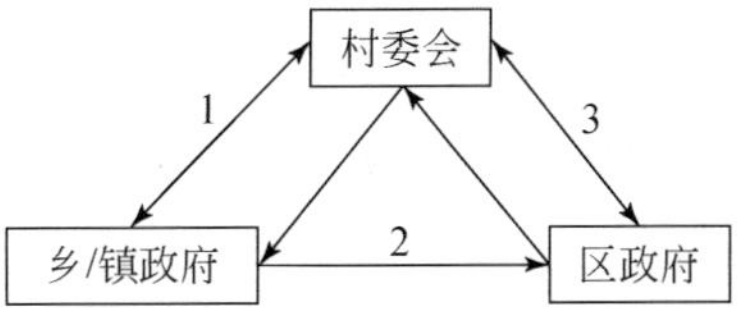

图 7-1　传统申请及其出行特征

1 表示村民到乡镇咨询相关事宜；2 表示村民的办证过程；3 表示取证过程；
其中 1、2、3 过程均需实际出行活动

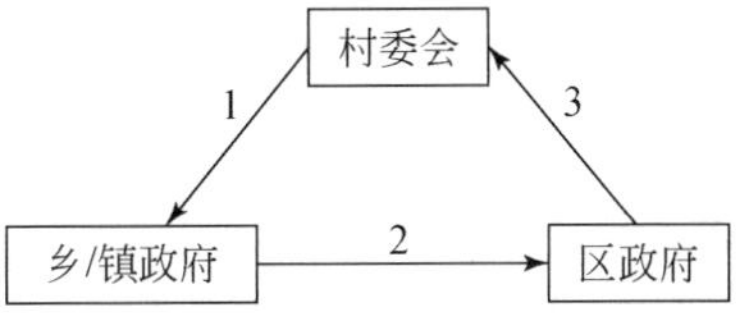

图 7-2　信息化便民服务方式及出行特征

1 表示村开具证明，网上传到乡镇；2 表示乡镇审核后通过网络报区级部门；
3 表示区审核后直接通过网络返回村支部；其中 1、2、3 过程
无实际出行，均在网上进行

村委会开具证明，然后再到区政府相关部门办理，最后证明出来后再到区政府领取证明。整个申领过程包括了至少 3 趟出行过程，最少需要 3 天时间完成，此过程花费交通费 20～30 元。如果交通条件不便利的地区，则花费时间和钱更多。

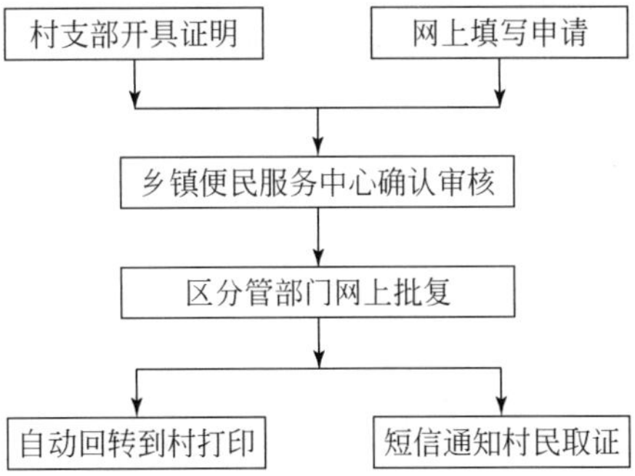

图 7-3　信息化便民服务模式的服务流程

整个服务流程均在网上进行，村民无需出行
资料来源：根据访谈资料整理

图 7-3 显示了信息化便民服务模式的过程。龙泉驿区便民服务中心建立中心网站，并将一些便民服务延伸至村。通过互联网实现服务中心、政府与村各级单元的互联互通，从而保证便民服务的在线办理。实际办理过程如图 7-2 和图 7-3 所示。办理过程的特点是整个申领通过网络在线完成，仅需几分钟时间，村民无

需出行，没有金钱花费。

新的信息通信技术支撑下龙泉驿区便民服务模式完全改变了传统的办事方式。新的便民服务模式不但加快了办事效率，而且完全取代了农村居民的外部出行，大大减少了居民的花费。

7.1.3　通过网络联系极大地扩展了农村居民对外交往空间

龙泉驿区信息服务中心通过为部分农户提供接入互联网的设备从而为农村居民提供了良好的对外交往条件。例如，龙泉驿区一个农民通过互联网订阅日本、韩国等国家有关农业养殖、新品种培育等方面的杂志，并同这些国家的培育、种植人员取得联系，交流种植养殖经验。根据学到的知识，自己建成农业养殖和新品种培育基地，基地培育的果苗通过互联网销往国外，年收入达到 20 万元以上。

由此实例可见，互联网为农村居民提供了广泛接触外部世界的可能，从信息获取角度看，互联网上的信息提供可以完全弥补农村地理区位的劣势。政府推动下的农村信息化极大地改变了农村社会经济的发展，同时影响了农村居民自身的出行和社会交往行为。

信息化服务模式的推出使农村居民在零出行零花费的前提下即时完成需求，此服务模式不仅便利了居民的日常生活，更重要的是完全改变了农村居民对政府提供服务的使用认知，提高了居民对信息服务使用的能力。信息化服务模式的意义或许更在于推动了农村地区向信息社会的跨越。

从社会空间角度分析信息通信技术下农村居民行为空间变迁过程，首要的问题是空间范围的选取和研究方法的确定。本章应用案例研究的方法，通过对无极县典型行政村村民进行访谈同时结合问卷进行分析，最后归纳总结出信息化趋势下农村居民个人行为空间的特征及其变化。

7.2　人际交往空间变化的多样性

鉴于人际交往是农村居民社会活动重要的组成部分之一，作者选取信息通信技术影响下人际交往空间的变化特征作为研究的着眼点。旨在通过分析农村居民在移动电话和互联网等新的信息通信技术影响下，人们的人际交往空间发生了哪些转变。

农村居民传统的人际交往主要有本地邻里间日常交往和异地亲朋间的交往。传统交往主要通过面对面交流和普通信件往来实现，所以传统人际交往空间的地理衰减非常明显。即不仅居民人际交往空间范围受距离的限制，而且人际交往的频次会随着空间距离的增加而大幅度衰减。

新的信息通信技术尤其是通信技术的发展为居民的日常交往提供了新的方式，固定电话、移动电话和电子邮件逐渐替代普通信件在交往中的作用，尽管邻里间面对面交流依然重要，然而不能否认新的通信技术在人们面对面交流中同样意义重大。面对多样化的通信技术与通信工具，农村居民日常交往空间到底会发生哪些变化值得研究。

7.2.1 人际交往媒介的变化是交往空间变化的根本

通信媒介多样化发展趋势使农村居民完成日常交往出现了多种选择，为了解居民在日常交往中对各种媒介的使用和通信方式随时间的变化情况，作者在调研问卷中预设了 3 个问题：①10 年前与亲朋的日常联系方式；②5 年前与亲朋的日常联系方式；③当前使用最多的联系方式。受访者根据自身的情况填写，此三项回答的最终有效问卷为 1 210 份。通过在时间维度上居民日常联系方式变化的分析试图找到当前人际交往空间变化的根本原因。

根据居民选择，总结其结果如图 7-4 ~ 图 7-7 所示。如图 7-4 所示，超过 60% 的人选择 10 年前日常联系的主要方式是通过登门拜访完成。除此之外就是依靠普通信件和固定电话完成较远距离的日常交往，它们的占比分别为 31.5% 和 26.6% 。值得注意的是 10 年前移动电话和互联网的使用比例非常低，分别为 8.3% 和 0.9% ，这与当时两者较低的普及率一致。

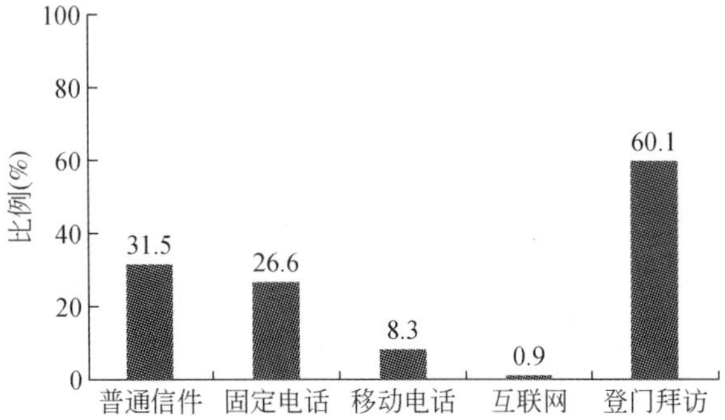

图 7-4　10 年前居民日常联系的主要方式

资料来源：调研问卷统计结果

5 年前，居民日常联系方式出现明显变化。其中变化最明显的是固定电话使用比例迅速上升到 60% ，同时在此阶段移动电话的使用比例也增长较快，由 5 年前的 8.3% 增长到 32.8% ，说明 5 年时间居民由面对面交流为主的日常交往方式逐渐变化为依靠新的通信技术来完成。与固定电话和移动电话使用比例增加相对

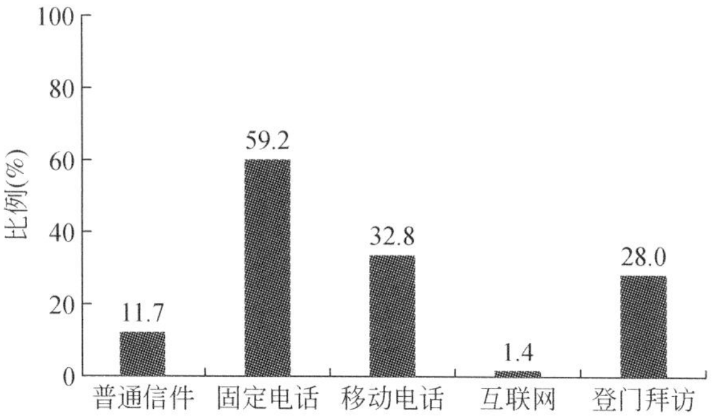

图 7-5　5 年前居民日常联系的主要方式

资料来源：调研问卷统计结果

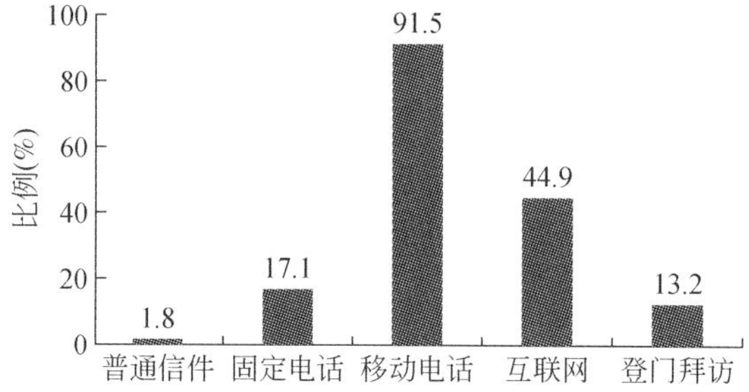

图 7-6　当前居民日常联系的主要方式

资料来源：调研问卷统计结果

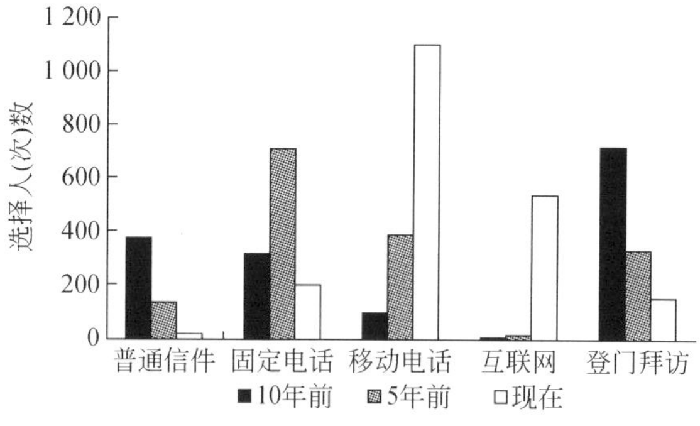

图 7-7　农村居民日常交往方式的时间变化

资料来源：调研问卷统计结果

应，面对面的登门拜访与普通信件交往方式的比例下降。通过互联网进行人际交往的比例虽有增加但依然很低，只占 1.4% 的比例。

当前，人们日常交往方式最显著的特征是移动电话和互联网使用比例的大幅度提高。如图 7-6 所示，当前人们日常交往主要通过移动电话完成，有 91.5% 的居民选择以其作为日常交往的工具。同时，互联网的使用率迅速增加，45% 的居民选择通过互联网进行交往，5 年时间互联网使用比例由 1.4% 增长到 45%，说明互联网成为仅次于移动电话的日常交往工具。当前的另一个重要变化趋势是固定电话和普通信件使用比例的迅速下降，5 年时间固定电话使用比例下降超过 40%，而普通信件的使用比例由 10 年前的 31.5% 下降到当前的 1.8%。传统的登门拜访使用比例一直下降，但降幅逐渐趋于平缓。

10 年的时间，农村居民的日常交往媒介选择出现了几次明显的变化，从而使传统的交往方式被新的信息通信技术支撑下的通信媒介所替代。其中以移动电话比例的迅速增长为主要特征，其次，通过互联网进行交往的比例也快速增加。

居民通信媒介的选择同当时背景下各通信工具拥有的变化规律一致。如图 7-8 所示，10 年前，只有固定电话的普及率较高，而移动电话和互联网未广泛进入农村家庭，故当时的通信方式选择以传统信件，面对面交流为主。随着固定电话的进一步发展，5 年前固定电话使用比例达到最高（图 7-9），同时移动电话拥有量的快速增长带动了居民使用比例的提高。同样，从目前的发展来看（图 7-10），固定电话的拥有与使用比例均处于下降状态，而移动电话和互联网的拥有与使用增长迅速。

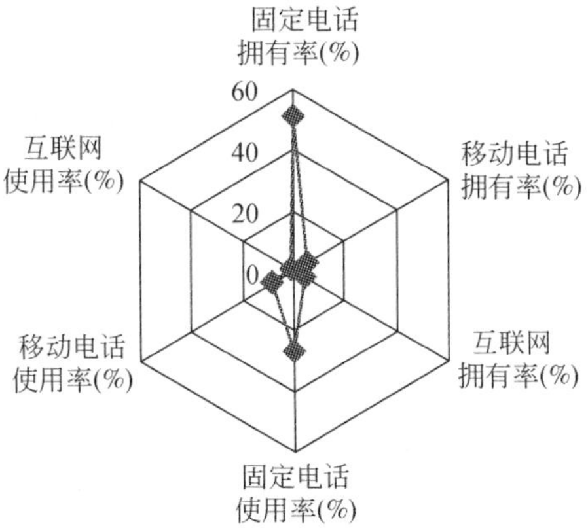

图 7-8　10 年前交往媒介拥有与使用情况

资料来源：调研问卷统计结果

从通信媒介的拥有与使用情况看，居民对每一种新的通信媒介的使用率均落后于其普及率，说明通信工具的拥有与有效使用两者之间存在一定的时差。从当前发展情形看，固定电话在农村已经经历了快速增长到平衡再到逐步下降的过程，所以固定电话使用比例趋于稳定下降；移动电话在农村即将处于最顶点的发展状态，故其使用比例还将增加但也会快速达到最高值；而互联网在农村正处于

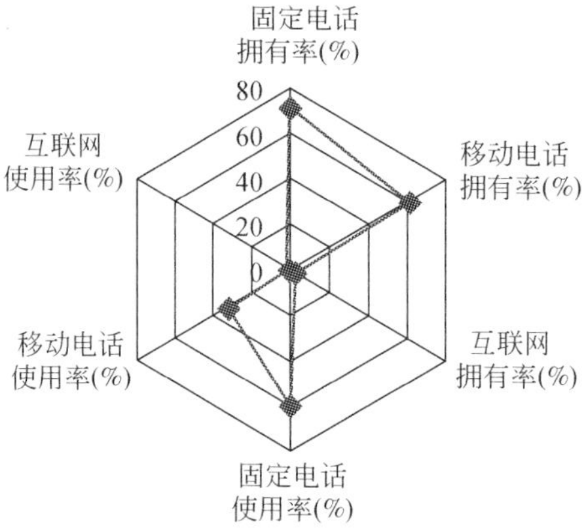

图 7-9　5 年前交往媒介拥有与使用情况

资料来源：调研问卷统计结果

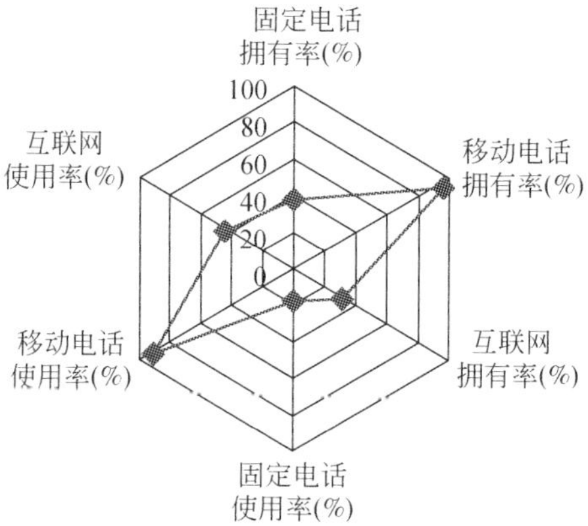

图 7-10　当前交往媒介拥有与使用情况

资料来源：调研问卷统计结果

刚刚起步时期，它的使用比例将继续增加，所以互联网会成为日后居民日常交往的重要方式。

农村居民日常交际媒介的变化，可以解释为人际交往空间出现多样化转变的诱因。首先，以移动电话和互联网为代表的新的信息通信技术为农村居民提供了远距离即时交际的可能；其次，较低的通话费用又使得农村居民的近距离面对面交际可能在一定程度上被替代；同时，互联网上虚拟交际空间的存在，可能使农村居民人际交往范围大大扩展。作者通过对案例区的相关调研，试图从实证角度证实以上理论假设。

7.2.2 农村居民人际交往空间范围扩大

互联网是促使居民人际交往空间范围改变的核心工具。互联网的即时通信与网络社区的交友功能为农村居民提供了新的人际交往方式，即虚拟空间中的人际交往。理论上，依托虚拟空间，农村居民完全可以克服区位条件的限制，实现与遥远距离人群的即时交际，这样，农村居民的人际交往空间可以无限扩大。

当前农村居民对网络即时通信的应用程度达 71%，城乡差异仅 6 个百分点；而在交友网站的使用上城乡差异仅 1.9 个百分点，较高比例即时通信和网络社区的使用为农村居民人际交往空间的扩展提供了前提。随着网络交际方式使用的增加，农村居民对互联网交际功能的认知超过城市居民，见表 7-2。84.9% 的农村网民认为互联网加强了自己与朋友间的联系，这一比例高出城市网民 3.2 个百分点；而 72.5% 的农村网民认为通过互联网可以认识很多新朋友，比城市网民高 9.6%。通过表 7-2 说明，尽管农村网民的网络使用比例还低于城市，但他们对互联网的交际空间拓展效果的认知却高于城市网民。

表 7-2 网络交际方式使用与产生效果的城乡差异 （单位：%）

交际方式	农村	城市	城乡差异	互联网使用效果	农村	城市	城乡差异
即时通信	71	77	−6	加强了与朋友的联系	84.9	81.7	+3.2
交友网站	17.9	19.8	−1.9	认识了很多新朋友	72.5	62.9	+9.6

资料来源：CNNIC，2009

为了较准确地刻画案例区新的信息通信技术对农村居民人际交往空间范围的影响，本书以网络即时通信为例，在问卷中预设了以下问题：①你是否拥有即时通信工具，有哪些；②经常上网聊天是否能认识更多的朋友。问题①的目的是了解居民使用互联网进行即时交际的可能性，问题②则是为了了解居民对虚拟空间即时交际的感受。

针对问题①，无极县成年居民共有有效回答 1 231 份，其中有即时通信工具的有 807 人，占 65.60%；没有即时通信工具的有 424 人，占 34.40%；针对此问题青少年问卷共 1 447 份，其中 71.30% 的青少年使用即时通信工具进行日常交际（图 7-11）。尽管当地农村成年人即时通信工具的使用比例低于全国平均水平，但青少年群体的使用比例却高于全国平均水平，所以可以肯定虚拟网络空间的交际依然是本地网民网络应用的重要方面。

针对问题②，无极县成年居民共有有效回答 999 份。45.1% 的人认为上网会认识更多的朋友，而 20.1% 的人认为上网不会认识更多的朋友，还有 34.8% 的

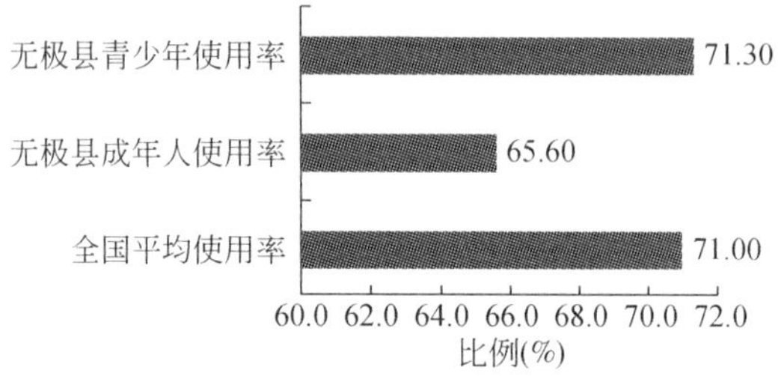

图 7-11　农村网民即时通信使用率

资料来源：调研问卷统计结果

人不确定（图 7-12）；在无极县青少年群体中 46.2% 的人认为通过互联网可以认识更多的朋友（图 7-13）。尽管本地农村居民对网络交际效果的认知远低于全国平均水平，但是人们对网络拓展交际空间的认识在逐渐得到肯定。

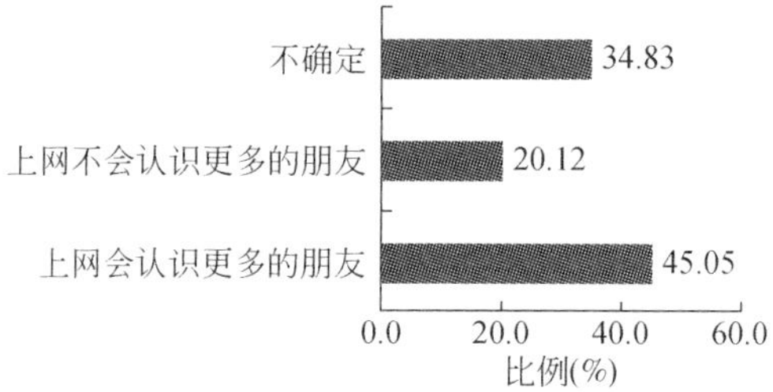

图 7-12　无极县成年居民互联网应用效果感知

资料来源：调研问卷统计结果

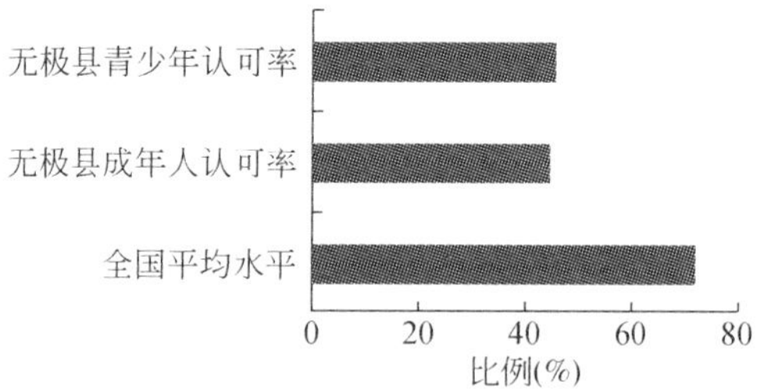

图 7-13　不同群体互联网应用效果感知

资料来源：调研问卷统计结果

由此可见，通过互联网上的即时通信等功能的使用，使原本没有任何关系并且居住地相隔遥远的人与人之间建立了基于虚拟空间的联系，这种虚拟联系使人们的交际空间在地域上有了大幅度的扩展。

7.2.3 外地亲朋交往频次增加

农村居民日常交往的一个重要部分是与外地（本村以外）亲朋的联系，这是他们社会交际网络中不可或缺的一部分。农村居民与外地亲朋传统的日常交际主要靠相互探访完成，实际出行是其完成交际活动的根本，故探访频率直接受到空间距离与出行便捷程度的制约。

一位受访者说："我外村亲戚多，大家都是节日期间走动，平时不会见面，骑自行车还得好长时间。"另一位有外地亲戚的受访者说："以前与外地尤其是城市亲戚朋友联系很少，偶尔会写信，见面机会更少，几年不见一次。"分析联系少的原因主要是"不太会写信，坐车时间太长而且车费太贵负担不起"。

新的信息通信技术无疑为农村居民与外地亲朋间的联系搭建了便捷的渠道，改变了他们与亲朋之间的联系状况。其中一个重要特征是农村居民使用移动电话、电子邮件或聊天工具来替代实物信件与亲朋联系与交流。一些使用电子邮件的受访者说，"他们从来都没有像用电子邮件那样频繁地写信，如果没有电子邮件，肯定不会如此频繁的与外地亲朋联系"。而对于移动电话的认识，受访者说，"自从有了手机，随时都会与亲戚联系，手机通话费用低，非常方便，尽管见面机会不多，但感觉关系亲近了很多"。

基于以上认识，作者在问卷中预设问题如下：③有无申请个人电子邮箱并收发电子邮件；④移动电话有没有增加与外地亲戚朋友的联系频度。问题③的目的是考证农村居民互联网通信功能的使用；问题④的目的则是验证移动电话在农村居民远距离交往中的作用。

在问题③中，有效问卷 1 026 份。如图 7-14 所示，只有 7% 的人有电子邮箱并经常收发邮件，而 21% 的人有电子邮箱但只是偶尔收发电子邮件，72% 的人没有电子邮箱。根据 CNNIC 报告（2010），2008 年和 2009 年全国网民电子邮件使用率为 56.8%，远高于本县农村居民的使用水平；同时报告中得出的结论为

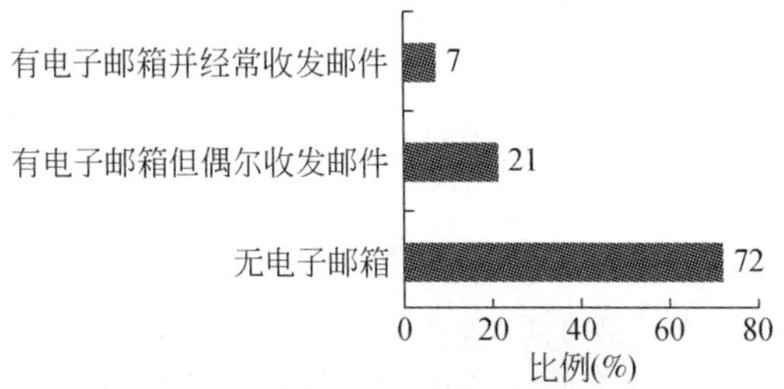

图 7-14 农村居民电子邮箱拥有与使用情况

资料来源：调研问卷统计结果

“网民学历越高，电子邮件使用率越高，随着互联网向低学历人群的扩散，电子邮件使用比例会下降”。可见，e-mail 作为通信手段要在以低学历为主的农村居民中广泛应用尚需时日。尽管有少数个体认为电子邮件大大方便了其与外地亲朋的联系，但显然这只是个体经验不能作为普适的结论。故电子邮件尽管具有推进农村居民与外地亲朋进行频繁交往的潜力，但因其实际采用率有限，还不能成为主要影响因素。

在问题④中，有效问卷 1 198 份，其中 71% 的人认为移动电话有效的增加了与外地亲戚的联系频率，21% 的人认为联系频率有增加但不太明显，只有 8% 的人认为移动电话没有增加与外地亲戚之间的联系频率（图 7-15）。可见在与外地亲朋联系中，移动电话的作用远远大于互联网，移动电话可以作为影响农村居民与外部空间交往的核心因素。因此可以得出结论：移动电话的应用使农村居民与外部空间联系的频率大大增加。

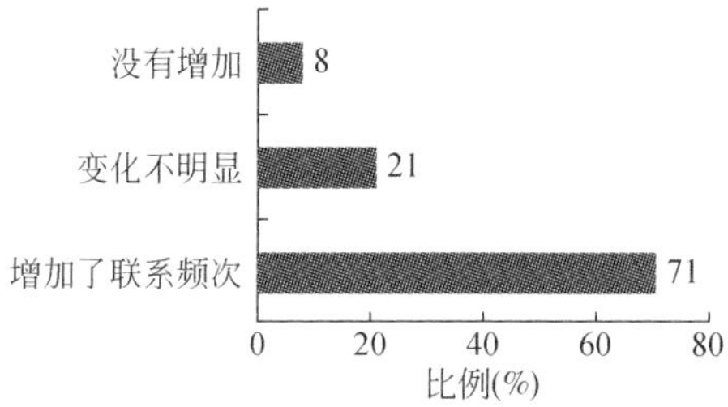

图 7-15　移动电话与人际交往频次的关系

资料来源：调研问卷统计结果

7.2.4　传统邻里交往空间的多样化

农村邻里交往主要指基于本村村民之间的相互往来，是农村居民社会交往空间的核心组成部分。农村地区受居住形式、交通条件、文化传统、经济发展水平的影响，其邻里交往远比城市地区丰富而频繁。传统的面对面交流是农村居民获取信息、讨论时事等的主要交往方式，这种交往既无需在出行上花费过多时间更没有任何金钱花费，所以直到现在传统面对面交流依然是农村居民主要的邻里交往方式。

尽管以互联网和移动电话为代表的信息通信技术从根本上改变了农村居民传统的通信方式，从而影响了他们的人际交往方式与空间，但对于农村居民非常重要的邻里交往来说，情况似乎要复杂得多。在调研中发现，很多居民虽然认同新技术的作用，但是他们不会把移动电话和网络看做可以代替与亲朋面对面的交流的方式。因此有必要客观分析农村邻里交往中信息通信技术的作用。

根据研究的需要，作者在问卷中预设了两个问题：⑤移动电话有没有减少与邻居面对面交流；⑥若邻居也有互联网，你们通过什么方式交往。问题⑤目的是直接了解移动电话与居民日常交往的关系；问题⑥则是假设居民社会网络中都具备了接入互联网的条件，那么他们的日常交往会发生哪些变化。

在问题⑤中，1 206 份有效问卷中 17.8% 的人认为移动电话会减少与邻居的日常见面，而 82.2% 的人则认为移动电话没有减少与邻居的面对面交流；可见，虽然移动电话为农村居民的社会交往提供了便利，但它对农村居民间面对面交流的替代作用不大。

问题⑥是带有假设情形的问题，适用于相互联系的居民间都有网络连接的情况。针对第⑥个问题的有效问卷 983 份，其中 44% 的居民在与邻里交流中完全为面对面形式，41% 的人选择见面为主，但偶尔会有网上交流，说明互联网正在逐渐渗透到农村居民的邻里交往中。但其渗透作用还有限，因为只有 15% 的人会完全或主要采取网上联系（图 7-16）。

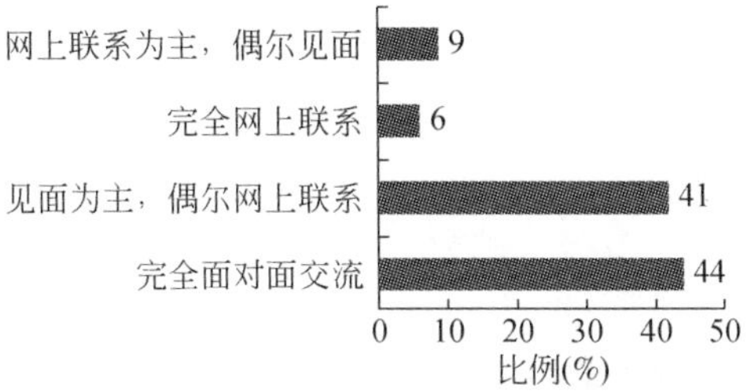

图 7-16　农村居民邻里交往与互联网应用

资料来源：调研问卷统计结果

根据上面分析可见，移动电话和互联网的应用使农村居民的邻里交往方式出现多样性特征：首先，邻里交往仍然以面对面交流为主。移动电话可以使居民间联系更方便但基本不会减少见面次数。其次，虚拟网络空间交往正在逐渐渗透到农村居民邻里交往之中，使邻里交往空间出现虚实并存的状况，但虚拟空间对邻里交往的影响力较小。

7.2.5　农村居民人际交往空间多样化

将上述问题进行综合，根据前面的分析可以看出农村居民人际交往空间的主要变化特征。

首先，信息通信技术下人际交往依托媒介发生改变。近距离邻里交往依旧注重面对面交流，这是农村地区长期形成的文化，很难在短时期改变；移动电话的使用大大增加了居民与外地亲朋间交往，因为费用和时间的节约，以及操作的简便化，移动电话几乎完全替代了以往传统信件交往的形式。使得居民与外地亲朋的交往频率较以往大大增加；互联网的使用尤其是即时通信工具的影响，使农村居民开始了一种全新的交往模式，即虚拟空间交往。互联网支撑下的虚拟交往完全改变了农村地区距离偏远，交通闭塞等劣势，成为农村居民平等接触外部世界，减弱区域隔离的重要模式。

其次，信息通信技术使农村居民社会交往方式出现多样化特征，从而弱化了面对面交往的重要程度（图7-17）。从图7-18中看到传统人际交往空间主要包括居民与本地邻里的交往及其与外地亲朋交往。对于本地邻里间交往主要通过实际面对面交流来完成；而对于远距离亲朋则主要通过面对面交往和传统信件交往两种形式实现，但受农村自身经济、交通、通信等客观条件的限制，农村居民与远距离亲朋间的交往频率非常低。电话交流、网络交流和面对面交流的同时作用使农村居民可选择越来越多的交往方式，这样面对面交往的重要性出现下降，尤其农村居民与外地亲朋的交往中，面对面交往的重要程度下降明显。

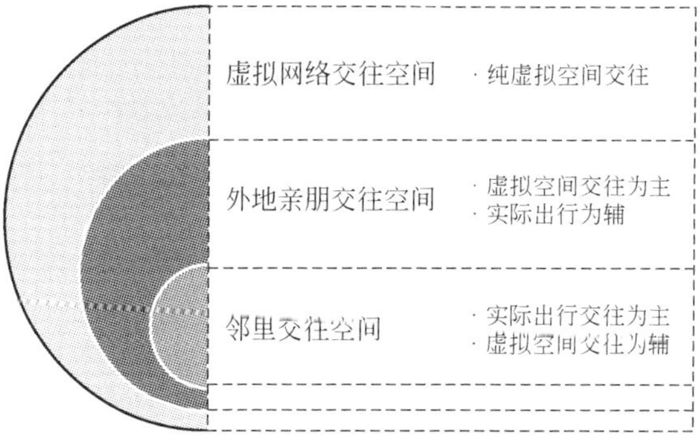

图7-17　信息通信技术下人际交往空间与交流方式

资料来源：作者总结绘制

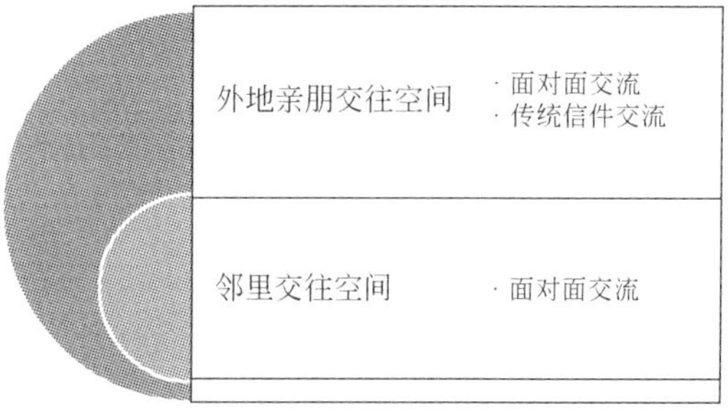

图7-18　农村居民传统交际空间与交流方式

资料来源：作者总结绘制

最后，多样化的人际交往方式通过多类型空间完成。信息通信技术尤其是互联网络为居民提供了一种全新的人际交往空间类型——虚拟空间交往。这种交往完全在网上实现，虚拟空间交往不受交通、地域、经济、文化等条件的限制，从居民的交往对象看，可以是熟悉的亲朋也可能是通过网络即时认识的“网友”，这个网友可以居住在任何地区，故虚拟交往体现在实际空间上是无限扩展的。

总之，新的信息通信技术不仅使农村居民人际交往空间范围增大，而且增加了居民自身社会网络的交往频次。使得农村居民的人际交往在多媒介多空间模式下进行（图 7-19）。

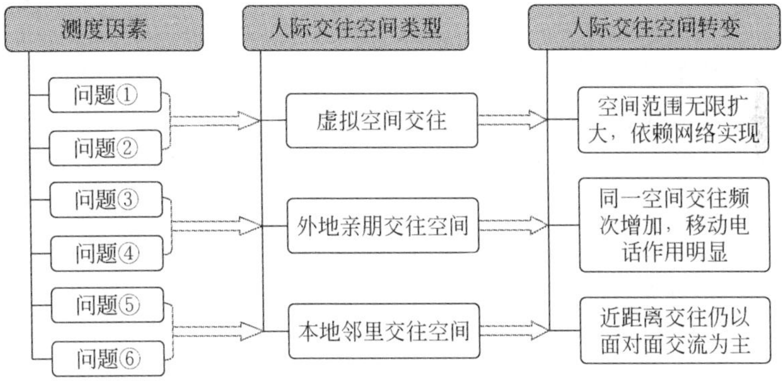

图 7-19　农村居民人际交往空间转变特征

资料来源：作者总结绘制

7.3　信息通信技术影响下社会行为的衍生

数字化带来的是空间关系的转换或者说是一种新层次的空间关系的发展，而不是 Cairncross（1997）描述的“距离死亡”或者“地理终结”，这种空间关系取决于相互关联的节点（在空间中有特定的物质地点）间的网络。Graham 和 Marvin 将信息通信技术下的城市空间关系描述为协作、替代、衍生、增强四大效应，在这些效应的综合作用下，城市空间被重新塑造。虽然到目前为止，没有学者明确提出信息通信技术在农村空间关系发展中的作用，但我们可以从已经存在的变化中看到信息通信技术通过改变农村居民的生产生活方式而重塑了农村的空间组织。

本小节以案例区新的社会行为——农村网络炒股的产生及其产生的影响为例，探讨了信息通信技术下农村居民新社会行为的衍生及其所带来的空间结果。

7.3.1 互联网支持下农村地区新的社会行为的衍生

互联网的发展不仅为用户提供了信息获取的便捷渠道和参与互动的虚拟平台，同时也催生了与网络相关的多种生活方式，网络炒股便是其中之一。网络炒股是指通过互联网获取股票信息并进行在线交易的股票买卖过程，网络炒股可以看作传统炒股行为的衍生体。互联网为证券投资带来了极大的方便，通过网络炒股，参与者不必去股票交易机构即可完成交易。相对于传统的炒股方式，网络炒股是依托互联网而衍生的新行为，它集合了及时信息供给，技术分析，资讯服务和网络交易等所有功能，显示出很大的优越性。互联网为炒股参与者提供了无需出行和即时操作的平台，既可以节约出行成本又可以节约交易时间，这些功能的实现是吸引更多股民进行网络炒股的根本原因。

从网络炒股应用的时间发展看，2000 年之前，经常使用网络炒股服务的网民仅 75.7 万人，占所有网民的 8.5%。到 2009 年年底，网民网络炒股使用比例为 14.8%，达 5 678 万人；虽然网络炒股依然不是互联网应用的主体，但十年时间网民中网络炒股人数增加 75 倍。图 7-20 为 2000 年以来中国网络炒股人数与所占网民比例的变化情况。（此图数据来源于 CNNIC 第 5 ~ 25 次互联网调查报告，在此报告中，第 17 ~ 19 次的调查报告的统计方式与以往不同，将网络炒股与网上银行两者综合在一起，故无法提取网络炒股的单独数值；从 2007 年 6 月开始，统计方式和口径改变，以“是否使用过”某种网络服务取代“经常使用”的网络服务，故选择使用比例大大提高，所以此后的数字不能完全与前面资料用作对比。）虽然数据准确性不高，但从大趋势上看，网络炒股用户的增长趋势还是非常明显的。

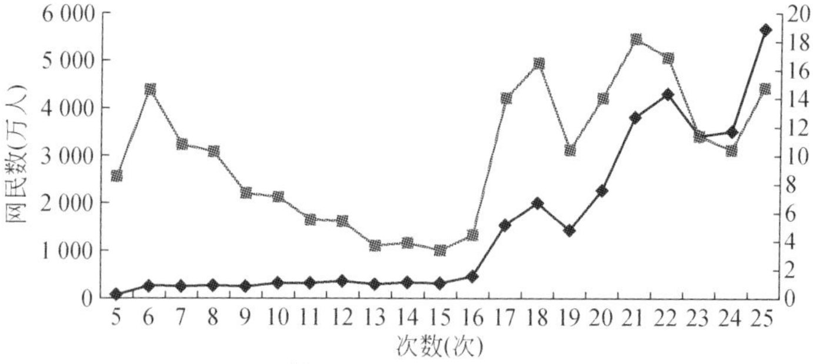

图 7-20 2000 ~ 2009 年中国网络炒股用户变化图

资料来源：CNNIC，2000 ~ 2010

从网络服务的总体使用情况看，网络炒股的使用比例排名一直比较靠后。其原因一是由于网络股民受股票走势的影响巨大，股市好则用户多而股市不好则用户比例下降。CNNIC 报告表明网络炒股的用户使用比例与中国股市过户总金额变化趋势保持一致（CNNIC，2010）。二是由于炒股只是个别群体的行为，主要用户群体是企业职工、专业技术人员和一部分大学生。例如，CNNIC 第 23 次调查报告中显示，网络炒股的在网络商务群中的特征值最高，到达 256；其次是网络依赖群，特征值为 237；排第 3 位的是网络社交群其网络炒股的特征值为 114（CNNIC，2009）；而其他群体的使用比例很低。根据 CNNIC 关于互联网应用程度的划分，网络依赖群、网络商务群和网络社交群都是网络重度用户群体（CNNIC，2009），重度用户无论在使用网络数量还是在上网时长上都远高于网民总体的平均水平。

根据 CNNIC 报告结果可见，网络炒股的使用者身份主要以网络高使用率用户为主，这似乎说明农民群体成为网络炒股用户的机会很小。然而从互联网为炒股行为提供的便利性看，网络炒股又具有向农村地区扩散的可能。因为对城市股民而言，互联网是炒股过程的有益补充，人们依然会定期到就近的交易场所聚集并进行交易，所以在城市会同时存在传统的炒股形式与网络炒股并行的情况。而对于农村居民的炒股行为来说，互联网的影响更大。因为多数股票交易大厅都位于市区或县城，农村居民没有足够的时间与出行条件来频繁地出入交易大厅完成股票交易，可以说没有互联网的接入，就不会有农村炒股行为。所以农村居民的炒股行为是一种完全网络依托型行为。或者说正是互联网对股票交易的衍生作用才使得农村居民有机会接触一种全新的社会活动。

为客观分析农村网络炒股行为，本书选取典型案例区于 2009 年 12 月进行再次调查和访谈。关于网络炒股的问卷选择无极县张段固镇齐洽村进行，选择炒股家庭发放 200 份问卷，回收 180 份，其中有效问卷 150 份。同时选择 5 户家庭就炒股进行了深入访谈。此部分的分析即依据此次问卷和访谈的资料。

7.3.2 案例区网络炒股缘起

在无极县农村居民信息通信技术应用问卷中，针对互联网使用目的的回答，选择使用互联网炒股的人并不多，只占 5%（图 7-21）。虽然总体比例不高，但选择网络炒股人群的分布非常集中，96% 以上为无极县张段固镇居民，地域的高度集中说明其中必然存在某种原因或规律。同时作者在访谈中发现，无极县张段固镇齐洽村通过互联网炒股的居民所占比例非常高。基于以上主观认识，作者对无极县齐洽村的网络炒股行为进行了深入调查。

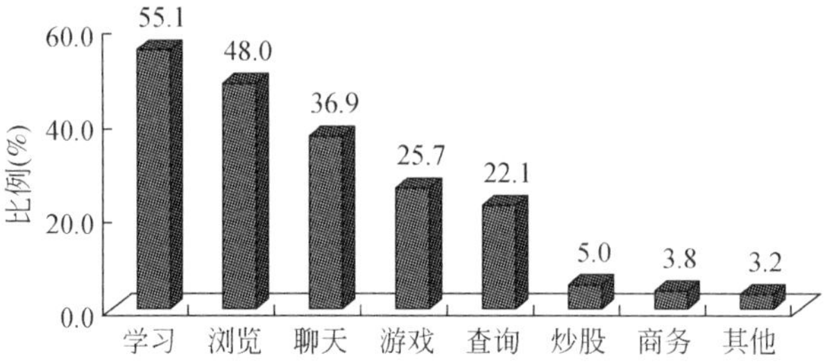

图 7-21　无极县农村居民主要互联网应用

资料来源：调研问卷统计结果

齐洽村位于无极县以南 6 千米（图 7-22），石黄高速公路无极连线穿村而过，南距石黄高速 8 千米，西距石家庄机场 37 千米处。该村现有耕地 2 421 亩，人口 2 661 人，农户 650 户，外来常住人口 1 300 余人。该村是无极县皮革加工企业的主要集中地，全村拥有皮革加工规模企业 40 家，其中投资 50 万元以上 13 家，100 万元以上 8 家，全村年社会生产总值 4. 6 亿元，年利税 3 700 万元，集体固定资产 1. 2 亿元。目前，全村有超过 85% 的农户从事皮革加工或相关行业。2007 年，全村人均纯收入超过 6 000 元（图 7-23），为河北省百强经济村之一。

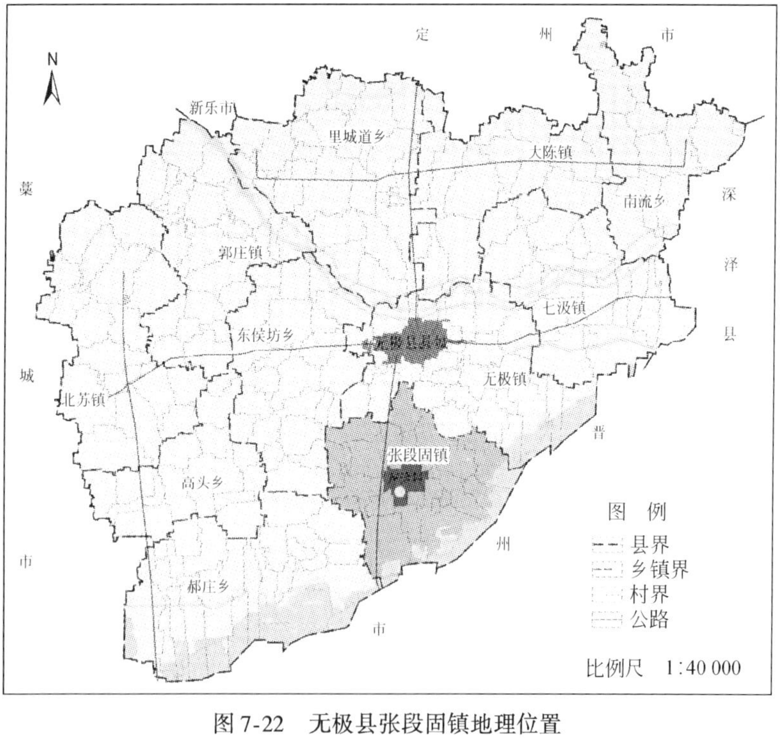

图 7-22　无极县张段固镇地理位置

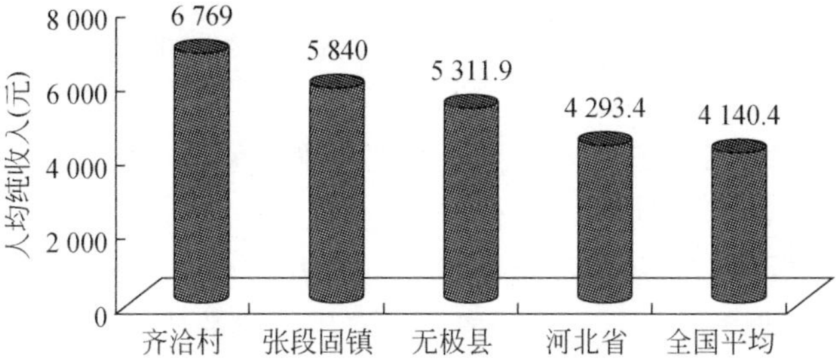

图 7-23　农村人均纯收入区域对比

资料来源：无极县人民政府，2008

参考 CNNIC 的调查报告的方法，从网络应用时间看，农村网民应该属于互联网的轻度用户群，所以网络炒股似乎不会在农村居民中广泛应用。因此对于无极县张段固镇网络炒股的普遍兴起有必要探讨其形成原因。

首先，作者在实地调研中发现，皮革加工小企业小作坊的解体是本地农村居民炒股的主要根源。尽管本地的皮革加工已经初具规模，然而仍存在较多的小作坊式加工工厂，这些小工厂规模小、分布分散、经济效益低、对环境污染严重。随着无极县对制革污染治理强度的增加和市场竞争的日益激烈，迫使很多原来以小作坊生产为主的农户停止了皮革加工，所以他们在短时间内成为“无业”居民，这是催生本地农村居民炒股的主要原因。2006 年后，本地的小皮革加工逐渐被淘汰，而 2007 年成为当地农村居民购买家用电脑和炒股的关键一年。问卷结果显示，94% 的家庭为 2000 年后购买家用电脑，其中 41. 2% 的家庭为 2007 年购买。而 100% 的家庭都是 2007 年开始使用电脑进行股票交易。截至 2009 年，全村炒股用户超过 200 户，其中多数为停止皮革加工的“无业”居民。

其次，经济收入的增加以及家用电脑的普及是农村网络炒股兴起的保证。因普遍从事皮革加工，故本地农村居民的收入水平一直较高（图 7-23），2007 年人均纯收入达到 6 769 元，高出全国平均水平的 1. 64 倍，属经济较富裕地区。收入的增加为农村居民购买家用电脑并接入互联网提供了可能，根据作者的调研，截至 2009 年，全村 650 户居民中，超过 80% 的家庭拥有家用电脑并接入了互联网。

最后，继续追求较高经济收入是网络炒股的驱动力。超过 80% 的居民说炒股的原因主要是为了追求更多的经济收入，只有少数人是为了自我提升或者满足赌博的心理。当地皮革加工为农村居民带来较高的经济收入，所以对很多居民来说即时当前处于“无业”状态也不愿“另谋出路”。一位接受访谈的居民说“现在已经不适应出去打工了，一是因为挣钱太少，二是因为不愿意受人管束”。对于这些人来说，炒股是目前“唯一感觉还可以的选择”。

由以上分析可见，网络炒股不仅会在网络重度应用者中流行，只要条件适合

（网络软硬件基础与居民经济基础），任何群体都有介入的可能。对农村地区来说，炒股是一种近乎完全依赖电脑和互联网进行的全新社会行为，它的出现已经将农村居民与新的信息通信技术紧密联系。故进行网络炒股的农村居民对新的信息通信技术的认知与使用都较深入，他们从某种程度上可以代表未来农村居民的信息化特征。

为更明确分析农村股民对互联网的依赖作用，作者在问卷中设定了 3 个问题，见表 7-3。根据统计结果可见，股民对家用电脑的依赖程度较低于对互联网的依赖程度，原因主要是移动电话上网功能的使用可以部分替代家用电脑的作用。问卷统计结果显示 70.6% 的农村股民的移动电话都可以上网。在问题②中，尽管超过 20% 的人认为没有互联网还可以继续炒股，但多数人选择可以委托给亲戚朋友进行股票交易，而实际上的股票交易还是需要互联网来完成，故股民对互联网的依赖程度要大于实际统计值。从问题③中可见，超过 80% 的农村居民不会选择亲自到县城或市区的股票交易场所去进行交易。可见传统的股票交易对农村居民来说还具有相对的难度，其中最主要的即是实际出行条件的限制，与实际交易场所的物理距离是造成农村股民对互联网高度依赖的主要原因。

表 7-3　农村股民互联网依赖程度　（单位:%）

项目	①如果没有电脑你还能炒股吗	②如果没有互联网你还能炒股吗	③如果没有互联网你会亲自到交易大厅去吗
是	41.20	23.50	17.60
否	58.80	76.50	82.40

资料来源：调研问卷统计结果

7.3.3　网络炒股行为对农村居民的社会影响

（1）农村股民网络使用时间明显长于普通居民

在对居民平均每天上网时间和上网炒股时间的问题中，82.4% 的居民认为两者所用的时间相同，11.8% 的居民上网时间长于网上炒股时间。从上网时长上看，农村股民上网时间明显长于本县其他普通居民。普通居民平均每天上网时间以半小时以内人数居多，占 43.5%；而农村股民上网时长主要以 3 小时以上人数居多，占 35.3% 的比例（图 7-24）。

同时农村股民上网时长集中在两端，每天上网 1 小时以内的农村股民和 3 小时以上农村股民占 65% 以上比例。农村股民上网时长的差异或许可以解释为“专职股民”与“兼职股民”间互联网应用的差异。

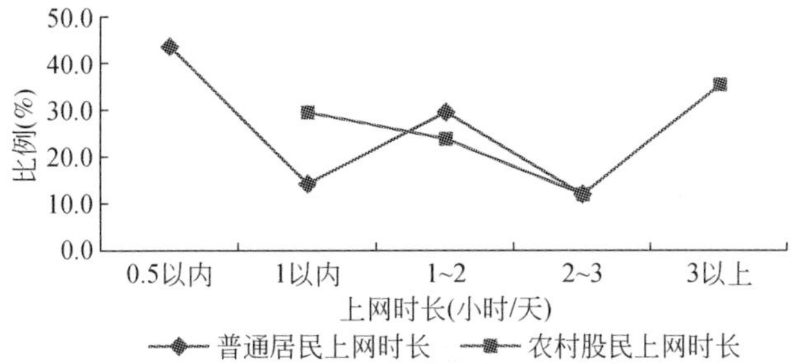

图 7-24　农村股民与普通居民上网时长对比

资料来源：调研问卷统计结果

（2）农村股民对互联网获益的认知与普通居民出现差异

在对互联网获益的认知中，普通居民与农村股民存在较大的不同（图7-25）。首先，农村股民对互联网的信息供应能力认知程度最高，71% 的人认为可以从互联网中方便的获取信息；而对于普通居民来说，60. 8% 的普通居民认为通过互联网开阔眼界是最大的收益。其次，所有农村股民中有 29. 4% 的人认为互联网在炒股获益中起到作用，而普通网民中仅有 3. 1% 的人认可互联网在炒股获益方面的作用。最后，农村股民对互联网在农产品增收，外出打工机会增加和增进社会交往中的作用没有认知，3 个选项均为 0。

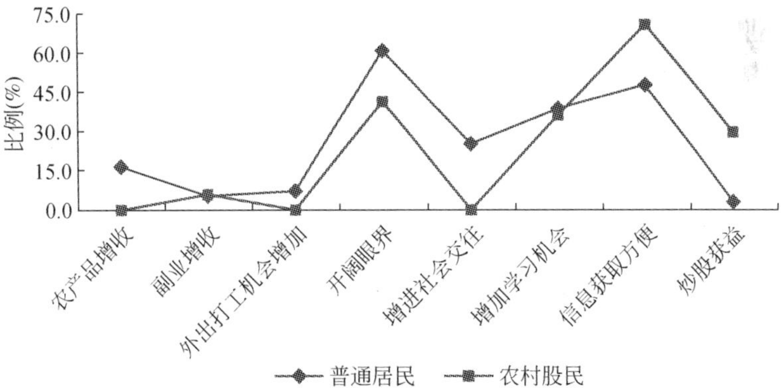

图 7-25　不同群体对互联网获益的认知

资料来源：调研问卷统计结果

由此可见，尽管农村股民同样认为互联网可以使人开阔眼界并增加学习机会，但他们对互联网作用的认知更单一化和专业化。因为此部分居民更关注互联网上股票信息所以对互联网的信息供给能力认可程度高；相反，对他们不关注的功能，如外出就业或社会交往等作用，此类人群的认可程度很低。

(3) 减弱农村股民的社会隔离感，提高居民技术应用水平

尽管农村居民炒股的最初目的以增加经济收入为主，然而在对炒股为居民带来收益的问题中，作者发现，通过互联网进行的炒股行为已不仅仅只是增加了经济收入，同时使农村居民增加了多方面的能力。如图 7-26 所示，选择炒股获得经济收入的只有 25% 的比例，而更多的人认为通过炒股可以增加社会的适应能力和开阔眼界，同时也认为通过网络炒股自己的电脑操作技能得到提高。

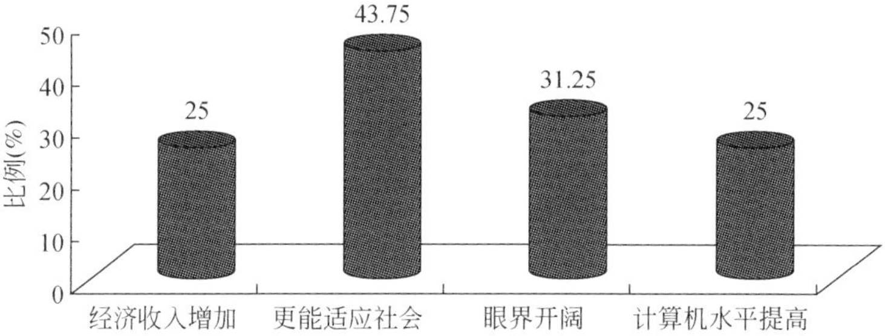

图 7-26 炒股为居民带来的主要收益

资料来源：调研问卷统计结果

依托互联网衍生的炒股行为不仅仅会为农村居民带来经济收入的增加，更为关键的是通过此种行为提高了居民对新技术的应用能力，并增强了居民的社会适应感。

无极县网络炒股行为虽然缘起于居民的“无业”状态，然而之前较高的经济收入是他们购买家用电脑并接入互联网的基础。网络炒股行为的意义不仅仅是让农村地区居民接触了一种全新的社会生活方式，更重要的是此行为的潜在影响，如居民眼界开阔、知识增加等。这些潜在的认知或许对农村信息化推进的意义更重大。

7.4 城乡隔阂的弱化与消除

通过前面分析可见，新的信息通信技术改变了居民的人际交往空间，拓展了居民的出行空间，同时农村居民开始接触一些全新的社会活动，如网上炒股和网络购物等。总之，信息通信技术应用不仅改变了农村信息缺失的劣势，而且带来了全新的社会空间模式。农村居民社会行为空间的变化对减弱区域信息化差异具有重要意义。

根据前面的分析，可以选择两个方面证明信息通信技术可以减弱区域隔阂：一是信息基础设施的配备，尤其是移动电话的迅速普及。移动电话各项功能的使用成为农村居民快速了解与认识外部世界的基础，其迅速普及对农村信息化程度的提高意义重大。二是互联网的使用人群，尤其是青少年网民的迅速增长。虽然新的信息通信技术在农村社会活动中产生了或产生着重要的影响，但受农村居民认知和受教育程度等的影响，成年居民的网络应用与城市居民还有巨大的差异，不足以证明信息通信技术能使地域隔阂弱化。相反，农村青少年群体在接触和使用互联网中的区域差异越来越小，因为农村网民中青少年群体占主体，故他们可以成为通过使用信息通信技术来弱化或消除地域隔阂的主体。

为证明信息通信技术在地域隔阂的弱化与消除中的作用，作者选用案例区居民对移动电话功能使用和无极县12个中学的1 500名中学生的网络应用分别进行问卷调查。结合互联网统计中心（CNNIC）中的统计结果，分析农村移动电话的作用，同时分析青少年网民数量、互联网应用行为及应用深度的城乡变化。依次作为论证的依据。

7.4.1 移动电话的应用成为弱化地域隔阂的重要基础

根据保罗的“补偿性媒介”（remedial medium）理论，任何一种后继的媒介都是一种补救措施，都是对过去的某一种媒介或某一种先天不足的功能的补救和补偿，使得人在技术的运用中变得日臻完美，同时技术也愈加“人性化”（保罗，2004）。作为移动的通话媒介，手机是对固定电话的有益补偿。它的“可移动”性成为自身的竞争优势。

从农村移动电话使用的时空特征看出，移动电话对居民生活的影响日趋显著。根据调研问卷统计78%的人认为移动电话是目前与他人联系的首选工具，并且近60%的人认为移动电话同时为他们提供了新的休闲娱乐方式。根据案例区居民的问卷，总结出移动电话可通过几个途径起到弱化地域隔离的作用。

（1）移动电话成为农村居民生产生活信息的新来源

为清晰了解农村居民的信息来源，问卷中的问题如下：①您生产生活信息来源主要有哪几种？在备选项中包括传统的信息来源——电视、电报、面对面交流，以及新的信息通信技术支撑下的信息来源——固定电话、移动电话和互联网。

此部分共收到有效问卷1 219份，最后统计结果显示，移动电话成为仅次于电视机和面对面交流的第三大信息源。图7-27显示了农村居民对不同类型信息来源的选择情况，电视机仍旧是农村居民信息来源的主要渠道，近90%的居民选择通过电视获取日常信息；此外，41%的居民选择通过面对面交流获得所需信息；35%的居民选择通过移动电话获取信息。电视、面对面交流以及移动电话是目前居民三种最主要的信息获取方式。

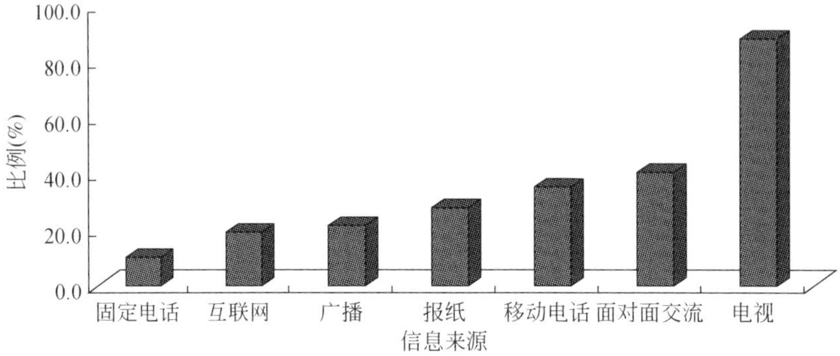

图 7-27　农村居民信息来源选取方式

资料来源：调研问卷统计结果

以移动电话为终端的信息播报具有实时高效，针对性强的特点，目前正在成为农村居民获取信息的一种重要途径，同时也是政府、企业等传递农村信息服务的重要方式。所以通过移动电话进行信息的实时传递会根本改变农村信息落后的状况，对弱化区域隔阂具有重要推动作用。

（2）移动电话为居民提供了休闲娱乐的新方式

移动电话多功能的设置，改变了自身单一作为通话工具的状况，尤其是与互联网的结合使其成为多用途，多功能的信息基础设施之一。为真实了解当前农村居民对移动电话功能的使用，问卷设置问题如下：②您使用手机的哪些功能？

此部分有效问卷 1 235 份，统计结果如图 7-28 所示。84% 的居民选择使用短信功能作为语音通话的补充；除此之外，在对移动电话功能使用的选择上以娱乐为主，57% 的人选择通过移动电话收听音乐，29% 的人通过移动电话接入互联网，18% 的人选择收看各种视频，7% 的人选择通过手机玩各种游戏。分析可见，移动电话无疑增加了农村居民休闲娱乐的方式，所以通过移动电话的复合功能改

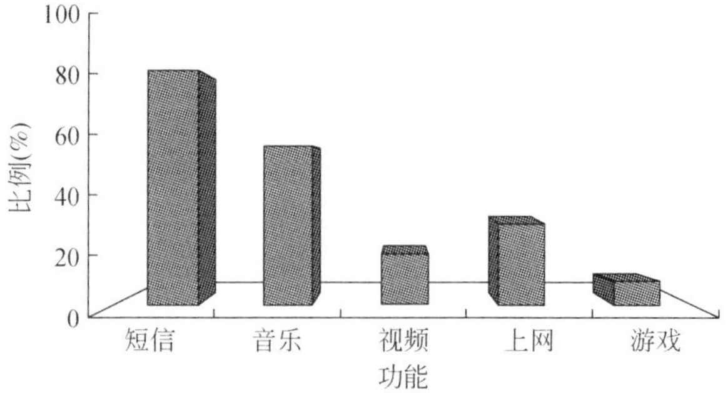

图 7-28　移动电话各项功能使用比例

资料来源：调研问卷统计结果

变农村居民休闲娱乐方式贫乏在弱化区域隔阂中应该具有重要意义。农村移动电话拥有率的增加和使用程度的加深，为居民搭建了有效的信息获取平台，成为缩小区域信息化差距的重要方面。

7.4.2 农村青少年是降低地区“数字差异”的潜力群体

CNNIC（2009）结果显示，截至 2008 年 12 月，中国青少年网民达到 1.67 亿，占总体网民比例的 55.9%，目前，青少年群体已经成为中国最大的网民群体，在年龄分布上 12 ~ 18 岁之间的网民最为集中，占全部网民的 50% 以上。

根据 CNNIC 统计结果，截至 2008 年 12 月，城乡之间和东部、中部、西部地区之间青少年网民规模的差距都在缩小，说明该群体接触互联网的机会在地区之间的差异缩小，青少年一代的数字鸿沟有缩小趋势。在案例区，青少年群体中使用互联网的人数占较高比例。针对无极县 12 所中学初中生的问卷统计结果显示，在 1450 份有效问卷中，经常上网的人数达 1 155 人，占 79.7%，说明中学生使用互联网的比例非常高。其次，农村地区青少年网民占农村网民的比例有很大提高，尤其是 19 岁以下的学生群体在农村网民中所占比例由 29.3% 增加到 46.5%（表 7-4）。最后，从城乡青少年网民规模看，农村青少年网民的占比也在逐渐提高，由 2007 年的 32% 提高到 2008 年年底 35% 的比例，说明青少年网民中城乡间差距在缩小（表 7-5）。

表 7-4　19 岁以下农村网民规模情况

时间	农村网民数（万人）	农村 19 岁以下网民（万人）	所占比例（%）
2006 年 12 月	2 284.7	670	29.3
2007 年 6 月	3 741	1 575	42.1
2008 年 12 月	8 460	3 933.9	46.5

资料来源：CNNIC，2007 ~ 2009

表 7-5　25 岁以下青少年网民城乡所占比重对比

时间	青少年网民城乡所占比重（%）	
	农村	城镇
2007 年 12 月	32.3	67.7
2008 年 12 月	34.5	65.5

资料来源：根据 CNNIC 统计资料整理

以上分析说明，农村青少年中接触互联网的人比例很高，并且在全部网民中的比例逐年增加，所以从规模看，青少年群体有潜力成为农村互联网应用的主体。同时，通过城乡对比可见，农村与城市青少年网民规模的差距也在缩小，应该说青少年群体对降低城乡数字差距具有很大作用。

7.4.3 网络应用水平区域差异缩小

为衡量区域互联网使用，本书选用互联网使用水平作为标准。使用水平的计算方法是，根据CNNIC有关互联网应用行为的分类，将互联网使用率总结为几类（表7-6），并对各种应用赋给不同权重进行计算，最后得出数值。

表7-6 互联网应用水平对比 （单位:%）

项目		网络应用率			
		全国中学生使用率	农村中学生使用率	农村使用率	城镇使用率
网络娱乐（X_1）	网络音乐	88.9	87.0	80.8	84.8
	网络视频	68.4	67.0	60.3	70.6
	网络游戏	69.7	67.6	60.1	63.9
网络社交（X_2）	拥有博客（空间）	65.6	67.0	48.3	56.7
	即时通信	78.7	72.3	71.0	77.0
网络教育（X_3）	网上教育	16.5	15.1	13	17.9
电子商务（X_4）	网络购物	16.6	10.4	15.4	28.5
	网上支付	10.2	9.5	9.5	20.9
信息搜索（X_5）	搜索引擎	64.4	72.1	58.6	71.1
网络媒体（X_6）	网络新闻	70.2	70.0	68.7	82.3
互联网使用水平（Y）		47.9	47.8	42.3	51.7

注：农村中学生互联网使用率为问卷整理数据

资料来源：CNNIC，2008，2009；无极县中学生互联网应用情况问卷

根据互联网应用难易性和重要性将各类应用赋予不同权重，总权重和为1。互联网使用水平计算公式为 $Y=X_1\times0.1+X_2\times0.2+X_3\times0.2+X_4\times0.2+X_5\times0.2+X_6\times0.1$。最后求出不同地区不同群体应用情况。

在衡量对象的选择上，本书主要以城市网民互联网使用率、农村网民互联网使用率、全国中学生互联网使用率和农村中学生互联网使用率作为对象。其目的是为了对比城乡差异及农村特殊群体（中学生）的使用情况。

结果显示，互联网应用水平在城乡之间和中学生群体之间的差距呈现不同特征。到2008年年底，农村和城镇互联网使用水平总差距为9.4%，说明城乡在网络应用水平上存在差距。而在学生群体中，全国中学生平均使用水平与农村中学生互联网使用水平几乎相当，分别为47.9%和47.8%。可见，在互联网使用上，农村

中学生已达到较高水平，再次证明学生群体间网络使用的城乡差异已经非常小。

城乡经济文化隔离是当前实现城乡统筹发展和建设社会主义新农村的重要障碍。移动电话在农村地区的迅速普及为农村地区信息获取和对外联系建立了快速便捷的通道；家用电脑进入农村家庭则更进一步减弱了农村与城市在信息上的隔离；青少年群体是农村与城市实现融合的主体力量，他们的网络应用水平为城乡快速融合提供了信息与技术保障。

7.5 信息通信技术影响下农村社会空间演变的时间特征

为进一步得出信息通信技术对农村社会空间的影响的时间演变规律，作者在 2013 年 6 月对河北省传统的农业县（市），即南宫市和巨鹿县进行了问卷调查。共发放调研问卷 4 000 份，其中农村居民 2 000 份，农村青少年 2 000 份。农村居民回收有效问卷 1 496 份，农村青少年回收有效问卷 1 947 份。作者对该部分的分析是基于 2009 年无极县问卷调研结果，从时间维度分析信息通信技术对农村社会空间影响的演变规律。

7.5.1 农村居民人际交往空间范围持续扩大

随着新的信息通信媒介的发展，农村居民的日常交往空间范围持续扩大。首先是人际交往媒介的变化，作者在新的调研问卷中预设了与上一期相同的 3 个问题：①10 年前与亲朋的日常联系方式；②5 年前与亲朋的日常联系方式；③当前使用最多的联系方式。此三项的最终有效问卷为 1 496 份。

根据统计结果分析（表 7-7），10 年前日常联系方式主要是登门拜访，其次是普通信件和固定电话，分别占 25.94% 和 22.07%。通过移动电话和电脑交往的比例最低，分别为 11.01% 和 1.01%。

表 7-7 农村居民日常联系方式所占比重对比

项目	日常联系方式所占比重（%）		
	10 年前	5 年前	当前
普通信件	25.94	11.02	1.30
固定电话	22.07	29.95	11.63
移动电话	11.01	35.32	66.93
电脑上网	1.00	3.17	11.42
登门拜访	39.98	20.54	8.72

资料来源：2013 年调研问卷统计结果

5 年前日常联系方式主要是移动电话，占 35. 32%。其次是固定电话，占 29. 95%。移动电话和固定电话增长较快，分别上升了 24. 31% 和 7. 88%。而普通信件和登门拜访的交往方式的比例降低。电脑上网比例增加不明显，占 3. 17%。

当前日常联系方式主要通过移动电话完成，占比 66. 93%。互联网的使用率增长到 11. 42%，固定电话、普通信件和登门拜访等方式占比出现了不同程度的下降。

与 2009 年无极县的调研问卷结果相比不同的是，无极县 5 年前的人际交往联系方式以固定电话为主，此次调研结果显示 5 年前农村居民的人际交往联系方式以移动电话为主，说明 5 年前移动电话的普及率已高于固定电话的普及率；无极县当前的人际交往联系方式中互联网占比较高，达到了 45%，而此次调研结果发现当前农村居民使用互联网交往的比例相对较低。只有 11. 42%。造成这种结果的原因可能有多种。例如，调研区经济发展水平不同，信息化发展程度不同，样本数量不同等。

当前农村居民人际交往空间依托新的信息通信技术持续扩大。农村居民对网络即时通信的使用率达 86. 0%，城乡差异仅 0. 3 个百分点，即时通信作为中国网民最基础的应用之一，无论是在农村地区还是城镇地区，网民使用率均很高；对交友网站的使用率达 70. 5%，城乡差异仅 0. 4 个百分点，这就为农村居民人际交往空间的持续扩展提供了条件。

当前农村居民有即时通信工具的有 1 114 人，占 74. 47%，没有即时通信工具的有 382 人，占 25. 53%。与无极县调研结果相比，即时通信拥有率上升。

37. 62% 的农村居民认为上网会认识更多的朋友，26. 07% 的人认为上网不会认识更多的朋友，还有 36. 31% 的人不确定。而在农村青少年调研问卷中，57. 35% 的青少年通过互联网结交了网友，这一比例高于无极县农村青少年的比例。

重视和加强农村互联网发展，不仅能有效地缩小城乡“数字鸿沟”、消除城乡之间的信息壁垒、化解二元结构的诸多矛盾，也是建设社会主义新农村、构建社会主义和谐社会的重要组成部分。

7. 5. 2 信息通信技术在外地亲朋和传统邻里的交往中的作用变化不明显

在本次调研问卷中，通过是否使用电子邮箱和移动电话来验证信息通信技术在农村居民远距离交往中的作用。只有 6. 94% 的人有个人电子邮箱并且经常收发邮件，21. 10% 的人有电子邮箱但只是偶尔收发邮件，71. 96% 的人没有个人电子邮箱。此次调研结果与 2009 年（7%、21%、72%）基本相同。此外，在手机有没有增加与外地亲朋的联系的调查中，得出 67.70% 的农村居民认为手机增加了与外地亲朋的联系，23.05% 的人认为不太明显，9.25% 的人认为没有增加。同样，这一比例与 2009 年调研（71%、21%、8%）相比，结果相差不大。因此，新的信息通信技术在农村居民与外地亲朋交往中时间变化并不明显。

在本次调研问卷中，传统邻里交往的方式受信息通信技术影响时间变化不大。仅有 23.20% 的农村居民认为使用手机会减少与邻居见面的次数，与上一期调研结果相比，增长了 5.4 个百分点，而 76.8% 的人则认为移动电话没有减少与邻居见面的次数，比上一期调研结果降低了 5.4%。

农村居民邻里交往方式以面对面交流为主。在本次调查中，49% 的农村居民完全是面对面交流，37% 的人是以面对面交流为主，偶尔网上联系，8% 的人网上联系为主，偶尔见面，仅有 6% 的人完全以网上联系为主。同上一期调查结果相比，如图 7-29 所示，面对面交流方式增长了 5%，网上联系为主，偶尔见面的交流方式降低了 3 个百分点。由此可见，信息通信技术在传统邻里交往空间中的作用不明显。

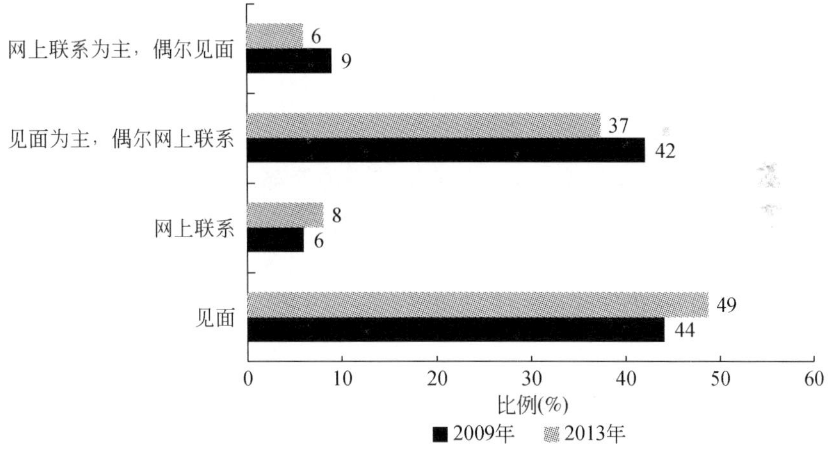

图 7-29　农村居民邻里交往方式对比

资料来源：调研问卷统计结果

7.5.3　信息通信技术影响下城乡数字差异变化

(1) 青少年网民较整体网民城乡差异明显

中国网民中农村人口比例进一步增加，中国互联网在农村地区的普及速度不断加快。截至 2013 年 12 月，农村网民规模达到 1.77 亿，比上年增加 2 101 万人，增长率为13.5%。2013年年底，我国网民中农村人口占比为28.6%，是近年来占比最高的一次。自2012年以来，农村网民的增速超越了城镇网民，城乡网民规模差距继续缩小。农村网民已经成为中国互联网的重要增长动力。

但是青少年网民规模差异明显。截至2013年12月，中国城镇青少年网民规模为1.95亿人，农村青少年网民规模为6 140万人。与2012年同期相比，城镇青少年网民增长了15个百分点，而农村青少年网民规模则下降了5.7个百分点（表7-8）。城乡之间互联网基础设施建设方面存在很大差异，城镇地区网络环境的优化，无线网络的发展，3G网络的普及，促进了城镇青少年网民的快速增长，而相比之下，农村地区基础设施建设落后，阻碍着农村青少年上网。

表7-8 2012～2013年25岁以下青少年网民城乡规模及其变化

区域	城乡青少年网民规模（万人）		增长率（%）
	2012年12月	2013年12月	
城镇	16 941	19 489	15
农村	6 513	6 140	-5.7

针对本次6所中学初中生的问卷统计结果显示，在1 947份有效问卷中，经常上网的人数达998人，占51.34%，说明中学生使用互联网的比例比上一期调研结果（79.7%）降低。

（2）互联网应用水平城乡差距有逐步缩小的趋势

总体上看，城镇网民对各类应用的使用率均高于农村（表7-9），其中交流沟通类应用中的即时通信、博客/个人空间的城乡差距仅相差0.3%和0.4%，城乡差距是最小的。其他网络应用类别虽然存在一定差距，但是从农村使用率的年增长率来看，城乡互联网应用的差距正逐步缩小。值得注意的是，商务交易类应用农村网民与城镇网民差异相比其他类型更为显著，但是与之前相比，农村网民商务交易类应用的使用率已得到了一定的提升，商务类应用在农村网民中的渗透不断扩大。

此外，农村网民各互联网应用中使用率最高的为即时通信，其次是搜索引擎和博客/个人空间，网络音乐和网络视频分列第四和第五。网络音乐、网络视频和网络游戏在农村网民中使用率下滑，说明娱乐类应用发展已趋于饱和水平，而随着农村网民规模的逐渐增长，此类互联网应用水平的城乡差距将逐步缩小。

2013年农村居民互联网应用水平的调研结果（图7-30）显示，聊天、浏览新闻等所占比例最高，为37.11%，学习及其他占28.32%，查询农产品信息占19.63%，说明搜索引擎类应用在农村网民中应用较广泛而且深入。其他互联网应用如网络娱乐类应用占 10. 67%，电子商务类应用占到 3. 04%。

表 7-9　城乡居民网络应用水平比较　　（单位：%）

应用类别	应用细项	农村使用率	年增长率	城镇使用率	年增长率	城乡差距
信息获取类	搜索引擎	70. 5	-2. 8	82. 8	-1. 5	-12. 2
网络娱乐类	网络音乐	66. 9	-6. 1	77. 3	-3	-10. 4
	网络视频	55. 0	-3. 3	74. 4	4. 5	-19. 4
	网络游戏	46. 7	-10	58. 4	-3. 2	-11. 7
	网络文学	37. 5	1. 9	47. 6	3. 3	-10. 1
商务交易类	网络购物	31. 1	2. 1	55. 2	6. 3	-24. 1
	网上支付	25. 7	0. 5	47. 9	2. 8	-22. 2
	网上银行	25. 4	-0. 3	45. 8	0. 7	-20. 4
	旅行预订	22. 1	11. 3	31. 8	8. 3	-9. 6
	团购	15. 2	7. 9	25. 4	7. 5	-10. 3
交流沟通类	即时通信	86. 0	5. 5	86. 3	1. 0	-0. 3
	博客/个人空间	70. 5	8. 9	70. 9	1. 9	-0. 4
	微博	35. 2	-11. 3	49. 1	-9. 6	-13. 8
	电子邮件	23. 0	-9. 3	48. 6	-1. 3	-25. 6
	论坛和 BBS	14. 4	-4. 9	21. 3	-8. 4	-6. 8

资料来源：CNNIC，2013

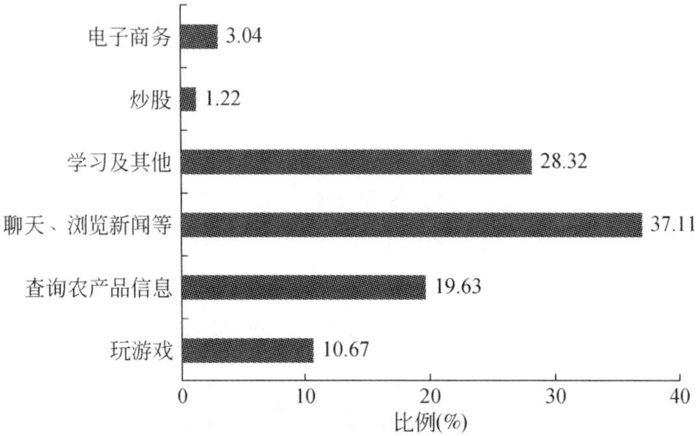

图 7-30　农村居民互联网应用情况

资料来源：2013 年调研问卷统计结果

7.6 小　　结

信息通信技术为农村居民的人际交往提供了多重选择，从而改变了传统交往的概念与类型。首先通过虚拟空间的交往，农村居民的人际交往网络得到拓展，改变了农村地区长期形成的稳定的以“血缘”和“地缘”为基础的社会网络关系。除了社会交往网络的空间拓展外，信息通信技术对维持居民原有的社会交往起到促进作用，不管是邻里之间还是与外地亲朋之间，信息通信技术的方便快捷都极大增加了人们之间的交往频率，从而使原本疏离的人际交往网络更加稳固。从理论上看，信息通信技术可以使农村地区的居民完全摆脱地域的限制而构建无空间限制的社会交往网络。但值得注意的是，信息通信技术对人际交往网络的协调只是局部的，是作用与基础条件相当的主体之间的。正如一个被采访者说的，自己不使用电子邮件是因为他朋友都没电子邮件账号。因此，信息通信技术要产生应有的影响需要网络空间在应用主体间进行长期协调。

信息通信技术不仅对居民的交往空间影响很大，而且通过互联网农村居民开始接触一些全新的生活方式，如网络炒股在农村的兴起。新的社会生活方式改变了居民原有的出行行为，改变了他们的生活习惯（网络的依赖性增强），同时改变了他们对外界的认知。所以，互联网的应用在农村地区不仅衍生了新的社会行为，同时还改变了居民的社会行为空间。

移动电话在农村地区的迅速普及、家用电脑拥有水平的提高以及农村青少年网民的迅速增长成为农村地区弱化与消除城乡隔阂的重要方面。移动电话为农村地区信息获取和对外联系建立了快速便捷的通道；尽管成年居民的网络应用与城市居民还有巨大的差异，但农村青少年群体在接触和使用互联网中的区域差异越来越小，因为农村网民中青少年群体占主体，故他们可以成为通过使用信息通信技术来弱化或消除地域隔阂的潜力群体。

信息通信技术对农村居民社会空间影响变化的时间对比表明，首先在信息通信技术影响下，农村居民人际交往空间持续扩大。其中在传统邻里交往的方式中，信息通信技术发挥的作用不太明显。其次信息通信技术影响下城乡数字差异产生的时间变化，即城乡网民规模的增长和城乡网民差距的逐步缩小，但是青少年网民规模的城乡差异扩大。城乡网民互联网应用水平的城乡差距逐渐缩小。

总之，可以将信息通信技术应用与农村居民社会空间的变化总结如图 7-31 所示。不管是居民的社交空间还是其他社会行为，信息通信技术的最终影响便是信息化区域差异的缩小，从而达到弱化区域隔离的目的。

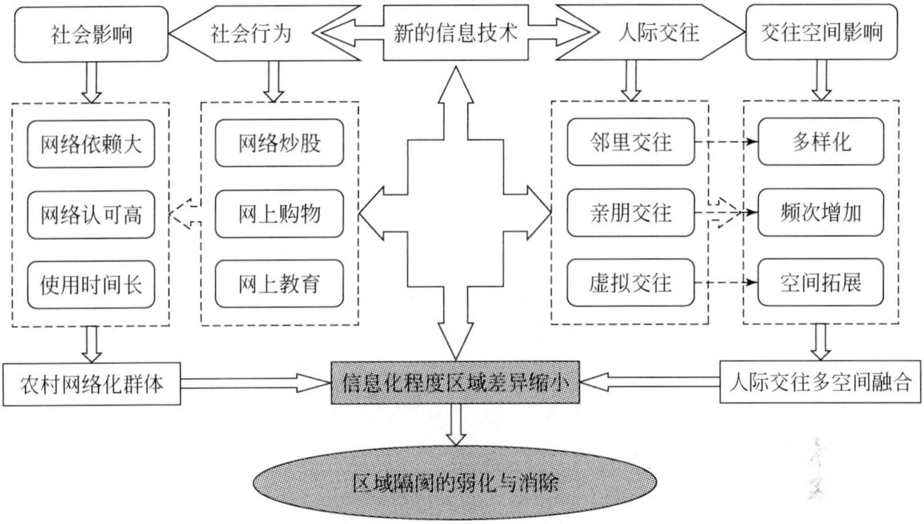

图 7-31　信息通信技术应用与农村居民社会空间变化

资料来源：作者总结绘制

第8章　结论与展望

信息化对区域空间结构的重构作用逐渐得到研究者的认同，农村是区域发展中重要的组成部分同时也是中国推动区域经济全面发展的关键地区，本书在国内外信息化与区域发展相关研究进展与评价的基础上，系统地对农村信息化的发展现状，尤其是信息化对农村地区经济与社会空间影响进行了探讨。本书首先基于信息化与区域空间组织的概念模型，提出农村信息化空间影响的概念，建立了农村信息化空间影响的基本框架。在此框架下，系统地探讨了信息化空间影响的理论基础、信息化空间作用的影响因素，同时就中国现阶段的农村信息化状况进行分析，并将各影响因素进行了量化；然后以河北无极县为典型案例区，分析了近10年来无极县社会经济发展与信息化发展情况，尤其对政府推动下无极县农村信息化发展历程进行探讨，并具体测算了本地农村居民的信息化程度；继而选取不同的经济实体分析了他们信息通信技术应用水平及其带来的空间影响；通过无极县农村居民的信息通信技术应用情况，分析了信息化尤其是互联网对农村地区社会空间产生的影响。

8.1　主要结论

作者通过对典型案例区河北无极县农村信息化空间影响的研究，得出以下主要结论。

1）国内外关于区域信息化的相关研究进展表明，农村地区信息化的空间影响是信息化区域研究的趋势，但从目前来看，研究者更多地将信息化置于城市地区进行探讨，对农村地区的关注明显不足。

2）农村信息化空间影响研究的理论基础主要包括革新扩散理论、长尾理论、空间组织与空间结构理论、乡村发展理论和城乡统筹发展等理论。其中，长尾理论和革新扩散理论从理念上阐明了农村信息化研究的必要性和潜在价值；空间结构与空间组织理论，从传统地理学角度在理论上阐明了农村空间的构成及其农村空间组织体系；乡村发展理论为农村信息化空间影响研究提供了重要的理论基础，农村地区通过使用新的信息通信技术，促进区域经济和社会发展，是本书研究的基本出发点；城乡社会经济统筹发展理论则是本书研究的目标与研究的落脚点。上述理论共同构成了农村信息化空间影响的研究基础。而信息化空间作用的影响因素可以归纳为区域经济发展水平、当地政策推动与实施效果、农村网民规模、农村居民信息化意识，这些因素共同作用于农村信息化发展过程，最终影响当地信息化程度。

3）本书中农村信息化的研究主要以互联网在农村的推进为视角，理论上分为三个发展阶段。第一，基础设施建设——从供给的视角分析；第二，在基础设施普及的同时构建与使用者联系的网络平台——即涉农网站；第三，基础设施和网络平台搭建的过程中需要进一步明确农村居民对信息化发展的具体需求。根据农村信息化理论发展过程，将互联网接入必需的基础设施家用电脑、移动电话、固定电话和电视机的拥有水平作为农村地区信息化程度衡量的基础，主要从农村信息基础设施供需状况、信息化时空特征及其影响因素的定量分析等方面刻画了中国农村信息化的发展概况。从农村信息化发展的时间看，2000～2008 年农村信息化程度从 20.89 增长到 61.94，增速明显；中国城乡信息化差异程度在 2006 年达到极限，由于城市信息化的年增长率呈下降趋势，而农村信息化增长率则保持较平稳的上升状态，故近期两者差异呈现下降趋势。作者预计，信息化的城乡差异也跟经济发展的城乡差异一样会呈现倒“U”型曲线。

在区域层面上，从农村地区信息化发展看，无论信息化发展程度还是互联网的使用者，都是从东部、东北、中部向西部地区依次递减，但是从信息化增长速度看，西部地区最大。农村信息化区域差异与中国农村经济发展的区域格局吻合，说明信息化发展与地区经济发展水平之间紧密的相关关系。在影响农村信息化程度的因素中，移动电话的作用突出。由于农村家用电脑非常有限，而移动电话拥有量快速发展成为农村居民接受信息化服务重要基础设施，所以农村信息化程度更多的由移动电话拥有水平决定。在涉农网站方面，作者发现其区域集中性很强。同时发现，涉农网站地区分布总体上与农民人均纯收入成正相关，但也有明显的例外，因为除了收入状况外它还受到地区农业高校、农业科研机构分布情况、农村行业协会发展情况等的影响。

4）典型案例区——河北无极县的农村社会经济发展特征表明，平原农区县域经济发展是新农村建设与统筹城乡发展的重点区域，其信息化发展水平具有较强的区域代表性。无极县农村信息化推进与同时代信息基础设施的普及紧密联系，曾经历了人工网络的信息与技术推进，此后分别经历以电视机、电话到互联网为主要手段的信息化过程。当前，信息基础设施的拥有特点是，居民拥有量最少的是电脑，但一直呈增长趋势；固定电话拥有量在达到最高水平后开始下降；移动电话在农村地区的普及速度最快并且继续呈增长态势。从信息化发展水平看，到 2008 年无极县农村信息化达到 64.85，略高于全国农村平均水平，但在河北省处于中下水平；本县城乡信息化之间差距明显，农村内部各乡镇之间的差异也比较明显，根据计算可知，农村居民人均纯收入是影响农村信息化程度的主要因素。

基础设施为农村信息化发展提供基础，而信息化程度从本质上的提升则需要应用者（农村居民）信息化技能与意识的提高以及信息需求的增长。作者通过对比普通居民与电脑拥有家庭发现：有电脑家庭的年收入偏高；电脑拥有者的年龄段以35～60岁和18岁以下人群为主；同时家用电脑拥有者文化水平普遍偏高。从此部分家庭的收入来源看，将农产品作为收入来源的家庭比例下降，尤其是单纯依靠农产品收入的家庭非常少；同时，收入较高并稳定的家庭电脑拥有率非常高。

农村居民信息通信技术使用特征表明，尽管无极县农村居民的信息基础设施拥有水平较高，但在上网时间和网络应用深度上均低于全国农村的平均水平，只有搜索引擎的应用比全国平均水平高出18.7%。从另一方面看，随着居民移动电话拥有量的增加，移动电话极大的替代了农村传统通信方式，成为人们日常联系和获取信息的主要工具。

5）新的信息通信技术在农村各经济实体中的实际发展与作用表明，信息通信技术的空间重塑作用日益显著，但不同经济实体因产品特性、市场特征等差异受到信息通信技术的影响各异。

如石家庄广威农牧有限公司一样的农业产业化企业对信息通信技术应用的目的要原始和简单得多，他们使用信息通信技术的直接驱动力就是为了获得相关行业的信息和对外的形象宣传。在产业链的空间组织上，信息通信技术对此类企业的原料供应作用大于市场的开拓，因为农业产业化企业的产品主要在农村，故信息通信技术推动市场开拓的作用不明显。

在无极县农村皮革业中，由于企业规模普遍较小，信息通信技术的应用程度都很低，故信息通信技术对企业空间组织的调节作用还不明确。但可以肯定的是，信息通信技术尤其是企业内部管理软件的应用大大提高了企业管理的效率，而互联网的接入则是企业在信息获取上完全突破了区位劣势的制约。

总之，通过接入互联网消除信息获取的“空间障碍”在农村经济组织中的作用最大。信息通信技术的“虚拟集聚”为农村企业突破区位限制，即时获取信息并与相关行业进行互动提供了“空间”。同时信息通信技术一方面可以增强人们对市场的选择能力，另一方面通过网络的宣传又可以拓展产品的销售范围，增加产品销售量。

信息通信技术对区域经济空间组织的作用程度取决于各经济实体信息化发展水平。根据农村各经济组织信息通信技术使用特征，可大致归纳为三个阶段。第一阶段中，信息通信技术的空间作用主要体现在信息获取的“无空间”化、产品市场拓展、经济组织间虚拟互动等，对于各经济组织来说最直接的效果便是自身规模的扩大；到第二阶段时，信息通信技术的作用主要体现在经济体内部运行效率的提升，同时伴随分支的空间扩散；而到第三阶段，信息通信技术则推动经济体实现了规模扩充和内部管理效率的最大化，从而使其影响迅速扩散，并带动周边相关农户或企业的参与。总之，对于县域经济发展来看，信息通信技术应用的最终效果将是推动区域经济实现专业化空间分工格局。

6）信息化对农村居民社会影响的研究表明，信息通信技术不仅改变了农村居民的人际交往空间，还影响了农村居民的出行行为，从最终结果看信息化对弱化城乡隔离具有重要意义。

信息通信技术为农村居民的人际交往提供了多重选择，从而改变了传统交往的概念与类型。首先通过虚拟空间的交往，农村居民的人际交往网络得到拓展，改变了农村地区以“血缘”和“地缘”为基础的社会网络关系。除了社会交往网络的空间拓展外，信息通信技术的方便快捷极大增加了人们之间的交往频率，从而使原有疏离的人际交往网络更加稳固。从理论上看，信息通信技术可以使农村地区的居民完全摆脱地域的限制而构建无空间限制的社会交往网络。总之，信息通信技术使多样化的人际交往空间成为现实。

农村地区的炒股行为具有高网络依赖性，是由互联网催生的新社会生活方式。依托互联网衍生的炒股行为不仅会影响农村居民的经济收入，更为关键的是通过此种行为提高了居民对新技术的应用能力，并增强了居民的社会适应感。网络炒股行为的意义在于它的潜在影响，即居民眼界开阔、知识增加等，这些潜在的影响或许对农村信息化推进的意义更重大。

移动电话在农村地区的迅速普及、家用电脑拥有水平的提高以及农村青少年网民的迅速增长成为农村地区弱化与消除城乡隔阂的重要方面。移动电话为农村地区信息获取和对外联系建立了快速便捷的通道；尽管成年居民的网络应用与城市居民还有巨大的差异，但农村青少年群体在接触和使用互联网中的区域差异越来越小，因为农村网民中青少年群体占主体，故他们可以成为通过使用信息通信技术来弱化或消除地域隔阂的潜力群体。

7）信息通信技术有效地促进了城乡之间各种生产要素的合理流动，提高了区域之间的社会经济一体化水平。例如，在信息获取上，随着移动电话和家用电脑普及率的提高，表现出信息流动的“无障碍”性。而在互联网的应用上，农村青少年的网络应用状态与城市青少年的几无差异，表现出网络文化的高度空间融合性。

8.2 不足与展望

由于信息化区域影响具有复杂性、多样性、不确定性等特点，加上此领域研究成果较少、本人知识水平有限、研究时间紧迫等原因，故本书虽然初步建立了农村信息化空间影响研究的基本框架，但理论与研究方法仍存在一些不足。

1）由于信息化在不同部门、不同地区、不同时段其影响多样，迄今没有普适的理论体系来描述信息化的空间作用。本书只是选取东部平原一个县作为案例区进行研究，尽管案例区具有一定的区域代表性，但只能对平原农区的农村信息化研究起到抛砖引玉作用，即本书的结论虽然体现了实证研究对效度方面的要求，但是在信度方面即结论的推广性方面还有待于进一步的检验。

2）农村信息化空间影响是一个衍生概念，目前国内外在此方面的研究尚处于探索阶段，很难在短时间内作出空间影响的定论。同时因为信息通信技术只是一种提供可能或促成发生的介质，故很难在空间影响力的定量评价方面给出确切的结果，如农村信息化对经济空间的影响方面，很难测定信息化对农村经济的空间集散起到多大作用；同时农村信息化的社会影响方面，也很难说信息通信技术的应用可以替代多少出行，这些问题的明确量化很难。本书对农村信息化的经济和社会空间影响给出了较为明确的结果，但如果想更进一步深入研究还需要更多的工作。

3）从研究方法看，本书主要应用问卷调研与具体访谈相结合，这两种方法虽然可以获得一手资料，但问卷设计和访谈深度又会同时影响本书写作的深入程度。本书的问卷虽然经过预调研后有所修正，但其后的分析中依然存在一些问题，主要体现为所需信息的缺失或深入程度不足，故问卷和访谈的质量也是制约本书深度的关键因素。

4）尽管本书试图从经济空间和社会空间两个角度系统完整的分析农村信息化的影响，但受自身知识水平的限制，从研究结果看，体系较完善但深度不足。这是本书较大的不足，也是作者今后在此领域继续努力的方向。即通过多个案例区研究细化农村信息化对经济空间和社会空间的作用，并将尝试定量的分析。

鉴于农村信息化的空间影响研究的理论与实践价值，以及本书研究中存在的不足，作者认为下一步应继续完善相关理论体系与研究方法，并优先进行以下内容研究。

1）在已建立的理论框架下，选取不同案例区进行对比，从而对农村信息化空间作用的影响因素与影响机理进行深入剖析。在研究东部平原农区的基础上将研究范围逐渐扩大，如可以扩展到中部、西部与东北农区的农村地区，最终通过东部、中部、西部与东北地区典型农区的实证研究，完善典型农区农村信息化空间影响的理论体系，并在微观尺度获取农村信息化区域差异现状。

2）在农村信息化空间影响的经济和社会方面分别进行深入研究。本书选取了农村地区几种经济实体并对其信息化过程中的空间组织问题进行探讨，但对于农业生产没有涉及，对于典型农区来说，信息通信技术对农业生产的影响也应属于经济空间的范畴，故其后的研究中应给予补充。除了研究范围需要增加外，在已有基础上进行更深入分析是空间影响研究的要点。

3）在信息化空间影响分析的基础上，需要进一步对农村信息化发展模式进行探讨。农村地区到底需要内生模式获得信息化提供的机会，还是利用外生模式来推动区域信息化值得深思。

参考文献

巴凯斯，路紫 . 2000. 从地理空间到地理网络空间的变化趋势——兼论西方学者关于电信对地区影响的研究 . 地理学报，55（1）：104-111.

保罗 · 莱文 . 2004. 手机：挡不住的呼唤 . 何道宽译 . 北京：中国人民大学出版社 .

彼得 · 迪肯 . 2007. 全球性转变——重塑 21 世纪的全球经济地图 . 北京：商务印书馆 .

陈璟，杨开忠 . 2001. 电子商务环境下我国物流业发展对策探讨 . 经济地理，21（5）：554-558.

陈述彭 . 2001. 地理科学的信息化与现代化 . 地理科学，21（3）：193-197.

蒂姆 · 昂温，周希增 . 1991. 发展中国家的城乡相互作用：一个理论透视 . 地理科学进展，3：5-9.

电子政务编辑部 . 2008. 中国农村信息化纪事 . 电子政务，1：33-36.

丁疆辉，宋周莺，刘卫东 . 2009. 信息技术应用与产业链空间变化——以中国服装纺织企业为例 . 地理研究，28（4）：883-892.

丁疆辉，刘卫东，吴建民 . 2010. 中国农村信息化发展态势及其区域差异 . 经济地理，30（10）:1693-1699.

樊杰，吕昕 . 2002. 简述人地关系地域系统研究的核心领域——土地利用变化 . 地学前缘，9（4）:429-430.

樊杰，曹忠祥，张文忠，等 . 2001. 中国西部开发战略创新的经济地理学理论基础 . 地理学报，56（6）：711-721.

冯健，周一星 . 2003. 北京都市区社会空间结构及其演化（1982-2000）. 地理研究，22（4）：465-483.

甘国辉 . 2001. 信息技术与中国农业与农村经济结构调整 . 中国农业科学，34（增刊）：82-84.

甘国辉 . 2003. 信息化对经济地理学的影响 . 武汉：中国地理学会 2003 年学术年会 .

高雅，甘国辉 . 2009. 农业信息化评价指标体系初步研究 . 农业信息网络，8：9-13.

顾朝林，克斯特洛德 . 1997. 北京社会空间结构影响因素及其演化研究 . 城市规划，21（4）：12-151.

顾朝林，段学军，于涛方，等 . 2002. 论“数字城市”及其三维再现关键技术 . 地理研究，21（1）:14-24.

郭焕成 . 1988. 乡村地理学的性质与任务 . 经济地理，8（2）：125-129.

郭焕成 . 1991. 黄淮海地区乡村地理 . 北京：科学技术出版社 .

郭焕成，冯万里 . 1991. 我国乡村地理学研究的回顾与展望 . 人文地理，6（1）：44-50.

郭永田 . 2007. 试论发展农村信息化 . 农业经济问题，1：44-46.

国家统计局 . 2001. 2001 中国统计年鉴 . 北京：中国统计出版社

国家统计局 . 2002. 2002 中国统计年鉴 . 北京：中国统计出版社

国家统计局 . 2003. 2003 中国统计年鉴 . 北京：中国统计出版社

国家统计局 . 2004. 2004 中国统计年鉴 . 北京：中国统计出版社

国家统计局 . 2005. 2005 中国统计年鉴 . 北京：中国统计出版社
国家统计局 . 2006. 2006 中国统计年鉴 . 北京：中国统计出版社
国家统计局 . 2007. 2007 中国统计年鉴 . 北京：中国统计出版社
国家统计局 . 2008. 2008 中国统计年鉴 . 北京：中国统计出版社
国家统计局 . 2009. 2009 中国统计年鉴 . 北京：中国统计出版社
国家统计局 . 2010. 2010 中国统计年鉴 . 北京：中国统计出版社
国家统计局 . 2011. 2011 中国统计年鉴 . 北京：中国统计出版社
国家统计局 . 2012. 2012 中国统计年鉴 . 北京：中国统计出版社
国家统计局 . 2013. 2013 中国统计年鉴 . 北京：中国统计出版社
国家信息中心 . 2001. 中国信息年鉴 . 北京：中国信息协会 .
国家信息中心 . 2002. 中国信息年鉴 . 北京：中国信息协会 .
国家信息中心 . 2003. 中国信息年鉴 . 北京：中国信息协会 .
国家信息中心 . 2004. 中国信息年鉴 . 北京：中国信息协会 .
国家信息中心 . 2005. 中国信息年鉴 . 北京：中国信息协会 .
国家信息中心 . 2006. 中国信息年鉴 . 北京：中国信息协会 .
国家信息中心 . 2007. 中国信息年鉴 . 北京：中国信息协会 .
韩钰，杜建会，郭鹏飞 . 2011. 基于 SPSS 的中国网络团购市场发展趋势及其区域差异研究 . 经济地理，31（10）：1660-1665.
胡鞍钢，周绍杰 . 2002a. 新的全球贫富差距：日益扩大的“数字鸿沟” . 中国社会科学，3：34-48.
胡鞍钢，周绍杰 . 2002b. 中国如何应对日益扩大的“数字鸿沟” . 中国工业经济，3：5-12.
黄季焜，Sonntag B H，Rozelle S，等 . 2006. 21 世纪的中国农业与农村发展 . 北京：中国农业出版社 .
黄少华，韩瑞献 . 2004. 全球化背景下：中国东西部地区的数字鸿沟 . 兰州大学学报，32（2）：96-102.
黄莹，甄峰，王侠，等 . 2012. 电子商务影响下的以南京主城区经济型连锁酒店空间组织与扩张研究 . 经济地理，32（10）：56-62.
贾善刚 . 2000. 金农工程与农村信息化 . 农业信息探索，1：5-10.
姜爱萍 . 2003. 苏南乡村社会生活空间特点及机制分析 . 人文地理，18（6）：11-15.
蒋慧工，李松涛 . 1998. 知识经济与区域发展//冯之浚 . 知识经济与中国发展 . 北京：中共中央党校出版社 .
金凤君 . 2007. 空间组织与效率研究的经济地理学意义 . 世界地理研究，16（4）：55-59.
金其铭，董昕，张小林 . 1990. 乡村地理学 . 南京：江苏教育出版社 .
克里斯・安德森 . 2012. 长尾理论 . 乔江涛，石晓燕译 . 北京：中信出版社
李道亮 . 2007. 中国农村信息化发展报告（2007）. 北京：中国农业科学技术出版社 .
李和平，严爱琼 . 2002. 信息时代城市空间结构的发展 . 重庆建筑大学学报，24（4）：1-6.
李小建 . 2002a. 经济地理学 . 北京：高等教育出版社 .
李小建 . 2002b. 欠发达农区经济发展中的农户行为——以豫西山区丘陵区为例 . 地理学报，57（4）:459-468.
李小建，樊新生 . 2006. 欠发达地区经济空间结构及其经济溢出效应的实证研究——以河南省

为例. 地理科学, 26 (1): 1-6.
刘春亮, 路紫. 2007. 我国省会城市信息节点辐射空间与地区差异. 经济地理, 27 (2): 201-204.
刘卫东. 2002. 论我国互联网的发展及其潜在空间影响. 地理研究, 21 (3): 347-356.
刘卫东. 2003. 信息化与社会经济空间重组: 中国区域发展的理论与实践. 北京: 科学出版社.
刘卫东, 甄峰. 2004. 信息化对社会经济空间组织的影响研究. 地理学报, 59: 67-76.
刘卫东, Dicke P, 杨伟聪. 2004. 信息技术对企业空间组织的影响——以诺基亚北京星网工业园为例. 地理研究, 23 (6): 833-844.
刘雪梅, 雷祺. 2009. 基于长尾理论的中国农村市场开拓策略. 经济理论与经济管理, (6): 65-68.
刘彦随. 2007. 中国东部沿海地区乡村转型发展与新农村建设. 地理学报, 62 (6): 563-570.
刘燕华, 刘毅, 李秀彬. 1998. 知识经济时代的地理学问题探索. 地理学报, 53 (4): 289-294.
陆大道. 1995. 区域发展及其空间结构. 北京: 科学出版社.
陆大道. 2001. 论区域的最佳结构和最佳发展——提出"点-轴系统"和"T"结构以来的回顾与分析. 地理学报, 56 (2): 127-135.
陆大道. 2002. 关于地理学的"人-地系统"理论研究. 地理研究, 21 (2): 135-145.
陆大道. 2003. 中国区域发展的理论与实践. 北京: 科学出版社.
陆大道. 2007. 中国区域发展的新因素与新格局. 北京: 中国科学院地理科学与资源研究所博士研究生课程讲义.
陆大道, 刘卫东. 2002. 区域发展地学基础综合研究的意义、进展与任务. 地球科学进展, 18 (1):13-21.
陆玉麒. 1998. 区域发展中的空间结构研究. 南京: 南京师范大学出版社.
陆玉麒. 2002. 区域双核结构模式的形成机理. 地理学报, 57 (1): 85-96.
路紫. 1995. 论通信网络之内部形态——五边形关系. 地域研究与开发, 14 (2): 4-7.
路紫. 1996a. 东北亚经济圈 ICTs 发展与通信网络需求. 人文地理, 11 (4): 28-32.
路紫. 1996b. 信息通信技术——区域发展的催化剂. 地域研究与开发, 15 (4): 23-25.
路紫. 2000a. 分散整合理论的实证研究——兼论信息通息技术在公司重新布局过程中的作用. 人文地理, 15 (4): 42-45.
路紫. 2000b. 论通信网络之空间形态. 经济地理, 20 (2): 18-22.
路紫, 刘岩. 1998a. 论通信网络之时间形态——非漫射性、非渐进性、非彻底变革性. 人文地理, 13 (2): 54-59.
路紫, 刘岩. 1998b. 通信网络: 公司空间组织、联系和运行的战略要素. 地域研究与开发, 17 (3):31-34.
路紫, 刘岩. 1998c. 通信网络与电信之地理学研究. 北京: 中国对外翻译出版社.
路紫, 刘岩. 2000. 商品邮购 (电话购物) 的空间扩散与消费抉择. 人文地理, 15 (1): 6-9.
马丽, 刘卫东, 刘毅. 2004. 经济全球化下地方生产网络模式延边分析——以中国为例. 地理研究, 23 (1), 87-96.
马湘泳, 虞孝感. 1990. 太湖地区乡村地理. 北京: 科学出版社.

曼纽尔·卡斯特.2000. 网络社会的崛起.北京：社会科学文献出版社.
梅方权.2001. 中国农业信息建设前景展望.中国农村经济，3：8-9.
苗长虹.1999. 中国乡村可持续发展：理论分析与制度选择.北京：中国环境出版社.
彭新万.2009. 现代乡村发展理论述评及其对灾后农村重建的启示.区域经济研究，1：146-148.
秦萧，甄峰，熊丽芳，等. 2013. 大数据时代城市时空空间行为研究方法. 地理科学进展，32（9）:1352-1361.
石忆邵.1992. 乡村地理学发展的回顾与展望.地理学报，4（1）：80-88.
世界银行世界发展报告编写组. 1999. 1998/1999 年世界发展报告.北京：中国财政经济出版社.
宋周莺，刘卫东，刘毅.2007. 中小企业集群信息技术应用及其影响因素分析——以温岭市鞋业集群为例.地理科学进展，26（4）：121-129.
宋周莺，丁疆辉，刘卫东. 2009. 信息技术对服装纺织企业空间组织的影响. 地理学报，64（4）:435-444.
孙中伟.2009. 信息化对海尔空间组织变革的驱动作用.经济地理，29（6）：955-959.
孙中伟，贺军亮，金凤君. 2010. 世界互联网城市网络的可达性与等级体系. 经济地理，30（9）:1449-1455.
覃成林.1996. 区域经济空间组织原理.汉口：湖北教育出版社.
陶小马，王蕾. 2003. 论城市信息化对市民居住选址的影响——以上海为例. 城市规划汇刊，3：16-29.
汪明峰. 2004. 浮现中的网络城市的网络——互联网对全球城市体系的影响. 规划研究，28（8）:26-32.
汪明峰，李健. 2009. 互联网、产业集群与全球生产网络——新的信息和通信技术对产业空间组织的影响. 人文地理，2：17-22.
汪明峰，宁越敏.2002. 网络信息空间的城市地理学研究——综述与展望. 地球科学进展，17（6）:855-863.
汪明峰，宁越敏.2004. 中国信息网络城市的崛起.地理学报，59（3）：446-454.
汪明峰，宁越敏. 2006. 城市的网络优势——中国互联网骨干网络结构节点可达性分析. 地理研究，25（2）：193-203.
汪明峰，宁越敏，胡萍.2007. 中国城市的互联网发展类型与空间差异.城市规划，31（10）：16-22.
汪明峰，卢姗，邱娟. 2010. 网上购物对城市零售业空间的影响：以书店为例. 经济地理，30（11）:1835-1840，1896.
王丽华，俞金国，张小林.2006. 国外乡村社会地理研究综述.人文地理，87（1）：100-105.
王志强，甘国辉.2005. 基于 WAP 的农业信息网站构建与开发.农业工程学报，21（7）：181-183.
威廉·J. 米切尔.1999. 比特之城——空间·场所·信息高速公路.范海燕，胡泳译.北京：生活·读书·新知三联书店.
韦伯.1997. 工业区位论.北京：商务印书馆.
魏宗财，甄峰，席广亮，等. 2013. 全球化、柔性化、复合化、差异化：信息时代城市功能演变研究．经济地理，33（6）：48-52.
沃尔特·克里斯塔勒．1998．德国南部中心地原理．北京：商务印书馆．
吴传钧．1991．论地理学的研究核心——人地关系地域系统．经济地理，11（3）：1-6.
熊丽芳，甄峰，王波，等．2013．基于百度指数的长三角核心区城市网络特征研究．经济地理，33（4）：56-63.
许学强，胡华颖，叶嘉安．1989．广州社会空间结构的因子生态分析．地理学报，44（4）：385-399.
阎小培．1996．信息网络对企业空间组织的影响．经济地理，16（3）：1-5.
阎小培．1999．信息产业与城市发展．北京：科学出版社．
阎小培，周素红．2003．信息技术对城市职能的影响——兼论信息化下广州城市职能转变与城市发展政策应对．城市规划，27（8）：15-18.
杨春学．2001．信息技术对美国经济影响的计量估计//刘树成，张平，等．新经济透视．北京：社会科学文献出版社．
杨遴杰．2003．零售型电子商务企业配送中心选址模拟研究．经济地理，23（1）：97-101.
杨勤业，李双成．1998．知识经济与地理综合研究．地理研究，17（3）：229-231.
杨青山．2002．对人地关系地域系统协调发展的概念性认识．经济地理，22（3）：289-292.
杨青山，梅林．2001．人地关系、人地关系系统与人地关系地域系统．经济地理，21（5）：532-537.
杨晓娜，曾菊新．2004．加强城乡关联、统筹城乡社会经济发展．贵州师范大学学报，2：20-23.
杨晓蓉，王文生，姜丽华．2007．关于我国农村信息化建设的思考．农业网络信息，8：42-44.
姚士谋，陈爽，朱振国，等．2001a．从信息网络到城市群区内数码城市的建立．人文地理，16（5）：20-23.
姚士谋，朱英明，陈振光．2001b．信息环境下城市群区的发展．规划研究，25（8）：16-18.
叶大年，赫伟，徐文东，等．2001．中国城市的对称分布．中国科学（D辑），31（7）：608-616.
余金艳，刘卫东，王亮．2013．基于时间距离的C2C电子商务虚拟商圈分析——以位于北京的淘宝网化妆品零售为例．地理学报，68（10）：1380-1388.
曾菊新．2001．城乡网络化发展模式．北京：科学出版社．
翟青，甄峰．2012．移动信息技术影响下的城市空间结构研究进展．人文地理，27（6）：50-55.
张洪生，栾费明，杨建荣，等．2008．电子商务在农产品销售中的作用和发展策略研究．农业网络信息，1：93-94.
张楠楠，顾朝林．2002．从地理空间到复合式空间——信息网络影响下的城市空间．人文地理，17（4）：20-24.
张小林．1998．乡村概念辨析．地理学报，53（4）：365-371.
张小林．1999．乡村空间系统以及演变研究——以苏南为例．南京：南京师范大学出版社．
张小林，盛明．2002．中国乡村地理学研究的重新定向．人文地理，17（11）：81-84.
甄峰．2001．信息时代区域发展战略及其规划探讨．城市规划汇刊，6：61-64.
甄峰．2004．信息时代的区域空间结构．北京：商务印书馆．

甄峰，顾朝林. 2002. 信息时代空间结构研究新进展. 地理研究，21（2）：257-266.
甄峰，翟青. 2013. 移动信息时代的中国城市地理研究. 科学，65（1）：42-44.
甄峰，花俊，黄朝永. 2000. 数字化时代的城市与区域发展构想. 人文地理，15（2）：49-52.
甄峰，曹小曙，姚亦锋. 2004a. 信息时代区域空间结构构成要素分析. 人文地理，5（19）：40-45.
甄峰，朱传耿，赵勇. 2004b. 信息时代空间结构影响要素分析. 地理与地理信息科学，2（5）:98-103.
甄峰，翟青，陈刚，等. 2012. 信息时代移动社会理论构建与城市地理研究. 地理研究，31（2）:197-206.
郑度. 2002. 21 世纪人地关系研究前瞻. 地理研究，21（1）：9-13.
郑红维. 2001. 关于农业信息化问题的思考. 中国农村经济，12：27-31.
中国互联网络信息中心. 1997. 中国互联网络发展状况统计报告. 北京：中国互联网络信息中心.
中国互联网络信息中心. 1998. 中国互联网络发展状况统计报告. 北京：中国互联网络信息中心.
中国互联网络信息中心. 1999. 中国互联网络发展状况统计报告. 北京：中国互联网络信息中心.
中国互联网络信息中心. 2000. 中国互联网络发展状况统计报告. 北京：中国互联网络信息中心.
中国互联网络信息中心. 2001. 中国互联网络发展状况统计报告. 北京：中国互联网络信息中心.
中国互联网络信息中心. 2002. 中国互联网络发展状况统计报告. 北京：中国互联网络信息中心.
中国互联网络信息中心. 2003. 中国互联网络发展状况统计报告. 北京：中国互联网络信息中心.
中国互联网络信息中心. 2004. 中国互联网络发展状况统计报告. 北京：中国互联网络信息中心.
中国互联网络信息中心. 2005. 中国互联网络发展状况统计报告. 北京：中国互联网络信息中心.
中国互联网络信息中心. 2006. 中国互联网络发展状况统计报告. 北京：中国互联网络信息中心.
中国互联网络信息中心. 2007a. 2007 年中国农村互联网调查报告. 北京：中国互联网络信息中心.
中国互联网络信息中心. 2007b. 中国互联网络发展状况统计报告. 北京：中国互联网络信息中心.
中国互联网络信息中心. 2008a. 2008 年中国互联网发展系列报告之“农村互联网调查报告”. 北京：中国互联网络信息中心.
中国互联网络信息中心. 2008b. 中国互联网络发展状况统计报告. 北京：中国互联网络信息中心.
中国互联网络信息中心. 2009a. 2008-2009 中国互联网研究报告系列之“中国农村互联网发展

状况调查报告”. 北京：中国互联网络信息中心.
中国互联网络信息中心. 2009b. 2008-2009 中国互联网研究报告系列之“中国青少年上网行为调查报告”. 北京：中国互联网络信息中心.
中国互联网络信息中心. 2009c. 中国互联网络发展状况统计报告. 北京：中国互联网络信息中心.
中国互联网络信息中心. 2010. 中国互联网络发展状况统计报告. 北京：中国互联网络信息中心.
中国互联网络信息中心. 2011. 中国互联网络发展状况统计报告. 北京：中国互联网络信息中心.
中国互联网络信息中心. 2012. 中国互联网络发展状况统计报告. 北京：中国互联网络信息中心.
中国互联网络信息中心. 2013. 中国互联网络发展状况统计报告. 北京：中国互联网络信息中心.
中国互联网络信息中心. 2014. 中国互联网络发展状况统计报告. 北京：中国互联网络信息中心.
周尚意，龙君. 2003. 乡村公共空间与乡村文化建设——以河北唐山乡村公共空间为例. 河北学刊，23（2）：72-78.
周心琴，张小林. 2005a. 1990 年以来中国乡村地理学研究进展. 人文地理，5：8-12.
周心琴，张小林. 2005b. 我国乡村地理学研究回顾与展望. 经济地理，25（2）：285-288.
Adams P. 1995. A reconsideration of personal boundaries in space-time. Annals of the Association of American Geographers, 85: 267-285.
Adams P. 1997a. Cyberspace and virtual places. The Geographical Review, 87 (2), 155-71.
Adams P. 1997b. Introduction: cyberspace and geographical space. Geographical Review, 87-2: 139-145.
Adams P. 1998. Network topologies and virtual place. Annals of the Association of American Geographers, 88, 88-106.
Adams P. 2000. Application of a CAD-based accessibility model //Janelle D, Hodge D. Accessibility in the Information Age. Heidelberg: Springer-Verlag.
Alles P, Esparza A, Lucas S. 1994. Telecommunications and the large city-small city divide: evidence from Indiana cities. Professional Geographer, 46: 307-316.
Baglieri E, Secchi R, Croom S. 2007. Exploring the impact of a supplier portal on the buyer-supplier relationship: the case of Ferrari Auto. Industrial Marketing Management, 36: 1010-1017.
Bakis B. 2001. Understanding the geocyberspace: a major task for geographers and planners in the next decade. Networks and Communication Studies, 15 (1-2): 9-16.
Batten D F. 1995. Network cities: creative urban agglomerations for the 21st century. Urban Studies, 32 (2): 313-327.
Batty M. 1993. The geography of cyberspace, environment and planning. Planning and Design, 20: 625-16.
Batty M. 1997. Virtual geography. Futures, 29: 337-352.
Berkeley N, Clark D, Ilbery B W. 1996. Regional variations in business use of information and commu-

nication technologies and their implications for policy: case study evidence from rural England. Geoforum, 27: 75-86.

Bocquet R, Brossard O. 2007. The variety of ICT adopters in the intra-firm diffusion process: theoretical arguments and empirical evidence. Structural Change and Economic Dynamics, 18: 409-437.

Brien R. 1992. Global Financial Integration: The End of Geography. New York: Council on Foreign Relations Press.

Bryden J, Rennie F, Fuller A M. 1996. Implications of the Information Highway for Rural Development and Education. Oxford: The Arkleton Trust.

Bryson J, Henry N, Keeble D, et al. 1996. The Economic Geography Reader, Producing and Consuming Global Capitalism. New York: John Wiley & Sons.

Cairncross F. 1997. The Death of Distance: How the Communications Revolution Will Change Our Lives. Boston: Harvard Business School Press.

Capello R, Nijkamp P. 1996. Telecommunications technologies and regional development: theoretical considerations and empirical evidence. The Annals of Regional Science, 30: 7-30.

Carbonara N. 2005. Information and communication technology and geographical clusters: opportunities and spread. Technovation, 25: 213-222.

Castells M. 1989. The Informational City: Information Technology, Economic Restructuring, and the Urban-regional Progress. Oxford UK & Cambridge USA: Blackwell.

Castells M. 1996. The Rise of the Network Society. Oxford: Blackwell.

Clark D, Ilbery B W, Berkeley N. 1995. Telematics and rural businesses: an evaluation of use, potentials and policy implications. Regional Studies, 29 (2): 171-180.

Crang M, Crosbie T, Graham S. 2007. Technology, time-space, and the remediation of neighbourhood life. Environment and Planning A, 39: 2405-2422.

Crang M P, May J. 1999. Virtual Geographies. London: Routledge.

Cutchin M. 2002. Virtual medical geographies: conceptualizing telemedicine and regionalization. Progress in Human Geography, 26 (1): 19-39.

Davenport T H, Short J E. 1990. The new industrial engineering: IT and business process redesign. Sloan Management Review, 31: 11-27.

Dematteis G. 1996. Towards a unified metropolitan urban system in Europe: core centrality versus network// Pumain D, Saint-Julien T. Urban Networks in Europe. Paris: John Libbey Eurotext.

Dicken P. 2000. Global Shift-transforming the World Economy. London: Paul Chapman Publishing Ltd.

Didelon C. 2007. Diffusion of the use of Internet——the case of silk export in India. GeoJournal, 68: 71-81.

Dodge M, Kitchin R. 2000. Mapping Cyberspace. London and New York: Routledge.

Dodge M, Kitchin R. 2005. Code and the transduction of space. Annals of the Association of American Geographers, 95 (1): 162-180.

Drabenstott M. 2001. New policies for a new rural America. International Regional Science Review, 24: 3-15.

Farrington J, Farrington C. 2005. Rural accessibility, social inclusion and social justice: towards conceptualisation. Journal of Transport Geography, 13: 1-12.

Gao W, Fu Z, Li D. 2007. AgriInfo: an agricultural information system based on a call centre in China. New Zealand Journal of Agricultural Research, 50: 797-806.

Gibbs D, Tanner K. 1997. Information and communication technologies and local economic development: the British case. Regional Studies, 31: 765-774.

Gilbert M. 2008. Theorizing the digital divide: information and communication technology use frameworks among poor women using a telemedicine system. Geoforum, 39: 912-925.

Gilbert M, Masucci M. 2004. Moving beyond gender and GIS to a feminist perspective on information technologies: the impact of welfare reform on women's IT needs// Seager J, Nelson L. A Companion to Feminist Geography. Oxford: Blackwell Publications.

Gilbert M, Masucci M. 2005. Research directions for information and communication technology and society in geography. Geoforum, 36 (2): 277-279.

Gilbert M, Masucci M. 2006. The implications of including women's daily lives in a feminist GIScience. Transactions in GIS, 1: 751-761.

Gillespeie A E, Richardson R. 1996. Advanced communications and employment creation in rural and peripheral regions : a case study of the Highlands and Islands of Scotland. The Annals of Regional Science, 30: 91-110.

Gillespie A. 1993. Telematics and its implications for industrial and spatial organisation. Regional Development Dialogue, 14 (2): 138-150.

Gillespie A, Richardson R, Cornford J. 1995a. Review of Telework in Britain: Implications for Public Policy. Report for the Parliamentary Office of Science and Technology and the Economic and Social Research Council.

Gillespie A, Richardson R, Cornford J. 1995b. Information Infrastructures and Territorial Development. Paris: OECD Workshop on Information Infrastructures and Territorial Development.

Gillespie A E, Coombes M, Raybould S. 1994. Contribution of telecommunications to rural economic development: variations on a theme? Entrepreneurship and Regional Development, 6: 201-217.

Gillespie A E, Richardson R, Cornford J. 2000. Regional Development and the New Economy. Research Paper of the Center for Urban and Regional Development Studies. Newcastle: University of Newcastle Upon Tyne.

Goddard J B, GillespieA E. 1986. Advanced telecommunications and regional economic development. The Geographical Journal, 152: 383-397.

Gollakota K. 2008. ICT use by businesses in rural India: the case of EID Parry's Indiagriline. International Journal of Information Management, 28: 336- 341.

Graham S. 1998. The end of geography or the explosion of place? Conceptualising space, place and information technologies. Progress in Human Geography, 22: 165-185.

Graham S. 2002. Bridging urban digital divides? Urban polarisation and information and communications technologies ICTs. Urban Studies, 39: 33-56.

Graham S. 2004. The Cybercities Reader. London: Routledge.

Graham S, Marvin S. 1996. Telecommunications and the City: Electronic Spaces, Urban Places. London: Routledge.

Graham S, Marvin S. 2001. Splintering Urbanism: Networked Infrastructures, Technological Mobilities and the Urban Condition. London: Routledge.

Grimes S. 1992. Exploiting information and communications technologies for rural development. Journal of Rural Studies, 8: 269-278.

Grimes S. 2000. Rural areas in the information society: diminishing distance or increasing learning capacity? Journal of Rural Studies, 16 (1): 13-21.

Grimes S. 2003. The digital economy challenge facing peripheral rural areas. Progress in Human Geography, 27 (2): 174-193.

Halfacree K. 1993. Locality and social representation: space, discourse and alternative definitions of the rural. Journal of Rural Studies 9: 23-37.

Halfacree K. 2006a. From dropping out to leading on? British counter-cultural back-to-the-land in a changing rurality. Progress in Human Geography, 30: 309-36.

Halfacree K. 2006b. Rural space: constructing a three-fold architecture//Cloke P, Marsden T, Mooney P. Handbook of Rural Studies. London: Sage.

Henry W C, Liu Y W, Dicken P. 2006. Transnational corporations and network effects of a local manufacturing cluster in mobile telecommunications equipment in China. World Development, 34 (3): 520-540.

Hillis K. 1998. On the margins : the invisibility of communications in geography. Progress in Human Geography, 22: 543-566.

Hoover E M. 1948. The Location of Economic activity. New York: McGraw-Hill.

Jackson L A, Barbatsis G, von Eye A. et al. 2003. Internet use in low-income families: implications for the digital divide. IT & Society, 1 (5): 141-165.

Jaffe A M. Trajtenberg M, Henderson R. 1993. Geographie localization knowledge spillovers as videneed by pateni citations. Quarterly Journaio Economies, 63: 577-598.

Karnka S. 2006. ICTs' appropriate model for e-farmers group development in Thailand. Computers in Agriculture and Natural Resources, 4th World Congress Conference.

Kellerman A. 1993. Telecommunications and Geography. Chichester: Wiley.

Kitchin R M. 1998. Towards geographies of cyberspaces. Progress in Human Geognphy, 22 (3): 385-406.

Kitchin R M. 2000. Cyberspace (second edition) . Chichester: Wiley.

Kotkin J. 2000. The New Geography : How the Digital Revolution is Reshaping the American Landscape. New York : Random House Trade.

Krugman P. 1995. Development, Geography, and Economic Theory. Cambridge : MIT Press.

LEADER. 1999. Information Technologies and Rural Development. Report from the LEADER Seminary Brussels : LEADER European Observatory.

Leamer E, Storper M. 2001. The economic geography of the internet age. Journal of International Business Studies, 32: 641-665.

Liu S, Liu W. 2003. The role of new ICTs in the internationalization of firms: a case study of Haier. The Journal of Korean Geographical Society, 38 (3): 400-412.

Liu W D. 2002. Development of the internet in China and its spatial characteristics//Hayter R, Heron

R. Knowledge, Territory and Industrial Space. Hampshire: Ashgate.

Liu W D, Dicken P, Henry W C. 2004. New information and communication technologies and local clustering of firms: a case study of the Xingwang industrial park in Beijing. Urban Geography, 25 (4): 390-407.

Malecki E J. 2002. The Economic geography of the internet's infratructure. Economic Geography, 78 (4): 399-424.

Malecki E J. 2003. Digital development in rural areas: potentials and pitfalls. Journal of Rural Studies, 19 (2): 201-214.

Markusen A. 1996. Sticky places in slippery space: a typology of industrial districts. Economic Geography, (3): 293-313.

Martin W J. 1995. The Global Information Society. London: Aslib Gower.

McCarthy J. 2005. Multifunctional rural geographies: reactionary or radical? Progress in Human Geography, 29: 773-782.

McCarthy J. 2006. Rural geography: alternative rural economies- the search for alterity in forests, fisheries, food, and fair trade. Progress in Human Geography, 30: 803-811.

Mitchell S, Clark D. 1999. Business adoption of information and communications technologies in the two-tier rural economy: some evidence from the South Midlands. Journal of Rural Studies, 15: 447-455.

Moriset B. 2003. Rural enterprises in the business intelligence sector : utopia or real development opportunity? Networks and Communication Studies, 17 (1-2): 3-22.

Moss M L, Townsend A M. 2000. How telecommunications systems are transforming urban spaces// Wheeler J O, Aoyama Y, Warf B. Cities in Telecommunications Age: The Fracturing of Geographies. New York: Routledge.

Murdoch J. 2000. Networks a new paradigm of rural development? Journal of Rural Studies, 16: 407-419.

Murdoch J. 2006. Networking rurality: emergent complexity in the countryside//Cloke P, Marsden T, Mooney P. Handbook of Rural Studies. London: Sage.

National Telecommunications and Information Administration (NTIA) . 2002. A Nation Online: How Americans are Expanding Their Use of the Internet. Washington D C: National Telecommunications and Information Administration.

Ntaliani M, Karetsos S, Constantina C. 2006. Implementing e-government services for agriculture: the Greek case. Dublin: E-Society 2006 Conference.

Ntaliani M, Costopoulou C, Karetsos S. 2008. Mobile government: a challenge for agriculture. Government Information Quarterly, 25: 699-716.

OECD. 2001. Information and Communication Technologies and Rural Development. Paris: Organiation for Economic Co-operation and Development.

OECD. 2004. The Economic Impic of ICT: Measurement, Evidence and Implications. Paris: Organiation for Economic Co-operation and Development.

Peake L. 1997. Toward a social geography of the city: race and dimensions of urban poverty in women's lives. Journal of Urban Affairs, 19: 335-361.

Poncet P, Ripert B. 2007. Fractured space: a geographical reflection on the digital divide. Geo Journal, 68: 19-29.

Proulx P. 1995. Determinants of the growth and decline of cities in north America// Kresl P K, Gappert G. North American Cities and the Global Economy: Challenges and Opportunities. California: Sage Publications.

Rao N H. 2007. A framework for implementing information and communication technologies in agricultural development in India. Technological Forecasting and Social Change, 74: 491-518.

Ray C, Talbot H. 1999. Rural telematics: the Information Society and rural development//Crang M, May J. Virtual Geographies. London: Routledge.

Richards C, Bryden J. 2000. Information technology and rural development in the Scottish Highlands and Islands : a preliminary review of the issues and evidence. Geocarrefour, 75 (1): 71-77.

Richardson R, Gillespie A E. 1996. Advanaced communications and employment creation in rural and peripheral regions: a case study of the Highland and Islands of Scotlan. The Annals of Regional Science, 30: 91-110.

Richardson R, Gillespie A E. 2000. The economic development of peripheral rural places in the information age// Wilson M, Corey K. Information Tectonics: Space, Place and Technology in An Information Age. Chichester: John Wiley & Sons.

Robert M K. 1998. Towards geographies of cyberspace. Program in Human Geography, 22: 385-406.

Rural Development Commission. 1989. Telecommunications in Rural England. London: Rural Development.

Scott A J. 2000. Economic geography: the great half century. Cambridge Journal of Economics, 24: 483-504.

Scott A J. 2001. Global City Regions: Trends, Theory and Policy. Oxford: Oxford University Press.

Shiu A, Lee P L. 2008. Causal relationship between telecommunications and economic growth in China and its regions. Regional Studies, 42 (05): 1-14.

Shiver J. 1995. Cyberspace: access for poor, elderly is sought. Los Angeles Times, 3 (29): 258-261.

Shon J, Kim T J, Hewings G D. 2002.. Information technology impacts on urban spatial structure in the Chicago region. Geographical Analysis, 34: 313-329.

Stephen B. 1996. The death of geography: the rise of anonymity and the internet. American Enterprises, 7 (2): 50-52.

Stratigea A, Giaoutzi M. 2000. Teleworking and virtual organization in the urban and regional context. Netcom, 14: 331-357.

Strover S. 1999. Rural internet connectivity. Telecommunications Policy, 25: 291-313.

Sun Y F, Wang H Y. 2005. Does Internet access matter for rural industry? A case study of Jiangsu, China. Journal of Rural Studies, 21: 247-258.

Symons F. 1997. Virtual departments, power, and location in different organizational settings. Economic Geography, 73 (4): 427-444.

Torr J, Moxon R W. 2001. Introduction to the symposium ecommerce and global business: the impact of the information and communication technology on the conduct of international business. Journal of

International Business Studies, 32: 617-639.

Wilbanks T J. 2004. Geography and technology//Brumn S D, Cutter S L, Harrington J W. Geography and Technology. Dordrecht, Netherlands: Klumer Academic Publishers.

Yen J, Mahmassani H S. 1997. Telecommuting adoption: conceptual framework and model estimation. Transportation Research Record, 1606: 95-102.

Zeng J X. 1995. Study on the development of rural areas in China. Chinese Geographical Science, 5 (1):24-29.

Zook M A. 1998. The Web of Consumption: The Spatial Organization of the Lnternet Industry in the United States. Pasadena CA: The Association of Collegiate Schools of Planning 1998 Conference.

Zook M A. 2000. The web of production: the economic geography of commeroial Internet content production in the United States. Environment and Planning A, 32: 411-426.

Zook M A. 2005. The Geography of the Internet Industry. London: Blackwell.

Zook M A, Graham M. 2007a. The creative reconstruction of the Internet: Google and the privatization of cyberspace and DigiPlace. Geoforum, 38: 1322-1343.

Zook M A, Graham M. 2007b. Mapping DigiPlace: geocoded Internet data and the representation of place. Environment and Planning B: Planning and Design, 34 (3): 466-482.